LOUISE GEORGE BACHMANN

Die geniale
Pauline Jaricot

Ein Heiligenroman über die Frau,
die die Weltmission neu erfand

www.bebeverlag.at

Louise George Bachmann

Die geniale Pauline Jaricot

Ein Heiligenroman über die Frau, die die Weltmission neu erfand

Bearbeitet von Marie Czernin.

Mit einem Vorwort von Pater Karl Wallner

Edition Missio

Be+Be-Verlag, Heiligenkreuz 2022
ISBN 978–3–903602–08–3

Fotos: mit freundlicher Genehmigung von St. Meinrad's Abbey, Indiana, U.S.A., zuerst publiziert in: Grail Publications 1952, St. Meinrad, Indiana, unter dem Titel: Pennies for Pauline. The Story of Marie Pauline Jaricot, Foundress of the Society of the Propagation of the Faith.

Covergestaltung: Gemälde von Clemens Maria Fuchs, 2020
Korrektur: Dr. Anneliese Paul, Monika Schwarzer-Beig
Alle Rechte vorbehalten. Printed in EU 2022.
Das Original erschien 1958 im St. Gabriel Verlag Mödling bei Wien,
es wurde mit freundlicher Genehmigung überarbeitet und redigiert von Marie Czernin
für die Päpstlichen Missionswerke in Österreich. Der Originaltitel lautete:
„Das reiche Fräulein Jaricot. Lebensbild einer apostolisch sozialen Kämpferin".

Be ⊂∫⊃ Be

© Be+Be-Verlag Heiligenkreuz im Wienerwald, www.bebeverlag.at
www.bebeverlag.at
Direkter Vertrieb:
Be+Be-Verlag Heiligenkreuz
A-2532 Heiligenkreuz im Wienerwald
Tel. +43–2258–8703–400
www.klosterladen-heiligenkreuz.at
E-Mail: bestellung@klosterladen-heiligenkreuz.at

LOUISE GEORGE BACHMANN

Die geniale Pauline Jaricot

Ein Heiligenroman über die Frau,
die die Weltmission neu erfand

www.bebeverlag.at

Inhalt

Pauline Jaricot, oder: Endlich wieder ein Heiligenroman!

Dieses Buch schildert romanhaft das Leben von Pauline Marie Jaricot. Es hat einen klar definierten Zweck: Die Leserin oder der Leser soll auf angenehm lesbare Weise die geniale Pauline Jaricot kennenlernen, die leider auch in der Kirche weitgehend unbekannt ist. Dabei war es eben diese junge Französin aus reichem Haus, die in der Mitte des 19. Jahrhunderts ein geniales System aus Gebet und Spende erfunden hat, das die katholische Weltmission möglich gemacht hat. Ich wage zu behaupten: Ohne diese Frau wäre die katholische Kirche heute eine auf Europa und Nordamerika beschränkte Kleinkirche und nicht die größte Glaubensgemeinschaft dieses Planeten mit 1,3 Milliarden Mitgliedern, die meisten von ihnen mittlerweile in den „Missionsländern" des Südens. „Das reiche Fräulein Jaricot", wie man sie vor ihrer Verarmung spöttisch nannte, war ein Werkzeug Gottes. Sie hat es verdient, gekannt, verehrt und nachgeahmt zu werden. Denn sie hat heroisch Krankheit, den Verlust ihres gesamten Vermögens und dann auch noch die Undankbarkeit ertragen, die ihr auch aus der Kirche entgegengebracht wurde. Dass sie Werkzeug für etwas Gnadenhaftes, also von Gott Gewirktes war, das zeigt sich daran, dass sich ihr Wirken in den Päpstlichen Missionswerken fortsetzt, die in allen Ländern der Welt bestehen.

Ich muss die geschätzte Leserin, den geschätzten Leser, aber warnen: Die Veröffentlichung dieses Romans ist ein Wagnis, denn diese Form der

Literatur stammt aus einer anderen Zeit. Auch wenn diese Heiligenerzählung für diese Neuveröffentlichung von unserer Missio-Mitarbeiterin Marie Czernin überarbeitet und redigiert wurde, auch wenn wir dem Roman einen neuen und mitreißenderen Titel gegeben haben, so merkt man ihm sein Alter doch an: Das Original hat die österreichische Schriftstellerin Louise George Bachmann (1903–1976) schon 1958 unter dem Titel „Das reiche Fräulein Jaricot. Lebensbild einer apostolisch sozialen Kämpferin" veröffentlicht. In den 1960er Jahren gab es eine große Begeisterung für die Weltmission, und es ist sicher kein Zufall, dass das Original im Sankt Gabriel Verlag in Mödling bei Wien erschienen ist, der der Kongregation der Steyler Missionare gehört, die damals ebenfalls boomten. Louise George Bachmann, Professorin für Musikgeschichte am Pädagogischen Institut Wien bis 1938, war eine tiefgläubige verheiratete Frau. Schon vor dem 2. Weltkrieg lebte sie von der Schriftstellerei, damals schrieb sie vor allem biographische Romane über Musiker und Künstler. Nach dem Anschluss 1938 trat sie der NSDAP bei, hielt jedoch als gläubige Katholikin an ihrem Glauben fest. Sie übersiedelte mit ihrem Mann nach Salzburg, wo sie mit Kriegsende durch einen Brand ihr gesamtes Vermögen verlor und zeitweilig im Stift Sankt Florian Aufnahme fand. 1946 nahm sie die Schriftstellerei wieder auf und beschrieb jetzt nur mehr die Lebenswege religiöser Persönlichkeiten, etwa der Missionarin Viktoria Rasoamanarivo auf Madagaskar oder des Missionsbischofs Frederic Baraga in Michigan. Es ist gut möglich, dass es sich bei dem „Reichen Fräulein Jaricot"-Roman um ein Auftragswerk der Steyler Missionare handelt, da dieser Orden damals sich intensiv für die Päpstlichen Missionswerke engagierte, und umgekehrt.

Meine Warnung an alle, die dieses Buch lesen wollen, bezieht sich darauf, dass es heute solche Heiligenromane einfach nicht mehr gibt. In mir ist freilich die große Hoffnung, dass man mit dieser Art von Literatur, die in den letzten fünfzig Jahren faktisch ausgestorben ist, trotzdem auch heute noch so manches Herz erreichen kann. Es ist ja tragisch, dass mit dem Verlust der Glaubenssubstanz und christlichen Prägung, den unsere westliche Welt in den letzten Jahrzehnten erlitten hat, auch die katholische Belletristik verschwunden ist. Dabei war in der ersten Hälfte des 20. Jahrhunderts so viel wertvolle, mitreißende und faszinierende Literatur entstanden. Damals gab es katholische Intellektuelle, katholische Politiker, katholische Künstler, katholische Schriftsteller. Die katholische Romanschriftstellerei boomte regelrecht! Davon zeugen die Romane des polnischen Literaturnobelpreisträgers Henryk Sienkiewicz, der englischsprachigen Erfolgsautoren Bruce Marshall, Evelyn Waugh, Gilbert Keith Chesterton, T.S. Eliot, J. R. R. Tolkien, Graham Greene, oder in Deutschland der großen Autoren Gertrud von le Fort, Reinhold Schneider, Werner Bergengruen und Edzard Schaper. In Frankreich prägten Georges Bernanos, Paul Claudel, Léon Bloy und Charles Péguy die Literatur, und auch Österreich hatte einen Franz Werfel und eine Gertrud Fussenegger. Doch mittlerweile sind sie alle mehr oder weniger vergessen. Die einzige Ausnahme ist J. R. R. Tolkien (1892–1973), der versucht hatte, heilsgeschichtliche Handlungsstränge und Tugenden in fiktiven Fantasy-Handlungen zu transponieren. Durch die Verfilmung von „Der Herr der Ringe" hat Tolkien zwar maximale Popularität erreicht, jedoch blieb die christliche Hintergründigkeit seiner Romane dabei unbeachtet. Auf andere Weise ohne Einfluss und Reichweite sind mittlerweile die Pater-Brown Romane von Gilbert Keith Chesterton (1874–1936), die zwar ebenfalls verfilmt wurden, allerdings schon zwischen 1966 und 1972, sodass sie heute nur mehr eine Episode der Filmgeschichte darstellen. Zwar gibt es auch zwei Neuverfilmungen – eine deutsche Produktion mit Otfried Fischer als Pfarrer Guido Braun und eine BBC Serie mit Mark Williams in der Titelrolle – aber sie basieren nur peripher auf dem Charakter des Father Brown.

Sie werden fragen: Warum geben wir den Roman von Louise George Bachmann dann trotzdem neu heraus? Weil es vom Stil her ungefähr in derselben Liga spielt wie die Bücher von Prälat Wilhelm Hünermann (1900–1975). Freilich: Auch Wilhelm Hünermann kennt man kaum mehr, aber es gibt eine Renaissance! Dieser Priester der Erzdiözese Köln war einer der erfolgreichsten christlichen Schriftsteller. Er verfasste mehr als 50 Romane und Erzählungen in einer Auflage von mehr als drei Millionen Exemplaren, übersetzt in mehr als 20 Sprachen. Hünermanns Spezialität waren Heiligenbiographien in Romanform. Geschickt benutzte er immer wieder bevorstehende Selig – oder Heiligsprechungen, um Lebensromane über Glaubenszeugen zu publizieren, etwa über Pius X., Abt Franz

Pfanner, Maria Goretti oder am Ende des 2. Vatikanischen Konzils über Johannes XXIII. Es gibt so gut wie keinen vorbildlichen Menschen in der Kirche der damaligen Zeit, über den Hünermann nicht einen biographischen Roman verfasst hätte! Doch dann nahm in den 1960er-Jahren das Interesse an heiligen Vorbildern rapide ab. Ähnlich erging es übrigens den Büchern des schottischen Erfolgsautors Bruce Marshall (1899–1987). Marshall war mit 18 Jahren in die katholische Kirche konvertiert; er war weltweit der erfolgreichste katholisch geprägte Schriftsteller der 1940er bis 1960er-Jahre. Seine Romane waren Bestseller und erreichten Millionen, sie wurden in mindestens neun Sprachen übersetzt. Doch ab den 1970er-Jahren verschwanden sie aus den Verlagsprogrammen, wie damals auch die Heiligenbiographien von Wilhelm Hünermann.

Ich fürchte, dass katholischer Roman, katholische Novelle und katholische Belletristik heute nicht mehr „funktionieren". Warum? Weil das katholische Milieu weggebrochen ist. Diese Literatur spielt in einer religiösen und gesellschaftlichen Lebenswirklichkeit, die weitgehend verblasst, ja meist ganz verschwunden ist. Nur mehr vereinzelt gibt es zeitgenössische Autoren, wie Sibylle Lewitscharoff, Thomas Hürlimann, Nora Gomringer, Alois Brandstätter, Christian Lehnert und Felicitas Hoppe, die religiöse Einflüsse und Motive in ihrem Werk haben, wie der Wiener Germanist und Theologieprofessor Jan-Heiner Tück in den von ihm initiierten Poetikvorlesungen, die sich dem Verhältnis von „Literatur und Religion" widmen, aufzeigt. Doch eine katholische Literaturgattung boomt geradezu: Das ist das verständliche Sachbuch, das gut lesbar über Glauben, Kirche, Geschichte usw. informiert. Ich denke hier an die Bücher von Michael Hesemann, Manfred Lütz, Paul Badde, Bernhard Meuser, Peter Seewald, John L. Allen und viele andere. Das „Sachbuch" stößt vor allem dann auf Interesse, wenn es spritzig und anekdotisch geschrieben ist, weil der Leser offensichtlich beides will: Information und Unterhaltung. Mit Interesse habe ich daher beobachtet, dass die Heiligenromane von Wilhelm Hünermann plötzlich wieder neu aufgelegt werden und Absatz finden. Eine gut dosierte Mischung von biographischer Information und romanhafter Erzählung kommt offensichtlich an ... Und genau diese Beobachtung hat mich ermutigt, den über 60 Jahre alten Roman über Pauline Jaricot neu herauszugeben!

Freilich kommen auch aktuelle Umstände dazu, die ein solches Buch sinnvoll machen: Zum einen steht die Seligsprechung von Pauline Marie Jaricot unmittelbar bevor, denn am 26. Mai 2020 hat Papst Franziskus aufgrund des Urteils einer Ärztekommission den „unerklärlichen Charakter" der Heilung eines dreijährigen Kindes aufgrund der Fürsprache von Pauline Marie Jaricot anerkannt. Damit ist das kirchenrechtliche Verfahren abgeschlossen und der Papst muss nur noch die Seligsprechung vornehmen. Zum anderen ist es meine Pflicht als Nationaldirektor der Päpstlichen Missionswerke, unsere Gründerin bekannt zu machen. Als ich 2016 dieses Amt übernahm, hatte ich vorher noch nie etwas von dieser genialen „Mutter der Weltmission" gehört. Und schließlich stehen 2022 das 200-Jahr-Jubiläum der Gründung des Werkes der Glaubensverbreitung und zugleich das 100-Jahr-Jubiläum der Gründung der Päpstlichen Missionswerke durch Papst Pius XI. bevor. Es gibt also Gründe genug, um mit allen verfügbaren Mitteln und auf allen literarischen Ebenen diese geniale Frau bekannt zu machen.

Der Leser lernt durch diesen Roman einiges aus dem Leben von Pauline Marie Jaricot kennen. Zugleich müssen wir festhalten, dass sie eben keine fiktive Romanfigur war, sondern ein Mensch aus Fleisch und Blut. Eine der vielen Frauen, ohne deren Hingabe und Genialität die Kirche nicht das wäre, was sie ist. Die hübsche und kokette Tochter eines reichen Seidenfabrikanten in Lyon war nach ihrer Bekehrung genau zur richtigen Zeit und am richtigen Ort, um die Welt zu verändern. Sie hatte zudem genau das nötige religiöse Profil, die spirituelle Reife, die Unerschöpflichkeit an Energie und Tatkraft, aber auch den nötigen gesellschaftlichen Einfluss, um etwas Großes in Bewegung zu setzen. Der Untertitel „Ein Heiligenroman über die Frau, die die Weltmission neu erfand" ist gewagt, aber nicht übertrieben: Diese junge Französin ist die Erfinderin einer neuen Dimension der katholischen Dimension der Weltmission. Sie hat durch ihre Ideen und die von ihr gegründeten Werke die Förderung der Missionarinnen und Missionare zu einem allgemeinen Anliegen der Gläubigen gemacht. Pauline Marie Jaricot hat innerhalb der Kirche die Unterstützung für die Weltmission gleichsam „demokratisiert": Mit ihrem „Werk der Glaubensverbreitung" und dem „Lebendigen Rosenkranz", hat sie Wege gefunden, um die Weltmission weit wirksamer zu unterstützen als alle „Missionsvereine", die es zuvor schon gegeben hatte. War das Geld für die Weltmission vor Pauline oft nur durch Adelige und Reiche gespendet worden, so erbittet sie nunmehr von allen Katholiken ein tägliches Gebet und eine regelmäßige kleine Spende. Das Fräulein Jaricot motiviert ihre Unterstützer durch spannende Informationen aus den Missionskontinenten. Und noch etwas ist innovativ und binnenmissionarisch: Sie möchte, dass jeder, der mitbetet und mitspendet, weitere Beter und Spender dazugewinnt. Jeder soll Missionar und Missionarin in der Werbung für Gebet und Spende werden. So entsteht eine universale Sorge und Begeisterung für die Weltmission, und zwar nicht nur in der frommen Theorie, sondern in der praktischen Tat.

Pauline war erst 23 Jahre alt, als ihr jene Idee kam, aus der das „Werk der Glaubensverbreitung" entstand. Sie hatte nach einer Erkrankung eine schwere psychische Krise erlebt, – und inmitten dieser Zerrüttung eine aufregende Bekehrung. Ihr Anliegen ist die strategische Werbung von möglichst vielen zum Mitbeten und Mitspenden, denn sie will damit die Missionare fördern, die nach der Französischen Revolution zahlreich in die ganze Welt ausströmten. Schon 1822 bei der Gründung des „Werkes der Glaubensverbreitung" begegneten ihr Missgunst und Eifersucht. Also jener Widerstand, der sich innerhalb der Kirche paradoxerweise jedem guten und fruchtbaren Unternehmen entgegenstellt. Weil man ihr anfangs nur geringen Einfluss auf ihr Werk der Glaubensverbreitung zugesteht, muss Pauline 1826 dasselbe gleichsam noch einmal erfinden in Form der Bewegung des „Lebendigen Rosenkranzes". Das ist damals ein geniales System, wo jeweils 15 Personen täglich ein Gesätzchen des Rosenkranzes beten. Die drei Rosenkränze – freudenreich, schmerzhaft und glorreich – werden mit ihren insgesamt 15 Gesätzchen auf 15 Beter aufgeteilt, so dass sichergestellt ist, dass jeden Tag der „ganze" Rosenkranz mit all seinen Geheimnissen gebetet wird. Wofür betet man? Für die Missionare, für die Weltmission, für die Kontinente, in denen Christus noch nicht oder zu wenig gekannt wird. Wie gesagt: Jeder Beter muss weitere Beter werben, was nicht schwer ist: Sowohl das Gebetspensum ist gering, ebenso die regelmäßige Spende. So können viele mitmachen und es entsteht eine Massengebetsbewegung für die Weltmission, zugleich eine Urform des Fundraising, heute würde man von „Crowdfunding" sprechen. Allein in

Frankreich zählte der „Lebendige Rosenkranz" beim Tod Paulines 1862 genau 2.250.000 Mitglieder.

Pauline erbt nach dem Tod ihres Vaters, eines reichen Seidenfabrikanten, ein riesiges Vermögen. Sie erwirbt 1833 das Haus „Loreto" auf dem berühmten Hügel La Fourvière über Lyon. Das Haus Loreto wird schnell zur Zentrale für die Weltmission. Als sie krank wird, macht sie der Pfarrer von Ars, der heilige Jean Marie Vianney, auf die Wundertätigkeit der heiligen Philomena aufmerksam. So pilgert sie 1835 schwerkrank nach Italien. Als sie Rom erreicht, ist sie dem Tode nahe. Schon damals ist ihr Werk für die Weltmission so bekannt, dass Papst Gregor XVI. sie persönlich am Krankenbett besucht. Mit letzter Kraft schafft sie die Weiterreise nach Mugnano bei Neapel, wo sich die Reliquien der heiligen Philomena befinden. Während der Messe am Festtag der Heiligen erfährt sie das Wunder einer vollständigen Heilung. Selbst der Papst, den sie auf ihrer Rückreise nach Lyon nochmals besucht, hatte mit ihrem Tod gerechnet.

In Lyon kommt es 1831, 1834 und 1845 zu Aufständen der Arbeiter in den Seidenfabriken, der sogenannten „Canuts" aus. Louise George Bachmann hat ihrem Buch von 1961 mit Recht den Untertitel gegeben: „Lebensbild einer apostolisch sozialen Kämpferin". Obwohl Pauline immer dem bürgerlichen Milieu verhaftet blieb, setzt sie sich außerordentlich engagiert für die Arbeiter ein. Sie hilft den Verwundeten und interveniert sogar zwischen den Aufständischen und den Regierungstruppen. Vor allem hat sie begriffen, dass es eine christliche Pflicht darstellt, die Lebens – und Arbeitsbedingungen der Canuts zu verbessern; allein schon deshalb, weil sie sieht, dass jede Glaubensunterweisung auf taube Ohren stoßen muss, solange man den Arbeitern nicht auch gerechten Lohn und menschliche Arbeitsbedingungen gibt. Wieder hat sie eine Idee: Sie setzt ihr ganzes Vermögen ein, um eine Modellfabrik zu errichten. Dazu kauft sie ein Industriegelände im Vaucluse von einer bankrotten Firma und versucht es als eine Art christlicher Arbeiterstadt in Betrieb zu nehmen. Doch Pauline wird schwer getäuscht, die Geschäftsleute für das Grundstück hatten ihr Frömmigkeit vorgespiegelt, um sie zu betrügen. Sie treiben Pauline und die Firma in den Bankrott. Paulines Sorge gilt aber vor allem jenen, die ihr Geld für die Modellfabrik anvertraut hatten. Sie sucht in ganz Frankreich Unterstützung, um ihnen ihre Einlagen zurückzahlen zu können, was ihr fast gelingt. Sie selbst aber ist um ihr ganzes Vermögen geprellt, sie ist in der Öffentlichkeit – und auch in der Kirche – diskreditiert, ihr Leben ist ruiniert.

Während die von ihr gegründeten Werke blühen und Millionen Menschen zu Gebet und Spende für die Weltmission animieren, während überall auf der Welt Missionsstationen, christliche Schulen, Waisenhäuser, Krankenhäuser, Kirchen und Klöster entstehen, stirbt Pauline Marie Jaricot am 9. Jänner 1862 im Alter von 63 Jahren in völliger Armut!

1922 erhebt Papst Pius XI. das von Pauline 1822 initiierte „Werk der Glaubensverbreitung" in den Rang eines „Päpstlichen Missionswerkes" und verlegt den Sitz nach Rom. Dieser Missionspapst lässt 1926 den Seligsprechungsprozess eröffnen und legt noch im selben Jahr fest, dass auf der ganzen Welt der vorletzte Sonntag im Oktober als „Weltmissions-Sonntag" gefeiert werden soll. 2012 ereignet sich auf die Fürsprache Paulines ein Wunder: Die dreijährige Mayline verschluckt sich bei der Nahrungsaufnahme und verliert das Bewusstsein. Es kommt zu einem 20-minütigen Herz-Kreislauf-Stillstand, sie ist im Koma. Im Krankenhaus wollen die Ärzte die Behandlung abbrechen, doch die Familie weigert sich, die künstliche Ernährung einstellen zu lassen. Sie beten eine Novene zu Pauline Jaricot. Kurz danach wacht das kleine Mädchen auf, jedoch ist ihr Gehirnzustand zunächst hoffnungslos degradiert. Doch das Wunder geschieht, dass Mayline sich mehr und mehr erholt und wieder völlig normal leben kann. Sie erlebt eine vollständige Genesung. Eine Ärztekommission hat diese Heilung untersucht und 2020 nach sorgfältiger Prüfung den unerklärlichen Charakter bestätigt. Papst Franziskus hat am 26. Mai 2020 das Dekret über die Anerkennung des Wunders veröffentlicht, sodass der Weg nun frei ist für die Seligsprechung Pauline Marie Jaricots.

Ich wünsche viel Freude mit Pauline Marie Jaricot in der Darstellung von Louise George Bachmann und Marie Czernin. Und ich hoffe, dass Sie sowohl informiert als auch motiviert und inspiriert werden. Denn Gott hat auf krummen Zeilen gerade geschrieben. Er hat durch die Genialität einer Frau die Kirche in ihrer Sorge für die Weltmission revolutioniert.

Pater Dr. Karl Wallner
Nationaldirektor der Päpstlichen Missionswerke in Österreich
1. Juni 2020

Die geniale
Pauline Jaricot

Ein Heiligenroman über die Frau,
die die Weltmission neu erfand

1. Eine Provokation

Im Karneval des Jahres 1816 erleben die Lyoner eine noch niemals dagewesene Sensation.

Sie ist zwar nicht politischer Natur, wie bisher beinah alle Überraschungen der letzten zwei Jahrzehnte, da Volksherrschaft und Konsulat, Napoleons Kaiserreich und Königtum eines Bourbonen in buntem Wechsel aufeinander folgten. Sie lässt sich auch nicht mit den kriegerischen Sensationen des endlich in Sankt Helena für immer unschädlich gemachten Bonaparte vergleichen. Sie einfach als Gesellschaftsklatsch kurz abzutun, wäre zu wenig. Denn die vornehmen Familien der Stadt der reichen Seidenhändler und Seidenfabrikanten sprechen ganz unverhohlen von einem veritablen Skandal.

„Wissen Sie schon? ..." fragen Gesprächspartner einander und zwinkern mit den Augen.

„Ja, ja, das reiche Fräulein Jaricot!" seufzen die älteren Damen. „Das kommt davon, wenn junge Mädchen aus gutem Haus zu früh die Mutter verlieren! Die Väter sind dann meist in ihre Lieblinge vernarrt und lassen dem vergötterten Töchterchen alles durchgehen. So ist es doch bei Antoine Jaricot! Der nennt die Jüngste seine ‚Paradieslerche'! Weil sie gern jede Mode mitmacht und dabei mit den neuesten Dessins aus seiner Weberei die wandelnde Reklamepuppe ist, darf sie sich alles erlauben, was das hübsche Lockenköpfchen ausspinnt."

„Pauline Jaricot ist zweifellos eine hübsche Frau", finden die jungen Kavaliere.

Und jugendliche Freundinnen der Vielumstrittenen und Vielgelästerten schütteln sich fast vor Lachen. „Pauline Marie! Nein, so etwas! Pauline Marie! Wer hätte das gedacht? ..."

Pauline Marie Jaricot. Der Name läuft – missbilligend ausgesprochen, bespöttelt und bekrittelt, belächelt und verständnislos bestaunt – durch die Salons der vornehmen Gesellschaft von Lyon. Er wird geflüstert, indigniert genannt. Und zwischen kostbaren Brokatvorhängen und atlasschimmernden Empiremöbeln der oberen Zehntausend erhebt sich Kichern, Lächeln und Kopfschütteln, sobald er fällt.

Doch niemand nimmt das wirkliche Ereignis ernst.

Es ist ja gar nicht möglich, etwas Derartiges ernst zu nehmen. Kommt die jüngste Tochter des millionenschweren Seidenwarenfabrikanten und Seidenhändlers Antoine Jaricot aus der Rue Puits-Gaillot 21 im Lyoner Stadtbezirk „Quartier Terreaux" zu einer Soiree. Es ist ein Gesellschaftsabend, bei dem man eingeladen sein muss, wenn man etwas gelten will. Eben da erscheint das reiche Fräulein Jaricot in einem Aufzug, wie er in diesen Kreisen nur als verrückt bezeichnet werden kann.

Ein Musselin-Häubchen, das sicherlich nicht einen Sou mehr als 75 Centimes gekostet hat, verhüllt den Lockenkopf. Ein grober dunkelblauer Rock, wie ihn die Mägde auf dem Lande tragen, lässt ihre zierliche Gestalt unkenntlich werden. Ein ebensolches Tuch trägt die als sprichwörtliche Modepuppe Bekannte um die Schultern. Und derbe Schuhe mit Lederriemen lassen die sooft als zierlich und überklein gepriesenen Füßchen schwerfällig und ungeschlacht erscheinen.

Da gibt's nur eine einzige Meinung: Pauline Jaricot leistet sich einen Maskenscherz. Sie will sich als Arbeiterin der väterlichen Fabrik verkleiden.

„Oh là là! Pauline ist unheimlich klug", flüstern die Freundinnen des jungen Mädchens einander mit beziehungsvollem Lächeln zu. „Die will auf diese Weise ihrer mitgiftlüsternen künftigen Schwiegermutter einen Tort antun." „Ah, die wird es mit Würde tragen!" meinen andere junge Besucherinnen. „Bei einer Mitgift von mehr als einer Million kann man leicht beide Augen zudrücken." „Ja, ja. Das reiche Fräulein Jaricot darf sich auch diesen Faschingsscherz erlauben", stellen einige Neidische fest.

Am nächsten Tag tritt Fräulein Jaricot ein wenig anders auf. Mit einem weißen Leinenkleid und einem Baumwollschleier beteiligt sie sich an der alljährlichen großen Prozession von Saint Nizier. Dazu trägt sie dieselben Schuhe.

Die Zofe ihrer Schwester Madame Perrin soll sie hernach zu ihrer Herrin begleiten. Jedoch die Kammerfrau erschrickt über den lächerlichen Aufzug. Sie läuft entsetzt in die Rue Neuve Nr. 1 und stammelt atemlos:

„O Madame! Welche Überraschung! Mademoiselle Pauline ist auch heute wie eine Arme gekleidet ... Ich wage nicht, mit ihr so über die Straße zu gehen! Sie hat schon wieder diese fürchterlichen Schuhe an ..."

„Dann nehmen Sie ein Paar von meinen schönsten und bitten, dass Fräulein Pauline einen Tausch vornimmt", entscheidet Frau Perrin.

„Ich weiß nicht, ob ich das erreichen kann. Fräulein Pauline ist so eigenwillig und halsstarrig!" jammert die Kammerzofe.

„So sagen Sie: Ich ließe sie ersuchen, aus Gefälligkeit gegen mich die Schuhe umzuziehen", schlägt die Dame vor.

Auf diese Bitte hin bequemt sich die hübsche Siebzehnjährige in der Tat, den Wunsch der älteren Schwester zu erfüllen. Sie schlüpft in einen offenen Torbogen und lässt sich von der Zofe mit einem modischen Schuhwerk versehen. Aber Gewand und Schleier wirken dadurch umso lächerlicher. Einfach unmöglich.

Das finden einmütig alle, die an diesem Abend im Salon Perrin versammelt sind.

Nur über das Motiv dieses absonderlichen Tuns des reichen Fräuleins Jaricot ist man geteilter Meinung. Auch innerhalb der eigenen Familie.

„Wenn du unbedingt deine Verlobung mit Gaston auflösen willst, musst du nicht solche Mittel anwenden!" tadelt Sophie Perrin. „Du kannst dich doch zu jeder Zeit mir anvertrauen. Du weißt, mir war er immer unausstehlich. Und seine eitle Mutter noch viel mehr ..."

„Ich will wirklich nicht heiraten", gibt die Siebzehnjährige zu.

„Dann hättest du uns den Skandal mit dieser Maskerade ersparen sollen. Auch ohne sie wäre Papa umzustimmen gewesen. Er hat noch keine seiner Töchter gegen ihren Wunsch und Willen verehelicht. Ich durfte seinen Hauptvertreter Zacharie Perrin heiraten. Marie-Laurence bekam ihren Victor Chartron."

„Es war aber doch nötig", sagt Pauline leise und ein wenig scheu.

„Warum denn?"

„Weil ich nur so Kraft finde, ein anderes Leben anzufangen."

„Ein anderes Leben ... ?" „Ja!" wiederholt Pauline fester und fügt dran gleich die Anklage: „Du selbst bist daran schuld."

„Wieso denn ich?" entsetzt sich Frau Sophie Perrin.

„Bist nicht du vor fünf Tagen ganz aufgeregt aus Saint Nizier nach Hause gekommen und hast erklärt: ‚Ich bin heute einem Heiligen begegnet.‘ Hast nicht du mir solange von den Predigten dieses Abbé Wurtz aus Lothringen vorgeschwärmt, bis ich mit dir zu einer Abendandacht nach Saint Nizier ging? Wie er da über Putz, Mode, Geschmeide und Eitelkeit gewettert hat, hörtest auch du. Und jetzt verwundert es dich, dass ich diesen ganzen Plunder weggeworfen habe, um endlich ohne all den hinderlichen Kram wie eine wahre Christin zu leben und zu handeln?“

„Du redest wie ein Kind, Pauline. Du warst schon immer ein exaltiertes, eigenwilliges Kind“, antwortet Frau Sophie ärgerlich. „Man muss doch an seine Angehörigen denken und an die Menschen, in deren Kreis man lebt. So sehr ich Abbé Wurtz verehre: Seiner Predigt wegen kann ich nicht wie unsere eigenen Bediensteten herumlaufen. – Denk doch, was du mit dieser Handlung deiner Familie für Schwierigkeiten bereitet hast! Die ganze gute Gesellschaft von Lyon hält dich jetzt höchstwahrscheinlich für verrückt. Das ist Papa und deinen Schwägern, die angesehene Geschäftsleute sind, bestimmt nicht angenehm. Was würdest du sagen, wenn wir so handelten?“

„Man muss Gott mehr gehorchen als den Menschen“, entgegnet Pauline trocken.

Diese Meinung vertritt sie auch den beiden Brüdern und den anderen Angehörigen gegenüber.

Der neunundzwanzigjährige, bereits verwitwete Paul-nimmt sie kopfschüttelnd als Marotte hin. Der um zehn Jahre jüngere Phileas, der ebenfalls im väterlichen Unternehmen arbeitet, lacht.

Die eben im Vaterhause zu Besuch weilende, sanfte, stille Madame Marie-Laurence Chartron, Paulines zweite Schwester, ist bestürzt.

Am wenigsten kann Vater Antoine Jaricot an einen wirklichen Gesinnungsumschwung glauben. Selbst nicht, als man ihm zuträgt, dass seine jüngste Tochter dauernd in das Hôtel-Dieu, das alte Spital der Stadt Lyon, und in das Krankenhaus Saint Polycarpe geht, um Kranke zu besuchen und Unheilbare zu pflegen. Der Vater denkt zwar einige Herzschläge lang an seine überaus gütige, hilfsbereite verstorbene Gattin. Seine Frau wurde überall, von Kranken wie von Armen, nur „die gute Frau“ genannt. Sollte jetzt Pauline in die Fußstapfen der frühverlorenen Mutter treten?

Der Vater zögert. Doch dann schließt er sich lieber der Meinung aller männlichen Verwandten an, die Paul vorträgt: Wer viel auf einmal unternimmt, bringt nichts zustande.

Herr Jaricot erwartet nicht, dass seine Tochter dauernd die neue Lebensweise beibehalten werde. Ist sie doch unter völlig anderen Umständen aufgewachsen als er und seine Frau. Seine Braut Jeanne Lattier brachte 1200 Francs als Mitgift in die Ehe. Er selbst begann damals erst einen kleinen Handel. Sie beide waren von Jugend auf Entbehrungen gewöhnt. Als hernach in der Kaiserzeit ein sprunghafter Aufstieg von Handel und Gewerbe einsetzte, ein wahres Wirtschaftswunder, betrachteten sie sich nur als Verwalter des immer größer werdenden Vermögens. Pauline, seine Jüngste, wuchs schon im Reichtum auf. Wohl hatte die Mutter sie vernünftig und möglichst anspruchslos erzogen. Er aber kannte keine andere Absicht, als seinen Liebling zu verwöhnen. Er war bestrebt, des jungen Mädchens offenbare Schönheit durch kostbare Gewänder und Geschmeide zu erhöhen. Er ließ die Singstimme ausbilden, damit die kleine „Paradieslerche" auch durch ihre Gesangskunst in der Gesellschaft Triumphe ernte. Nie hätte er gedacht, dass sie einmal nur mehr einfache Kirchenlieder singen würde. Diese Umwandlung kann nicht von Dauer sein, sagt sich der Vater immer wieder. Wenn sie den Mann findet, den sie mehr liebt als den durch ihre jetzige Handlungsweise abgeschreckten bisherigen Bräutigam Gaston, dann wird schon alles ins Geleise kommen.

Deshalb verbietet er Pauline streng, etwas von ihrem Eigentum ohne Erlaubnis herzuschenken. Dass sie bereits wertvollen Schmuck verkauft und die schweren Seidenstoffe ihrer Festkleider zur Anfertigung von Messgewändern hergegeben hatte, weiß er da noch nicht.

Damit der Klatsch und das Gerede um Pauline Jaricot baldmöglich in Lyon verstumme, schickt er sie nach dem Süden ins Departement Drôme zur zweiten Schwester Madame Marie-Laurence Chartron nach Saint Vallier. Dort wird die auffällige Krankenpflege von selbst aufhören, hofft er. Und vollends fällt der Einfluss von Abbé Wurtz weg, der sie wahrscheinlich zu allen diesen übertriebenen Handlungen aneifert und verleitet. So überlegt der reiche Seidenfabrikant aus der Rue Puits-Gaillot und glaubt, damit das Beste für die Jüngste vorzukehren.

In Saint Vallier findet sich für Pauline Jaricot sehr bald ein anderer Tätigkeitsbereich.

Hier steht ihr täglich die Erinnerung an das Beispiel ihrer Mutter vor Augen. Es scheint zu mahnen und zu drängen. Doch weiß Pauline vorerst nicht wozu. Nur eins ist klar. Madame Jeanne Jaricot kümmerte sich nicht nur um ihre Kinder, wie ihre Tochter Marie-Laurence Chartron. Sie war auch zu den Mägden, die im Hause schafften, wie eine Mutter. Auch um die Arbeiterinnen in der Weberei mühte sie sich. Ja, sie dehnte sogar ihre Fürsorge um Leib und Seele der ihr Anvertrauten auf die Hausierer aus, die von der Firma Jaricot Waren bezogen.

In der Seidenbänderfabrik des Herrn Chartron in Saint Vallier wäre so eine zweite Mutter Jaricot vonnöten. Madame Marie-Laurence ist zwar wohltätig, wie es sich den Reichen ziemt. Jedoch auffallende Betätigungen liegen ihrem feinen, stillen Wesen nicht.

Es passt ihr freilich ebenso wenig wie ihrem Gatten, dass unter den zweihundert Arbeiterinnen ihrer Fabrik ein sittenloses Leben einriss. Aber was lässt sich dagegen tun? Wohl kommt auf ihre Bitten Vikar Bleton allwöchentlich ins Werk, den Katechismus zu erklären und zu predigen. Doch nützt das herzlich wenig. Die schon verkommenen jungen Mädchen lachen ihn aus. Manche ahmen sogar hinterrücks seine Mienen und Gebärden nach und bringen damit auch die willigen Zuhörerinnen zum Lachen.

Pauline sieht alle diese Unzulänglichkeiten schon nach ganz kurzem Aufenthalt; jedoch getraut sie sich nicht einzugreifen.

Ihr neuer Seelenführer Abbé Wurtz erklärte ihr bei ihrem Abschiedsbesuch in Saint Nizier, sie möge sich im Hause ihrer Schwester vorerst allein auf das Gebet und gute Beispiel beschränken. Das sei vermutlich Gottes Wille, weil er sie durch den Wunsch von Vater Jaricot von ihren Krankenbesuchen in Lyon weggeholt habe. Deshalb verbringt Pauline Marie täglich mehrere Stunden in der nahen Dorfkirche vorm Tabernakel. Dabei betet sie immer wieder um die Bekehrung der zügellosen Mädchen in Schwager Chartrons Fabrik.

An einem Montagmorgen, nach einigen besonders hässlichen Exzessen jener freizügigen Mädchen, findet sie keine rechte Andacht. Ihre

Gedanken sind wir und kehren ständig zu den unerfreulichen Szenen in den Kneipen zurück.

„Herr, hilf mir, dass ich Dich vor Augen habe!" fleht sie schließlich. Sogleich danach erscheint es ihr, als ob in ihrem Innern eine Stimme spräche: „Du sollst an diese Menschen denken und sie zu mir führen!" – „Wie kann ich das?" erkundigt sich das Mädchen, ohne sich über diese Stimme zu verwundern. „Beobachte ihr Leben! Dann tue das, was deine Mutter in diesem Fall getan hätte!" lautet die Antwort.

Da steht sie, wie von einem höheren Befehl getroffen, auf und verlässt die Kirche.

Noch am selben Tag schaut sie sich die Wohnungen der Arbeiterinnen an. Danach erkundigt sie sich bei ihrem Schwager über Arbeitszeit und Lohn der Fabrikmädchen. Durch einen Rundgang während der Mittagspause orientiert sie sich, was die Arbeiterinnen essen. Bei allen diesen Beobachtungen macht das reiche Fräulein Jaricot Entdeckungen, die erschüttern.

Die meisten Mädchen stammen aus den ärmlichsten Verhältnissen. Teils sind sie Findelkinder, die überhaupt kein richtiges Zuhause haben. Teils wohnen sie in halbverfallenen Hütten, in unzulänglich kleinen Räumen, zusammen mit vielen Geschwistern und Erwachsenen. Ihr Lohn ist kärglich, ihr Essen unzureichend. Da kann man sich nicht wundern, wenn die beklagenswerten jungen Geschöpfe sich verkaufen, um eine kleine Besserstellung oder ein paar bunte Kleiderfahnen zu erlangen. Gespräche mit einigen von ihnen bestätigen diese Vermutung. Dabei kommt Fräulein Jaricot die ärmliche Kleidung zustatten. Die meisten wissen nicht, dass sie die Schwester der Patronin ist. Sie halten sie für eine ihresgleichen und verschließen sich den Fragen einer vermeintlich Neuen nicht.

Als Pauline genug Erfahrungen gesammelt zu haben glaubt, begibt sie sich in das Büro des Schwagers. Dort hat sie eine ernste Unterredung mit Herrn Chartron.

„Mon cher Victor! Sie werden die Arbeiterinnen Ihrer Fabrik niemals zu einem ordentlichen Lebenswandel bringen, wenn Sie das Übel nicht an der Wurzel anfassen", beginnt sie.

Monsieur Chartron schaut sie verwundert an und fragt dann:

„Was wollen Sie damit sagen, Pauline?"

„Die Mädchen sind zu schlecht entlohnt", erklärt die Siebzehnjährige ohne Umschweife.

„So meinen Sie als Außenstehende. Ich als Fabrikherr weiß, dass ich nicht mehr bezahlen darf."

„Sie dürfen nicht mehr bezahlen ... ?" verwundert sich Pauline.

„Ja. So, wie sie jetzt sind, würden sie jeden Mehrverdienst einfach verschleudern und verprassen. Ich aber müsste für meine Waren höhere Preise fordern, um den Mehraufwand hereinzubringen. Dadurch wäre ich nicht mehr konkurrenzfähig. Es gibt ja mehr als eine Seidenbänderfabrik. Die anderen zögen durch ihre billigeren Preise meine Aufträge an sich. Ich müsste wegen mangelnder Beschäftigung Arbeiterinnen entlassen. Damit verlören sie ihren Lohn und sähen sich dem Hunger preisgegeben. Das ist bestimmt noch schlimmer als ein schlechter Lohn."

Pauline überlegt. Die Antwort ihres Schwagers lässt sich nicht so leicht entkräften. Aber man darf sich nicht so schnell geschlagen geben.

„Sie müssen zur Verbesserung des Lebensunterhaltes der Arbeiterinnen andere Wege finden", entgegnet sie.

Monsieur Chartron lächelt ein wenig über Eifer und Unverstand des jungen Mädchens. Dann meint er gutmütig: „Machen Sie mir doch einen durchführbaren Vorschlag!"

In dem Moment fällt seiner kleinen Schwägerin blitzartig ein geschickter Ausweg ein. Und sie empfiehlt:

„Verschaffen Sie den Mädchen in Ihrem Hause eine menschenwürdige Unterkunft. Der große Speicher unterm Dach steht leer. Sie haben Waldbesitzungen und Leute, die für Sie Robot leisten müssen. Es kostet Sie fast nichts, wenn Sie dort oben saubere, freundliche Schlafsäle einbauen lassen. Damit entreißen Sie die jungen Dinger ihrer Wohnungsmisere und zwingen sie gleichzeitig zu einem ordentlichen Leben. Wenn Sie noch für diejenigen, die keine Angehörigen besitzen, gemeinsam kochen lassen, leisten Sie einen weiteren wichtigen Hilfsdienst."

„Und wenn der Speicher wieder als Warenlager benötigt wird?", bringt Herr Chartron als Gegeneinwand vor.

„Vorläufig sind Sie vollbeschäftigt und brauchen nicht auf Lager arbeiten", hält ihm Pauline entgegen. „Was später sein wird, können Sie schon Gottes Vatersorge überlassen."

Victor Chartron begreift, dass seine kleine, resolute Schwägerin ihm mit dem Ratschlag einen guten Fingerzeig gegeben hat. Um sich jedoch für alle Fälle noch eine Tür offen zu lassen, wünscht er sich vorher mit seiner Gattin zu beraten. Wenn es um die Verpflegung zahlreicher Leute ginge, müsse die Frau des Hauses gehört werden, meint er.

Merkwürdigerweise überlegt auch Marie-Laurence Chartron sofort, was ihre Mutter in diesem Falle unternommen hätte. Und da erscheint ihr sonnenklar, dass Mutter Jaricot den Vorschlag ihrer Jüngsten begrüßen und ausführen würde. So redet sie dem Gatten zu, das Experiment zu wagen.

Es werden also wirklich unter dem Hochdach der Fabrik helle, saubere und freundliche Schlafsäle eingebaut und die Maßnahmen zur Verpflegung der Arbeiterinnen eingeleitet.

Pauline denkt inzwischen weiter.

Wenn nun die Mädchen durch Wohnung und Verpflegung im Fabrikgebäude mehr als bisher an ihre Arbeitsstätte gebunden sind, muss hier auch für eine gute Verwendung ihrer Freizeit Sorge getragen werden, wenn nicht von allem Anfang an auf die Besserung der Sitten verzichtet werden soll. Pauline-Marie berät mit dem Vikar und legt dann ihrem Schwager einen Freizeitplan vor, der Vorträge, Gemeinschaftssingen und zwanglose Erzählungen aus allerlei Wissensgebieten umfasst. Die religiösen Themen darunter bleiben dem Priester vorbehalten. Pauline nimmt an seinen Vorträgen nur als Zuhörerin teil. Sie sitzt dabei, einfacher als die ärmste Arbeiterin gekleidet, mitten unter den Fabrikmädchen, wie eine von ihnen. Für den Gesang und die Erzählungen stellt sich die Siebzehnjährige selbst zur Verfügung. Sie hofft, die meisten würden bald ihre schöne Stimme schätzen und gern mitsingen wollen.

In den vergangenen Wochen und Monaten gelang es Pauline, das Vertrauen einiger Arbeiterinnen zu gewinnen. Die helfen jetzt mit, die anderen für diese neue Hausordnung einzunehmen. Auf die Fernerstehenden blieb es nicht ohne Eindruck, dass Pauline ganz wie ihresgleichen gekleidet geht, keine Ansprüche macht und weitaus mehr zu ihnen zu passen scheint als zu den eigenen Verwandten, der Familie des Patrons. Auch ihre Frömmigkeit erfreut sich höherer Achtung, seitdem man weiß, dass sie Ursache ihrer Nächstenliebe ist. So spricht sich bald herum, dass hinter allen Sozialmaßnahmen bei Chartron das reiche Fräulein Jaricot steht.

2. Die Gnaden des Anfangs

Als schließlich gegen Herbstende Pauline wieder nach Lyon heimkehrt, lässt sie unter den Fabrikmädchen von Saint Vallier schon eine festgefügte, eingelebte Ordnung und weitaus bessere Sitten zurück. Außerdem sind nicht wenige Arbeiterinnen ihre Freundinnen geworden.

Das Ehepaar Chartron verfolgt diese Entwicklung mit großer Freude.

Viel weniger begrüßt sie Abbé Wurtz. Der sieht als Seelenführer in diesem ersten großen Apostolatserfolg der noch nicht Achtzehnjährigen arge Gefahren für ihre ausgeprägten Anlagen zu Stolz und Eigensinn. Wenn auch Pauline Eitelkeit und Stolz der Millionärstochter durch ihre Armenkleidung mutig überwindet, so ist das nur ein äußerlicher Sieg. Die innere Gesinnung kann damit nicht so schnell Schritt halten. Denn für die seelische Verfassung gibt es kein derartiges Zwangsmittel, wie es der radikale Kleidungswechsel bietet.

Weil ihr die kluge Mutter sichtlich fehlt und Vater Jaricot sie bloß verwöhnt, fühlt Abbé Wurtz sich zur Erziehung des jungen Mädchens mitverpflichtet. Da gilt es vorerst, die offenbaren negativen Seiten ihres starken Charakters langsam zum Guten hinzulenken. Das heißt, den Stolz zu Großmut und Hochherzigkeit umzuwandeln, aus Eigensinn Beharrlichkeit zu formen. Vor allem scheint es ihm höchst wichtig, Pauline vor dem Irrtum zu bewahren, sich schon als Gottes auserwähltes Werkzeug zu fühlen. Um ihr unmerklich klarzumachen, dass Gott selbst seine Auserwählten lange und gründlich auf ihre künftige Aufgabe vorbereitet, gibt er ihr die Selbstbiographie der heiligen Teresa von Avila zu lesen. Er hofft dabei, das junge Mädchen würde an der über zwei Jahrzehnte währenden Wartezeit der Heiligen erkennen, dass keine Seele schon kurz nach der Bekehrung zu großen Dingen berufen wird.

Bei der Lektüre der „Vida" der großen Spanierin eröffnen sich Pauline Jaricot Erkenntnisse ganz anderer Art. Denn sie erblickt im frühen Lebensweg der heiligen Teresa mit ihrem eigenen viele Ähnlichkeiten.

Da ist zunächst das Aufwachsen in einem frommen Elternhaus, das ihr gleichfalls beschieden war. Ebenso fand sich bei ihr die spielerische

Sehnsucht nach dem Martyrium, die Teresa, erst siebenjährig, auf den Gedanken brachte, zu den Mauren zu gehen. Denn als Paulines Lieblingsbruder Phileas in jugendlichem Überschwang Chinamissionar werden und als Glaubensbote im Fernen Osten sterben wollte, sagte sie entschlossen: „Ich möchte das auch!" Weil aber der Bruder es nicht für tunlich hielt, ein Mädchen nach China mitzunehmen, gedachte sie, sich für das Abenteuer als Mann zu verkleiden.

Wie die zwölfjährige Teresa wandte auch sie sich in ihren Jugendjahren von Gott ab. Erst widerstrebend angehörte Erzählungen angeblicher „Eroberungen" einer Freundin fesselten sie alsbald ungemein. Als Folge dieser ersten mittelbaren Begegnung mit dem Weltleben tanzte sie bei der Hochzeit ihrer Schwester Marie-Laurence im Schlosspark von Tassin gleich ein Paar Schuhe vollständig durch.

Ähnlich wie bei der heiligen Teresa, kam hernach wieder ein Zeitraum starker Gottesliebe und religiösen Eifers. Der wurde aber bald von ihrer ersten leidenschaftlich starken Neigung, von Heiratswünschen und einer regelrechten Flucht vor Gott abgelöst. In dieser Richtung bestärkte sie besonders der Besuch der Tochter König Ludwigs XVIII. von Frankreich in Lyon. Sie fand es einfach wundervoll, diese Prinzessin überallhin begleiten zu dürfen. In vollen Zügen genoss sie dabei drei Tage lang höfisches Leben; bei der Fahrt kostbar geschmückter Schiffe zur Insel Barbe, bei der Festmesse in der Kathedrale und der Truppenschau auf dem weiten Platz von Bellecour, beim Ritt ins Saône-Tal und während der Gala-Soiree im Großen Theater, vor allem aber auf dem Ball im riesigen Prunksaal des Palais Saint Pierre, jenes Gebäudes in der Nachbarschaft der elterlichen Wohnung, das sie bisher allein von außen kannte. An allen diesen Lustbarkeiten nahm sie mit Begeisterung teil. Dabei fühlte sie sich in den Toiletten aus den erlesensten Brokaten der väterlichen Fabrik im Mittelpunkt der allgemeinen Bewunderung.

Nach dieser Periode weltlichen Lebens ergaben sich noch weitere Parallelen mit dem Schicksal der heiligen Teresa von Avila. Ebenso wie diese erkrankte sie alsbald hernach sehr schwer. Auch sie verlor die Mutter. Und da sie, durch Abbé Wurtz' Predigt erschüttert, sich ganz Gott weihen wollte, fühlte sie sich, wie Teresa, von seiner Gnade getragen, ja überschüttet. Entsprach das nicht bereits dem späten Lebensweg der

großen Mystikerin? Musste man daraus nicht schließen, dass Gott auch mit ihr viel vorhatte?

Der kluge Abbé Wurtz erkennt sehr bald, dass nun Pauline Jaricot von einem Extrem ins andere zu fallen droht. Beseelte sie zuerst ein Übermaß an Nächstenliebe-Eifer, so lässt sie sich nun von einem neuen verhängnisvollen Irrtum leiten. Sie hält einige Anfangsgnaden bereits für mystische Gnadenerweise Gottes und hofft, der heiligen Teresa von Avila auf einem rein beschaulichen Wege nachzufolgen. Um sie von ihrer Täuschung abzubringen und ständig sorgfältig beobachten zu können, zieht Abbé Wurtz nunmehr Pauline zur Mitarbeit an seinen religiösen Schriften heran.

Die ungewohnte Tätigkeit löst sie zwar unmerklich von ihrem in der allerletzten Zeit verfolgten Weg los, füllt sie jedoch vorläufig noch nicht völlig aus. Sie nimmt daher die Pflegetätigkeit im Krankenhaus Hôtel-Dieu wiederum auf.

In den Arkadengängen der an Türmen reichen, uralten Krankenanstalt trifft sie einige Male ein scheinbar gleichaltriges Fräulein aus gutem Haus, das ihr auffällt. Einmal stoßen die beiden jungen Mädchen knapp vor der Rhônebrücke auf dem Quai Hospital zusammen, während Pauline am Flussufer dem Krankenhaus zustrebt. Da spricht das Fräulein sie an und fragt, ob sie sich einem Wohltätigkeitsverein anschließen möchte, in dem sich Arbeiterinnen und Damen der Gesellschaft gemeinsam beschämter Armer annehmen. Es handle sich dabei um solche Arme, die im Krankheitsfalle keine öffentlichen Hospitäler aufsuchen und dadurch daheim hilflos bleiben.

Pauline Jaricot merkt, dass Mademoiselle Elisa Ozanam, die sich als Kind eines Arztes bekennt und ihre Mutter als Vorsteherin dieses sogenannten „Wächterinnenvereins" nennt, sie offenbar falsch einschätzt. Sie hält sie, ihrem ärmlichen Gewand entsprechend, für eine Arbeiterin. Ohne ihr die Herkunft aus der Großindustrie zu verraten, erklärt sie sich sofort bereit. Dann lässt sie sich von der sympathischen Arzttochter alles Wissenswerte über diese neue karitative Tätigkeit erzählen und einige Adressen von hilfsbedürftigen Personen angeben.

Schon bei den ersten Besuchen erkennt Pauline Jaricot, dass hier eine ganze, von Unglück arg verfolgte Menschenklasse einer besonderen Hilfstätigkeit bedarf. Sie erfährt, dass in ihrer Vaterstadt unter den bedrängtesten materiellen Verhältnissen zahlreiche altadelige Familien wohnen, die durch die verheerenden Auswirkungen der in Lyon besonders radikalen Revolution von 1793 an den Bettelstab gebracht wurden. Die älteren Mitglieder dieser Adelsfamilien nehmen mit Würde ihre nunmehr tristen Verhältnisse an und sterben langsam aus. Die jungen Männer wenden sich bürgerlichen Berufen zu, um sich und ihre Angehörigen notdürftig zu erhalten. Allein die Zukunft der jungen Aristokratinnen ist einfach hoffnungslos. Eine dienende Tätigkeit oder Fabrikarbeit verbietet die Rücksicht auf die Herkunft. Andere Möglichkeiten fehlen. Günstige Heiratsaussichten sind ausgeschlossen. Hier mit dem nötigen Takt erfolgreich Hilfe zu leisten, gelang dem „Wächterinnenverein" in keinem Fall. Das ausgeprägte Standesbewusstsein schließt schon im Vorhinein jede Bemühung um die jungen Arbeiterinnen aus. Noch weniger vermögen die Damen der Gesellschaft mit den verarmten jungen Adeligen in Kontakt zu kommen.

Hier scheint eine Sonderaufgabe auf sie und Fräulein Ozanam zu warten.

Pauline öffnet der Arzttochter und auch Madame Ozanam ihr Herz. Dann schmieden die beiden schnell angefreundeten jungen Mädchen zusammen mit Mutter Ozanam einen klugen, wohldurchdachten Plan. Er bezieht auch die beiderseitigen zur Hilfe in jeder Not aufgeschlossenen Väter mit ein. Danach beginnen sofort die Vorbereitungen für das neue Caritaswerk.

Madame Ozanam besitzt ein seltenes Geschick, Kleider, Hüte, und jede Art von Damenputz selbst anzufertigen. Sie unterweist die beiden neuen Freundinnen in den Künsten einer Putzmacherin und lehrt sie, aus Samt – und Seidenresten künstliche Blumen zu nähen, die eben stark in Mode sind.

Herr Jaricot stellt für eine geplante Blumenerzeugungswerkstätte in seinem stattlichen Patrizierhaus in der Rue Puits-Gaillot einen Raum zur Verfügung. Er sorgt für das Erzeugungsmaterial durch Lieferung von Stoffabfällen aus seiner Seidenwarenfabrik und stiftet das nötige Betriebskapital.

Und Dr. Ozanam übernimmt es, die Töchter seiner adeligen Armen-patienten für eine durchaus standesgemäße Liebhaberei zu interessieren, die neben einem netten Zeitvertrieb in der Gesellschaft anderer junger Aristokratinnen – gleichsam als Anerkennung für die erlangte Geschick-lichkeit, wie er behutsam ausführt – ein kleines Nadelgeld einbringt. Dass seine Älteste zusammen mit der Tochter eines angesehenen Industriellen von Lyon die jungen Damen in diese Fertigkeiten einführen soll, macht den von ihm Angesprochenen eine Absage fast unmöglich. Der Ver-sammlungsort in einem Haus, dessen Salon stadtbekannt ist, zerstreut die vielfach noch eisern festgehaltenen Standesvorurteile. So sagen viele adelige junge Mädchen zu.

Pauline und Elisa hoffen, dass die Dauerbeschäftigung der armen Aristokratinnen gelingen wird. Dies insbesondere, weil sich Herr Jaricot verpflichtet, den Absatz der Blumenwerkstätte zu sichern.

Jedoch am Vorabend der ersten Zusammenkunft ergibt sich ein Hin-dernis, das alle Pläne zu zerstören droht. Der jüngste Sohn der kinderrei-chen Familie Ozanam, der fünfjährige, zarte, blonde Frederic erkrankt. Mit sorgenvoller Miene stellt der Vater die Diagnose „Typhus". Das heißt, dass er Elisa, die bisher den kleinen Bruder pflegte, jede Tätigkeit als Instruktorin im Putzmachen verbieten muss. Und Mutter Ozanam lässt sich ohnehin vom Bett des schwer fiebernden Lieblings nicht wegholen. Da lastet alle Anfangsmühe auf Pauline Jaricot.

Sie zieht sich glänzend aus der schwierigen Affäre. Obwohl gekleidet wie ein Dienstmädchen, empfängt sie alle Kursteilnehmerinnen mit wahrhaft damenhaftem Charme so, als ob sie zu einer rein gesellschaft-lichen Veranstaltung kämen. Sie macht ihre Besucherinnen in tadellos gesellschaftlicher Manier miteinander bekannt und schlägt, um alle zu beschäftigen, zuerst ein Pfänderspiel vor. Damit ist schnell das Eis ge-brochen. Danach wird Tee und kleines Backwerk serviert. Als sämtliche erschienenen Damen ganz in die Erzählung eines selbst nie erlebten, nur aus Erinnerungen von Müttern und Tanten bekannten französischen Alltags verwickelt sind, plaudert sie ungezwungen von einer eben in Mode gekommenen neuen weiblichen Handarbeit. Sie lässt dabei durch-blicken, dass es möglicherweise bald zum guten Ton gehören werde, sich bei Damenzusammenkünften mit der Anfertigung von Putzblumen zu beschäftigen. Darauf folgt – wie sie erhofft und heiß erbetet hatte, weil jetzt Elisa als Sekundantin fehlt – die Frage mehrerer adeliger Fräulein, ob sie selbst schon die neue Handarbeit könne.

Damit hat sie gewonnen.

Zwei Tage später treffen die gleichen Teilnehmerinnen wieder ein. Diesmal bereits, um sich von Mademoiselle Pauline in der neuen Mode unterweisen zu lassen.

Dann gilt es nur noch eine Klippe zu umschiffen. Es ist die Frage der Bezahlung, auf die doch insgeheim schon alle dringend rechnen. Dieses Problem löst Fräulein Jaricot zunächst durch ihren Vorschlag von Prämien für die Bestleistungen und von Trostpreisen für die weniger Geschickten. Im Lauf der Zeit gleichen sich dann diese Vergütungen wie selbstverständlich einander an. Sie bleiben nur mehr verschiedene Bezeichnungen für flinkere oder langsamere Arbeit.

Inzwischen ringt der kleine Frederic Ozanam in seiner elterlichen Wohnung buchstäblich mit dem Tod. Nur der Aufbietung aller ärztlichen Geschicklichkeit des Vaters und der aufopferungsvollen wochenlangen Pflege von Mutter und Schwester Elisa ist es zu danken, dass der Fünfjährige schließlich doch genest. Der Vater bezeichnet die Rettung seines Kindes fast als ein Wunder.

Doch nun beginnt Elisa ernstlich zu kränkeln und kann auch jetzt noch nicht an den Zusammenkünften der adeligen Blumenbinderinnen teilnehmen.

Die Werkstatt floriert bereits und hat zahlreiche faktische Bestellungen auszuführen. Vater Jaricot braucht nicht mehr wie am Anfang in die Tasche greifen. Auch seine Auftragsvermittlung ist kaum vonnöten. Es gilt nur lediglich, den ersten Arbeitseifer zu bewahren. Zu diesem Zweck hält jetzt Pauline Vorträge, besonders solche religiöser Natur, und spornt die jungen Aristokratinnen zu größerem Tugendeifer an. Ähnlich wie bei den Fabrikarbeiterinnen in Saint Vallier, werden auch Kirchenlieder gesungen. Und schließlich darf sie es sogar wagen, ihren vielen jungen Freundinnen die Gründung einer frommen Vereinigung vorzuschlagen. Die setzt sich zum Ziele, durch Liebe, Anbetung und Selbstverleugnung dem Heiland, als dem vielfach arg verkannten Gefangenen im Allerheiligsten Sakrament, Genugtuung und Sühne zu leisten. Die junge Gemeinschaft nennt sich „*Réparatrices du Cœur de Jésus* – Versöhnerinnen des Herzens Jesu".

Als Abbé Wurtz von dieser Gründung und dem Gedeihen des neuen Liebeswerkes erfährt, ist er darüber wenig erfreut. Weit eher arg in Sorge. Kann dieser neuerliche sichtliche Erfolg nicht seinem Seelsorgekind Pauline zum Verhängnis werden, fragt er sich. Wenn sie jetzt der Versuchung zur Eitelkeit unterliegt, könnte ihr Beispiel auch andere anstecken. Es würde dann der Schaden alsbald größer sein als der erzielte Nutzen. Gerade junge Menschen lassen sich von Augenblickserfolgen leicht blenden und berauschen.

Um Fräulein Jaricot vorsichtigerweise sofort von aller Arbeit abzuziehen, trägt er ihr die alleinige Verfassung eines Buches zu Ehren der heiligen Eucharistie auf.

Die Aufgabe lässt sich von einem jungen Mädchen, dem die literarische Arbeit noch ziemlich ungewohnt ist, keinesfalls gleichzeitig mit einer regen Tätigkeit der Nächstenliebe bewältigen. Er rät daher. sich in die Stille ländlicher Umgebung zurückzuziehen. Pauline schwankt. Es erscheint schmerzlich, so jäh aus allen ihren karitativen Arbeiten herausgerissen zu werden, und scheint so unbegreiflich wie viele Vorwürfe und Anordnungen ihres Seelenführers in den letzten Wochen.

Glücklicherweise bessert sich in dieser Zeit Elisas Gesundheit. Es steht daher zu hoffen, dass Fräulein Ozanam inzwischen Paulines Platz einnehmen kann. Ein zweiter Umstand spricht ebenfalls für eine zeitweilige Entfernung aus Lyon. Vater Antoine Jaricot benötigt einen Erholungsaufenthalt und will sich nach Tassin begeben. Die beiden Söhne sind in seiner Abwesenheit umso mehr im Unternehmen von „Jaricot et Fils" vonnöten. Die Tochter Madame Perrin muss sich der Firma „Perrin et Jaricot" und ihrer eigenen Familie widmen. Daher wird es geradezu Paulines Pflicht, den Vater zu begleiten.

Allerdings findet die jüngste Tochter des Schlossherrn von Tassin hier weder Ruhe noch Muße für die aufgetragene Arbeit. Denn kaum verbreitet sich im Umkreis die Kunde, dass Monsieur Jaricot sich auf seinem Gut befinde, so treffen beinahe jeden Tag auf Schloss Tassin Besucher ein. Pauline muss dem Vater auf seinen Wunsch meistens beim Empfang zur Seite stehen. Auch alle hausfraulichen Aufträge an Personal und Küche, die sich aus der Aufnahme und Bewirtung von Gästen ergeben, zählen zu ihren täglichen Obliegenheiten. Da bleibt oft nicht einmal genügend Zeit für das Gebet. Wenn sie es nicht verstünde, jede kleine Ruhepause und jeden freien Moment zu einem liebenden Aufblick zu benützen, so risse sie der Strudel gesellschaftlichen Lebens wieder mit sich fort.

Doch gibt es auch Besucher, die sie in ihrem gottverbundenen Leben bestärken. Da ist der fromme Pfarrer vom Nachbarort Ecully, der jedes Jahr, seit Vater Jaricot Tassin erwarb, ihn dort aufsucht. Pfarrer Balley wird rings im Umkreis beinahe wie ein Heiliger verehrt. Auch von Pauline, die ihn während einer schweren Krankheit im Todesjahr der Mutter schätzen lernte. Sein Eintreffen auf Schloss Tassin löst daher bei Vater und Tochter die gleiche Freude aus.

Diesmal erscheint er nicht allein, wie sonst. Er wird von seinem neuen Vikar begleitet.

Der Priester Jean Vianney ist nicht mehr jung und ein auffallend schüchterner Mensch. Es geht von ihm die Kunde, dass der spätberufene Bauernsohn aus Dardilly schwer mit dem Studium zurechtkam. Manche meinen, wenn der Pfarrer Balley sich seiner nicht persönlich angenommen hätte, so wäre er gar nicht zum Priester geweiht worden. Die Jurisdiktion zum Beichthören wurde ihm erst vor kurzem erteilt. Aber er passt trotzdem zu seinem Chef. Denn auch er gilt als außerordentlich fromm.

Wenn Pfarrer Balley Tassin besucht, so kann die Küche feiern. Denn er begnügt sich stets nur mit Gemüse und etwas Obst. Dazu trinkt er ein wenig Wasser. Herr Jaricot pflegt dann auch nicht herrschaftlich zu tafeln. Das weiß Pauline aus Erfahrung. Doch was sie mit dem neuen Vikar anfangen soll, ist ihr nicht klar. Da bleibt allein die Frage übrig, die sie an den überschlanken Dreißiger mit dem nackenlangen Blondhaar richtet:

„Was darf ich für den Herrn Vikar servieren lassen?"

Jean Vianney erhebt einen Moment lang den gesenkten Blick und sagt bescheiden:

„Dasselbe wie für den Herrn Pfarrer." Jedoch der Blick der blauen Augen ist nicht so demütig, wie diese Rede klingt. Der leuchtet, brennt und strahlt. Er saugt sich fest an dem Gegenüber, als ob er bis zum Grund der Seele dringen wollte.

Wohl dauert er nicht lange. Jedoch Pauline Jaricot fühlt sich ihm gleich verfallen.

Das muss der Priester sein, der dir den Willen Gottes verkünden kann. Der weiß genau, ob du fortfahren sollst, Kranken zu dienen. Ob du, statt dessen, den Mädchen von Saint Vallier und den „Versöhnerinnen des Herzens Jesu" das Leben an Leib und Seele verbessern müsstest. Oder, ob du von allen diesen Tätigkeiten absehen, nur Bücher schreiben und – gleich Maria in der Bibel – zu des Herrn Füßen sitzen darfst.

Sie wünscht, ihm die Zweifel und Ängste über ihren Weg darzulegen. Sie möchte ihm ihr ganzes Herz aufschließen und ihn befragen und ausforschen können. Der Augenblick erscheint dazu ganz günstig. Denn Vater Jaricot hat sich mit Pfarrer Balley in ein tief-theologisches Gespräch verstrickt. Doch während sie noch um den richtigen Anfang ringt, schaut der Vikar sie noch einmal, und diesmal ganz freiwillig an und sagt entschieden: „Was Sie zur Zeit vorhaben, ist noch nicht das Richtige. Der Herr hält einen anderen Auftrag für Sie bereit."

Pauline Jaricot ist derart überrascht von dieser völlig unerwarteten Rede, dass sie zunächst drauf keine Antwort weiß. Das Eintreffen des Dieners, der die frugale Mahlzeit für alle Anwesenden bringt, lenkt sie und die Gäste ein wenig ab. Danach muss sie auf Vaters Wunsch die Gäste selbst bedienen und am Gespräch der beiden alten Männer teilnehmen.

Nur der schüchterne Vikar beteiligt sich nicht daran. So hat sie keine Möglichkeit, an ihn das Wort zu richten. Ein unklares Gefühl sagt ihr, dass er, solang die andern reden, still für sich betet.

Der Schlossherr von Tassin erzählt, dass 1802 in den römischen Katakomben der heiligen Priscilla die Gebeine eines Mädchens von etwa sechzehn Jahren ausgegraben wurden, auf dessen Grabplatte nur drei Worte standen: „Pax tecum Philumena". Ein halb-zerbrochen aufgefundenes Blutfläschchen sprach für den Martertod der kleinen Römerin. Ihre Reliquien brachte ein Priester drei Jahre später nach einem Ort namens Mugnano bei Neapel. Nur einige Knöchelchen kamen in den Besitz der heimatvertriebenen „Benefratelli" vom heiligen Johannes von Gott. Diese nahmen sie nach Frankreich mit. Sie sangen dann auf ihren Bettelreisen „die Klage der heiligen Philomena". Mittlerweile seien viele Wunder auf die Fürbitte der jungen Märtyrin geschehen, berichtet Monsieur Jaricot.

In diesem Stadium der Erzählung schaut Vikar Vianney jäh auf und fragt:

„Und wo befindet sich diese Reliquie der Barmherzigen Brüder jetzt?"

„Die schenkte Pater von Mongallone, als er vor Jahresfrist bei uns in Lyon war, meiner Tochter Pauline", vollendet Monsieur Jaricot.

Wiederum leuchtet und brennt der Blick des jungen Priesters, während er versichert:

„Das wird Ihnen noch viele Gnaden bringen, Mademoiselle!"

Pauline vermag dem Feuerwerk nicht standzuhalten. Gleichzeitig begreift sie, dass sie sich für die ihr unerwartet zuteil gewordenen Offenbarungen dankbar erweisen müsste. Doch wie, ist ihr nicht klar. Aber diese Begegnung mit Abbé Vianney bewegt sie noch sehr lange.

3. Der Lieblingsbruder wird Priester

Während sich Vater und Tochter Jaricot im Schloss Tassin aufhalten, reift in Lyon eine für ihre Familie bedeutungsvolle Entscheidung heran. Paulines Lieblingsbruder, der um zwei Jahre ältere Phileas, besinnt sich auf die Ideale seiner Jugend.

Als Antoine Jaricot erfährt, sein jüngerer Sohn sei in das Seminar von Sainte-Foy-l'Argentiere eingetreten und wolle Priester werden, kehrt er bestürzt und übereilt von seinem Landsitz nach Lyon zurück.

Dagegen löst dieser Entschluss des Lieblingsbruders bei Pauline-Marie helle Freude aus. So hat auch ihn endlich die Gnade Gottes erfasst, jubelt ihr Herz. Außerdem empfindet sie es als besondere Annehmlichkeit, durch die vom Vater gewünschte Rückkehr in die Stadt der ihr von Abbé Wurtz aufgetragenen unangenehmen Arbeit des Bücherschreibens enthoben zu sein. Nun kann sie wieder strenger fasten und viele Nachtstunden hindurch wachen und beten. Denn in Lyon gehören Empfang und Obsorge für Gäste nicht mehr zu ihrem Pflichtenkreis. Freilich geht auch hier nicht alles nach ihrem eigenen Willen.

Hauptsächlich bestimmt doch Abbé Wurtz, was sie tun oder unterlassen soll. Manchmal verlangt er ein schweres Opfer von ihr. Sobald sie sich jedoch bereit erklärt und es zu bringen anschickt, verzichtet er darauf. Hält er sie dessen nicht für fähig, fragt sie sich mehrfach. Aber der kluge Priester weiß viel besser als sie selbst, wie weit er ihre schwachen Körperkräfte anspannen darf. Ihm geht es um Erziehung zur Großmut und um die Willensbildung der ihm anvertrauten Seele. Denn sollte wirklich Gott der Herr das reiche Fräulein Jaricot als Werkzeug wollen, so muss sie sich bedingungslos dem höchsten Willen fügen können.

Und es sieht beinah nach einer Berufung aus. Pauline gesteht ihm immer häufiger innere Einsprechungen der Gnade ein. Der Abbé hält die meisten vornweg für Phantasiegebilde oder Erinnerungen an irgendeinmal aufgenommene natürliche Anregungen. Doch manche scheinen wirklich keine Täuschungen zu sein, obwohl der Seelenführer immer davor warnt.

Zum Beispiel der Auftrag, die Blumenwerkstatt der jungen adeligen Damen allein weiterzuführen und die „Versöhnerinnen des Herzens Jesu" zu leiten. Elisa Ozanam kränkelt seit einiger Zeit und ihr Befinden verschlimmert sich von Tag zu Tag. Eines Morgens berichtet ihm Pauline schluchzend, die Freundin und treue Helferin sei in der jüngst vergangenen Nacht verstorben. Damit scheint deutlich klar erwiesen, dass jetzt das Fräulein Jaricot die Aufgabe allein fortführen muss.

Elisas Eltern sind von diesem Schlag so schwer betroffen, dass Madame Ozanam nicht in der Lage wäre, die Arbeit ihrer Ältesten zu übernehmen. Da die erwachsene Tochter fehlt, kann sie nicht die zwei Knaben Alphonse und Frederic allein der Magd des Hauses anvertrauen. Alphonse besucht die „Königliche Schule". Und Frederic muss darauf vorbereitet werden, bald ebenso zu lernen, Pflichten zu erfüllen. Außerdem erwartet Frau Ozanam, die mit Elisa das elfte Kind verloren hat, alsbald ihr vierzehntes.

Kurz nach dem schmerzlichen Verlust der Freundin erhält Pauline Jaricot noch eine andere Todesnachricht. Aus Tassin kommt die Kunde, dass Pfarrer Balley in Ecully verstorben ist. Einen Moment denkt sie an seinen seltsamen Vikar Jean Vianney. Wird dieser an Stelle des Verstorbenen dort Pfarrer werden, fragt sie sich.

Dann teilt sie, wie bisher, ihr Tagewerk in viele Stunden der Anbetung, in die Hilfstätigkeit bei den schriftstellerischen Arbeiten von Abbé Wurtz und in die Leitung der Blumenwerkstatt und der „Versöhnerinnen des Herzens Jesu". So gehen Winter und Frühjahr hin.

An einem Morgen Anfang 1818 läuft sie, ganz aufgeregt und später als sonst, aus der Notre-Dame Kapelle der zweitürmigen gotischen Kirche Saint Nizier ins Pfarrhaus hinüber.

Dort wartet Wurtz bereits auf sie und überschüttet sie sogleich mit heftigen Vorwürfen über ihre Versäumnisse. Er weist auf einen großen Pack Broschüren hin, der auf dem Schreibtisch liegt, und herrscht sie an:

„Da, sehen Sie! Das alles harrt schon längst auf Ihre Durchsicht. Lauter Pamphlete und Pasquille gegen die Kirche ... Sie sind unpünktlich! Die Feinde Gottes säumen nicht!"

„Verzeihen Sie, mon Père!" bittet Pauline. „Der Grund meiner Verspätung war ein außerordentliches Ereignis."

Abbé Wurtz will diese Entschuldigung mit einem harten Wort abweisen. Da fällt ihm das veränderte Aussehen seines Seelsorgekindes auf. Das Fräulein Jaricot scheint ihm nicht nur atemlos vom raschen Lauf. Ihr Blick, den sie durch seine Anweisungen beherrschen lernte, flackert angstvoll. Die Lippen beben. Die Hände zittern. Eine hochgradige Erregung scheint sie zu erfüllen; sie, die sich sonst laut seinem Auftrag sorgsam bemüht, ihr lebhaft-feuriges Temperament zu zügeln. So fragt er nur ein wenig barsch:

„Was gibt's?"

Da fängt Pauline Jaricot ganz zaghaft zu erzählen an.

Sie habe eben in der Kirche ein seltsames Erlebnis gehabt. Nicht nur, dass sie, wie oftmals in der letzten Zeit, eine Einsprechung der Gnade deutlich zu vernehmen glaubte. Sie konnte diesmal etwas sehen. Und das Gesehene erschütterte sie zutiefst.

Weil Wurtz darauf nichts antwortet, fährt Fräulein Jaricot ein wenig mutiger fort.

Erst schien es, als halte eine höhere Macht sie fest, so dass sie sich nicht regen oder rühren konnte. Alles um sie versank. Nur die Geräusche vernahm sie noch, gleichsam aus weiter Ferne. Sie selber meinte zu erstarren. Dann warnte eine Stimme vor furchtbaren zukünftigen Geschehnissen als Strafe für die Herzenshärte der Menschen und ihre wachsende Gottlosigkeit. Auf einmal sah sie vor sich eine wildberegte Menge, danach Soldaten und Barrikadenkampf. Kanonen dröhnten, Wehschreie schrillten und Schüsse knatterten. Der Kampf vollzog sich sichtlich in einer Stadt. Ob es Lyon war, ließ sich nicht erkennen. Denn viele solcher Bilder wechselten. Dann schien es, als ob sich aus dem Wirbel dieser Bilder der Erdball löse. Wie eine Blutspur lief es über ihn. Im äußersten Nordosten begann es, flutete gegen Europa ebenso wie nach Asien, Land um Land überziehend und bedeckend. „Auch Frankreich wird das Unheil erreichen", sprach die Stimme, „wenn sich nicht eine großmütige Seele findet, die sich bereit erklärt, ihr Leben hinzuopfern für ihre Heimat, für die Religion und für die Kirche!" Und schließlich kam die Frage: „Pauline Jaricot, willst du die Seele sein?" Es zu verneinen, habe sie sich angesichts des furchtbaren Erlebens nicht getraut, sich aber freudig anzutragen, nicht den Mut gehabt.

„Das werden Sie nicht tun. Das kann ich Ihnen nicht erlauben!", antwortet der Abbé aus dem Verantwortungsbewusstsein für die noch unerfahrene junge Seele sofort.

Und als ihn Pauline daraufhin maßlos erstaunt anstarrt, sagt er ein wenig unwirsch:

„Vergessen Sie das alles! Sie sind vermutlich nach überlangen Nachtwachen am Morgen in der Kirche eingeschlafen und haben nur geträumt." Dann schiebt er ihr den Pack Broschüren zum Sichten und Durchschauen hin und spricht an diesem Morgen kein Wort mehr über das Erlebnis von Pauline-Marie.

Er ist zunächst durchaus nicht sicher, ob das reiche Fräulein Jaricot wirklich einer Vision gewürdigt wurde. Ebenso wenig wagt er vor sich selbst die vorgebrachte Meinung eines Traumes festzuhalten. Dagegen erwägt er eine Täuschung durch die lebhafte Phantasie des jungen Mädchens. Konnte es nicht durch seine eigenen Predigten beeinflusst sein? Er warnte doch fast immer vor Gottes Strafgericht und rief seine Zuhörer zu Lebensänderung und Buße auf. Auch seine Schriften und Broschüren verfolgten die gleiche Richtung. Deshalb beschließt der kluge Priester, Pauline Jaricot auf einige Zeit aus seiner Einflusssphäre zu entfernen und sie hernach umso schärfer zu beobachten. Ehe sie sich verabschiedet, sagt er daher in seiner ein wenig schroffen Weise:

„Bis heute haben Sie den Auftrag, den sie schon vor Monaten erhaltenen haben, nicht ausgeführt. Wo ist das Buch, das Sie zu schreiben versprachen? Ich möchte Sie erst wiedersehen, wenn es vollendet wurde!"

Da bleibt Pauline nichts anderes übrig, als alle ihre liebgewonnenen Lyoner Tätigkeiten abermals aufzugeben und sich wieder aufs Land zurückzuziehen. Dabei betrachtet sie es als ein wahres Glück, dass sich die Kunstblumenerzeugung schon recht gut eingespielt hat und nicht mehr ihrer ständigen Anwesenheit bedarf. Sie kann, darüber ganz beruhigt, zu ihrer Schwester Marie-Laurence Chartron nach Saint Vallier gehen.

Dort stürzt sie sich mit solchem Eifer auf die aufgetragene Arbeit, dass das Büchlein „*L'amour infini dans la divine Eucharistie* – Die unendliche Liebe im göttlichen Sakrament" in wenigen Wochen vollendet vorliegt. Nicht nur die Stille hilft da mit. Die vielen Anbetungsstunden vor dem Tabernakel fördern noch mehr das Werk. Am meisten aber eine neue, wunderbare Leichtigkeit, sich jederzeit ganz mühelos in Gottes Gegenwart zu versetzen und schauend zu erkennen, was sie niederschreiben soll.

Jedoch das Tempo ihrer Arbeit steht nicht mit ihren Körperkräften im Einklang. Kurz nach dem letzten Federstrich erkrankt Pauline. An eine Heimfahrt nach Lyon in diesem Zustand ist nicht mehr zu denken. So bleibt sie bei der Schwester. Marie Laurence pflegt sie. Vikar Bleton besucht sie zeitweilig. Beinahe täglich aber kommt eine Arbeiterin aus Schwager Chartrons Fabrik zu ihr. Rose Descôtes, so heißt das junge Mädchen, ist ihr sehr dankbar und ergeben. Denn das Beispiel des reichen Fräuleins Jaricot hielt sie vom gleichen liederlichen Leben ab, dem vor zwei Jahren beinahe alle Fabrikmädchen in Saint Vallier verfallen waren. Jetzt freilich, weiß sie zu erzählen, ist das völlig anders. Verpflegung und Logis im Haus und eine wohldurchdachte Freizeitgestaltung haben die Mädchen gewandelt. Auch in der Arbeitsmoral. Die Fabrik von Viktor Chartron gilt nun überall im Umkreis als wahrer Musterbetrieb.

Trotz der Fürsorge dieser Nächsten liegt Fräulein Jaricot doch viele Stunden während des Tages und der Nacht allein. Da Schmerzen und Fieber ein ständiges Gebet verhindern, verbleiben als einzige Gesellschafter die eigenen Gedanken. Die gehen ihre wunderlichen Wege. Meist kreisen sie um Gottes Gnadenwirken in ihrer Seele.

Ist diese Krankheit eine Strafe für ihre mangelnde Hochherzigkeit, fragt sich Pauline immer wieder. Wenn eine Seele von Gott zu einem Opfer aufgerufen wird, muss sie doch folgen. Dass Abbé Wurtz davon nichts wissen will, verblasst in diesen Überlegungen. Sie sagt sich, dass er offenbar mit ihrer Schwäche Mitleid hat. Ob diese Nachsicht nicht etwa die Spannkraft ihrer Seele lähmte und ihren zarten Organismus schädigte? Dazu gesellt sich alsbald die Erwägung, ob Wurtz sie überhaupt richtig versteht und leitet. Und schließlich taucht gar der Gedanke auf, ob man nicht dann den Seelenführer wechseln müsse, wenn seine Meinung mit den gnadenhaften Anregungen nicht mehr konform geht. Denn dass Gott selbst von ihr Großes begehrt, hält sie in ihrem jugendlichen Überschwang für sicher. Sie zieht daraus sogar den Schluss, dass sie berufen ist, auch für Gott Großes zu wirken.

Dass man gerade in der Krankheit anfälliger für alle Arten von Täuschung ist, bedenkt sie dabei nicht. Auch fehlt ihr noch die klare Unter-

scheidung der Geister. Sie weiß nicht, welche Anregungen ihrer eigenen Gedankentätigkeit entspringen, was Gottes Gnadenanruf ist und was Versuchung. Ebenso überlegt sie nicht, dass ihre feurige Natur jedwede Arbeit ungestüm, glühend und oft sogar verwegen in Angriff nimmt und durchführt und dadurch stets mit ihren Körperkräften Raubbau treibt.

Deswegen stürzt sie sich, kaum halb genesen, wieder mit wahrem Feuereifer auf alle ihre bisherigen Tätigkeiten der Nächstenliebe in Lyon. Aber nicht lange. Sehr bald erkrankt sie abermals. Diesmal im väterlichen Hause. Hier haben ihre Angehörigen im Trubel der Geschäfte und im Strudel des gesellschaftlichen Lebens noch weniger Zeit, sich ihrer anzunehmen. Nur einige Briefe des Lieblingsbruders Phileas erfreuen und beleben durch ihre darin dargelegten neuen Ideen.

4. Eine geniale Idee

Phileas Jaricot studiert zu diesem Zeitpunkt in Saint Sulpice. In diesem Pariser Priesterseminar werden künftige Missionare ausgebildet. Dort und in den *Missions Étrangères* in der Rue du Bac laufen Berichte von Glaubensboten aus aller Welt ein. Phileas schreibt darüber an seine Schwester. Vor allem, wie es überall an den Geldmitteln mangle, die für die Neuerrichtung wie den Ausbau von Missionsstationen unerlässlich sind. Ein Brief beeindruckt Fräulein Jaricot besonders. Ihr Bruder fordert sie darin auf, im Verein mit den „Versöhnerinnen" ein Mittel zur materiellen Hilfeleistung für die Missionen zu suchen. Als Beispiel dafür, dass man auch schon mit geringen Summen Großes leisten könne, erwähnt er die Entlohnung eines eingeborenen Katechisten. Sie betrage nur 82 Franken für ein ganzes Jahr. Aber in diesem Zeitraum könnten 2500 in Todesgefahr schwebende Kinder getauft und für den Himmel gewonnen werden.

An diesem Hinweis entzündet sich Paulines Hilfsbereitschaft. Von dem Moment an sinnt sie Tag und Nacht darüber nach, auf welche Weise sich ein möglichst großer Kreis von Missionsfreunden und Spendern finden ließe. Obwohl ihr krankes Herz noch Ruhe brauchte, steht sie vorzeitig auf, um ihre Freundinnen für die Missionshilfe zu begeistern.

Sie findet schnell bei ihnen volles Verständnis. Unter den" Versöhnerinnen des Herzens Jesu" wird alsbald allwöchentlich in der Blumenwerkstatt gesammelt. Ein Brief an Rose Descôtes bringt die Arbeiterinnen in Saint Vallier dazu, von ihrem Wochenlohn an jedem Freitag einen Sou zu stiften. Fräulein Gillot, eine Weberin, sucht unter ihren Kameradinnen gleichfalls hochherzige Spenderinnen. Aber all das ist unsicher und unbestimmt. Die Summen, die dabei zusammenkommen, sind variabel. Wohl dankt Phileas dafür im Namen der *Missions Étrangères*. Aber die Schwester merkt, dass er noch nicht zufrieden ist. Krampfhaft sucht sie nach einem richtigen Rahmen, nach einer festgefügten Organisation.

Wie gerne würde sie nun Abbé Wurtz befragen. Jedoch gerade das ist augenblicklich unmöglich. Die aufrüttelnden Predigten und Schriften des Vikars von Saint Nizier haben ihn höheren Orts missliebig gemacht.

Wettert doch keiner, ohne Scheu wie er, gegen das Freimaurertum. Weil man dem frommen Priester allein deshalb das Predigen nicht verbieten kann, wurde ihm aushilfsweise eine Hauskaplanstelle bei den Schwestern von *Sacre Coeur de la Farrangière*, vier Kilometer außerhalb der Stadt, anvertraut. Pauline konnte ihm noch knapp vor seinem Weggang ihr Buch einhändigen. Dann reißt ihre Verbindung zu ihm ab.

Da Menschenrat und Hilfe ihr versagt bleiben, geht sie an jedem Samstag auf den Hügel ob der Saône zur Wallfahrtskapelle Notre Dame de la Fourvière hinauf, um sich im alten Heiligtum der Stadt durch die Fürbitte der heiligen Jungfrau Licht und Kraft zu erflehen.

Zum ersten Mal an einem klaren Herbsttag.

Als sie durch die Rue d'Algérie die Brücke Pont de la Feuillée erreicht, bleibt sie zögernd stehen. Die Baumreihen auf den Saône-Quais vergilben und vergolden flussab bis in die Gegend der viertürmigen Kathedrale im Stadtviertel „Quartier Saint Jean" inmitten vieler Häuser aus der Zeit der Gotik und Renaissance. Sie locken zu einem Bummel durch den bunten Herbstlaubteppich. Ihr wahres Ziel winkt aber oben auf dem Berg, wo einst das Römer-Forum von *Lugdunum* stand, wo Märtyrer der Urkirche ihr Leben ließen und der heilige Irenäus wirkte. Deshalb besinnt sie sich nicht lange und steigt jenseits der Saône-Brücke auf einem engen, von einer kahlen Mauer umgebenen Treppenweg empor. Um dem vom steilen Anstieg hart hämmernden Herzen etwas Ruhe zu gönnen und sich am Rückblick in die herbstliche Natur dem öden Einerlei der Stufen zu entringen, hält sie zeitweise inne und wendet sich um. Auf den gegenüberliegenden Hügeln der Stadtviertel Croix Rousse, Chartreux und Serin mischen sich unter die Grüntöne der Hänge auch Buntfarben. Die Türme von Saint Paul grüßen herauf, bis sie die Höhe des Mont des Anges erreicht. Dann wird es freier. Der Weg vom Engelberg zum Haus der Gottesmutter liegt schon über dem emsigen Betrieb der arbeitsreichen Stadt der Seidenweber. Und auf der Plattform neben der alten Kapelle tut sich ein Blick auf, der nicht leicht seinesgleichen findet.

Unter den walddicht aneinander rückenden Bäumen des Bergabhanges in Immergrün, Gelbgrün, Herbstrot und Rost liegt die Zweiflüssestadt Lyon. Die bläulich graue Saône vereint sich mit der grünen Rhône an ihrem Südende. Dahinter reckt sich mächtig die Silhouette des Mont Pilat auf. Im Westen und im Norden umsäumen die Stadt ganz dicht bebaute Hügel. Zahlreiche Forts beschützen sie. Gegen Osten dehnt sich ebenes Land. Dahinter blinken in der Ferne die schneebedeckten Alpengipfel von Savoyen.

Der Anblick macht Pauline Jaricot das Herz weit und voll Zuversicht. Es schmerzt nicht mehr wie auf der steilen Stiege. Beim Eintritt in das Gotteshaus fühlt sie sich frisch und hofft auf eine baldige Erleuchtung.

Doch diesmal sieht sie keine Bilder. Nur eine sanfte Stimme in ihrem Innern scheint ihr zu verheißen, dass sie deswegen die Absicht Gottes ausführen soll, weil sie das schwächste seiner Geschöpfe sei. Worin sie diese Absicht erblicken darf, begreift sie nicht. Aber selbst die unklare Aussicht lässt das junge Mädchen von Dank überströmen. Denn sie gibt zunächst Sicherheit. Bis zu dem Zeitpunkt näherer Erkenntnis muss man sich eben in Geduld fassen und wiederkommen.

Leicht ist das nicht, wenn man von Tatendrang und Sehnsucht glüht; wenn man, wie sie, bereits den Anfang eines Fadens in der Hand zu haben vermeint und nun nicht weiß, ob oder wie der Knäuel entwirrt werden soll. Trotzdem begibt sich Pauline Marie Samstag für Samstag nach Fourvière hinauf.

Den Flüssen entsteigen schon die ersten Novembernebel. Die Rauchfahnen aus den unzähligen auffallend hohen Schornsteinen engbrüstiger Renaissance-Häuser im Quartier Saint Jean verdichten sie. Sogar in nächster Nähe verhüllt sich ihr Anblick im Schleier. Ebenso bleibt für Pauline die bevorstehende Zeit noch wochenlang verhüllt.

Der Spätherbstregen fegt bereits durchs Saônetal. Die Stufen der bergwärts führenden Stiegen sind nass, schwarz und glitschig. Auf dem Hügel von Fourvière angelangt, wird die einsame Wallfahrerin von einem Sturm eingeholt. Pauline verharrt stundenlang im alten Gotteshaus im Gebet, während der Wind draußen heult. Doch die Zugluft, Nasskälte und die frühe Dämmerung treiben sie wieder nach Hause.

Aber auch ihr Zimmer in der Rue Puits Gaillot 21 ist kalt und ungemütlich. Der Regen trommelt an die Scheiben. Dazwischen rauscht das unheimliche Brausen der nahen Rhône, die schon Hochwasser führt. Pauline wechselt ihre ganz durchnässten Kleider, doch das vermindert kaum das arge Frösteln. So muss sie notgedrungen, wenn auch ungern, in den Salon hinüber, in dem heuer zum ersten Mal geheizt wird.

Dort sitzt die ganze Familie Jaricot beim abendlichen Kartenspiel beisammen. Paul ist Bankhalter. Seine Braut Felicité Richond und Vater Antoine Jaricot bedrängen seine Position. Die majestätisch wirkende älteste Schwester Sophie Perrin spielt eben einen Trumpf aus. Ihr Gatte Zacharie kiebitzt. Die Aufmerksamkeit aller richtet sich derart stark aufs Spiel, dass kaum jemand Paulines Eintritt bemerkt.

Das ist ihr recht. Sie geht gleich zum Kamin, kuschelt sich in den tiefen Samtfauteuil und zieht den Schal eng um die Schultern. Während die anderen spielen, lässt sie in der wohligen Wärme des traulich knisternden Holzfeuers ihre Gedanken wandern. Halb ist es Überlegung, halb Gebet. Sie sucht nach einem Weg, für Gott Großes zu wirken. Sie sucht nach einem Plan.

Der Kindheitstraum von fernen Ländern und vom Martyrium zur Ehre Gottes taucht dabei auf. Das noch weit jüngere Mädchen Blandina diente so dem Herrn und wurde die vielgerühmte Lyoner Märtyrin. Soll das vielleicht auch ihre Aufgabe sein? Sie wäre derzeit nur in der Mission der fernen Heidenländer denkbar. Jedoch wie kann ein weibliches Wesen den Missionaren dort bei ihrer schweren Arbeit helfen? Allein als Ordensfrau. Zu dem Beruf wies aber bisher kein Zug der Gnade.

Auf einmal fährt ein Windstoß fauchend den Kamin herab und pustet fast das Feuer aus. Pauline muss zum Blasbalg greifen, um seine letzten Reste zu beleben, ehe sie verlöschen. Damit reißt die Gedankenkette ab.

Als sie sich wieder niedersetzt, fliegt eine völlig andere Idee ihr zu, wie man eine wirklich große und breite Hilfsbewegung für die Missionen schaffen könnte. Es geht ganz einfach: Jede ihrer Freundinnen, die für die Mission sammelt, soll wöchentlich nur einen Sou spenden. Zugleich aber soll jede einzelne weitere zehn Spenderinnen finden, die Gleiches tun. Von den neu Gewonnen, soll dann jede wieder zehn weitere gewinnen. Auch für das Einsammeln hat Pauline eine Idee: Die jeweilige Vorsteherin einer Zehnergruppe sammelt die Spenden ihrer *„decade"* ein; zehn Zehnergruppen schließen sich zu einer Hundertergruppe, einer *„centurie"*, zusammen. Die Leiterinnen der Hundertschaften bewerkstelligen das Einsammeln und Weitergeben der Spenden. So könnte ohne großen

Aufwand eine riesige Organisation zur Unterstützung der Missionen entstehen. Ein Sou pro Woche ist nicht viel. Aber Pauline möchte, dass sich viele, ja möglichst alle Gläubigen an dieser Unterstützung der Missionen beteiligen. So könnte ein großes Werk entstehen, das die Verbreitung des Glaubens fördert und eine für die Arbeit der Missionare eine finanzielle Grundlage bietet ...

Ein jähes Freudengefühl durchströmt Pauline Jaricot. Das ist der Plan, begreift sie. Um ihn nicht zu verlieren, will sie ihn also gleich notieren. Auf einem Tischchen beim Kamin liegt glücklicherweise ein Bleistift. Und auf dem dunklen Teppich neben den Spielenden leuchtet das Weiß einer herabgefallenen Karte. Pauline greift nach Stift und Spielkarte und skizziert ungesäumt den Inhalt des Gedankens. Dann lehnt sie sich mit einem tiefen Seufzer der Befriedigung in den Fauteuil zurück.

In diesem Augenblick ruft der Gewinner Paul: „*Fini!*" Vater Antoine gewahrt erst jetzt Pauline Marie. Und Frau Sophie Perrin, die ihren Seufzer vernommen hat, fragt sie besorgt:

„Was ist mit dir, meine Kleine? Hast du dich am Ende bei deinem Ausgang erkältet? Fühlst du dich nicht wohl?"

„Oh nein. Mir geht es ausgezeichnet", antwortet die Jüngere heiter. „Ich fand soeben einen wunderbaren Plan. Es scheint, Gott selber hat ihn mir diktiert ..." Dann liest sie vor, was auf der Spielkarte geschrieben steht.

Sophie Perrin ist davon ganz entzückt. Sogar die kritischeren Männer halten den Aufbau eines allgemeinen Sammelwerkes auf dieser Basis für aussichtsreich. Pauline Jaricot überlegt abschließend:

„Aus dem Almosen unzähliger kleiner Leute sind eher große Summen zu erwarten als aus höheren Spenden einiger Reicher."

Dieselbe Meinung äußern auch ihre Freundinnen. Sie gehen gleich mit wahrem Feuereifer an das Werk und beginnen zu sammeln. Rose Descôtes startet als erste Vorsteherin einer Dekade in Saint Vallier. Fräulein Gillot präsentiert Pauline in wenigen Tagen sieben Personen, die je zehn Leute unter sich haben. Von diesen sieben Familien strahlt die Idee auf andere über. Es ist für jeden Gutwilligen wirklich leicht, zehn Gleichgesinnte ausfindig zu machen, die wöchentlich die Kleinigkeit von einem Sou gern opfern.

Phileas Jaricot, dem seine Schwester nach Saint Sulpice schreibt, gefällt der Plan ebenfalls außerordentlich. Er legt ihn seinen Vorgesetzten und jenen Priestern in Paris vor, die eine eifrigere Missionierung der Heidenländer wünschen. Sie alle begrüßen die neue Einrichtung und erhoffen viel davon!

Pauline fühlt sich aber doch gedrängt, auch Abbé Wurtz davon in Kenntnis zu setzen und seine Billigung einzuholen. Obwohl in letzter Zeit sich die Verbindung mit ihm lockerte, lässt ihr doch das Gewissen keine Ruhe. Sie muss einfach zu ihm hinaus nach Sacre Coeur, auch wenn das Winterwetter noch so hässlich ist.

Ein Matsch von Schnee, Wasser und Schmutz bedeckt die Straßen von Lyon. Und außerhalb der Stadt wird es nicht besser. Zudem muss Fräulein Jaricot im ungeheizten kahlen Kloster-Sprechzimmer sehr lange warten. Endlich vernimmt sie den wohlbekannten schnellen Schritt von Abbé Wurtz. Er selbst dünkt ihr diesmal fremder und unpersönlicher als sonst und fragt sofort, warum sie hierherkäme. Das schüchtert das junge Mädchen derart ein, dass es nur mühsam und ein wenig stockend den neuen Plan und seine Vorgeschichte darlegen kann.

„Und weshalb kommen Sie damit zu mir?", erkundigt sich der Abbé schroff. „Sie haben doch die Sache bereits angefangen, wie mir scheint. Genau wie seinerzeit in Saint Vallier und bei der Gründung der Versöhnerinnen des Herzens Jesu'. Wenn etwa Schwierigkeiten auftauchen sollten, so wenden Sie sich nur an jene, die Sie vorher berieten."

Da sagt Pauline, dass sie doch bei einem derart wichtigen Vorhaben keiner Täuschung unterliegen möchte und gern davon abstehen wolle, wenn er dieser Meinung sei. Daraufhin fängt Jean-Wendel Wurtz zu lachen an.

„Nein, Täuschung ist es keine. Sie sind zu dumm dazu, um etwas derart Gutes selbst zu finden", erklärt er betont grob. „Deswegen bin ich damit einverstanden. Der Plan kommt sicherlich von Gott. Daher erlaube ich es nicht nur, sondern ersuche Sie dringend, ihn ins Werk zu setzen."

Pauline Jaricot ist über die Zustimmung von Abbé Wurtz überglücklich. Die raue Form der Anerkennung stört sie nicht. Sie dankt dem Abbé überschwänglich und macht sich auf den Heimweg.

Als sie das Haus verlässt, setzt eben Schneefall ein. Aus Norden bläst ein kalter Wind und treibt die Flocken wirbelnd vor sich her. Er dringt durch Tuch und Mantel und verweht die Spuren. Das alles kümmert Pauline nicht.

Sie stapft so frohgemut und selig durch Schnee und Sturm Lyon zu, als ob sie eitel Sonnenschein begleitete. Sie weiß ja jetzt, was sie tun soll und muss.

Und es ist etwas Großes, das sie für Gott tun kann!

Nicht alle teilen ihre Ansicht.

Weil ihre ersten Mitarbeiter lauter kleine Leute sind, erregt ihr Sammelwerk in Saint Nizier, der Pfarre der Besitzenden und Reichen, alsbald Anstoß. Ähnlich liegt der Fall im Stadtteil Chartreux. Da Lyon derzeit keinen regierenden Erzbischof besitzt, weil Kardinal Fesch, Napoleons Onkel, zwar seine Erzdiözese verließ, aber nicht offiziell auf sein Amt verzichtete, wenden sich die Unzufriedenen an einen der Generalvikare.

Generalvikar Monsieur Courbon hält es für falsch, dass ein paar junge Mädchen zusammen mit einigen Frauen eine Vereinigung aufbauen, die der Kirche zwar dienen will, die aber bisher von ihr nicht gutgeheißen wurde. Niemand habe bisher die höchsten Würdenträger davon verständigt, das sei anmaßend und ungehörig.

Benoit Coste, ein reicher Fabrikant und Bankmann, der Vater Antoine Jaricot gut kennt, teilt seinem Branchekollegen mit, dass die Gründung seiner jüngsten Tochter im Generalvikariat Anstoß errege. Coste ist selbst ein Freund und Förderer der Missionen. Er möchte deshalb das junge Werk vor einem etwaigen Verbot bewahren. Für ihn ist auch die Gründerin nicht irgendwer, sondern die Tochter eines reichen Geschäftsfreundes, der er gerne gefällig sein will. Deshalb empfiehlt er Pauline, den Generalvikar durch eine unterwürfige Haltung zu gewinnen. Pauline-Marie folgt seinem Rat und schreibt sofort an Monsieur Courbon:

„Hochwürdiger Herr Generalvikar! Aus Furcht, gefehlt zu haben, weil ich ohne Ihre Genehmigung einen Verein zugunsten der *Missions Étrangères* stiftete, bitte ich Sie ganz ergebenst um Entschuldigung und erkläre Ihnen, dass ich die Organisation unverzüglich aufheben werde, falls sie Ihre Missbilligung fände."

Sie übergibt den Brief Herrn Coste und bittet ihn, die Sache bei Generalvikar Courbon bestmöglich zu vertreten. Der Bankmann erreicht auch in der Tat, dass Monsieur Courbon von dem Verbot, zu dem er schon geneigt schien, Abstand nimmt. Aber einen Ausbau wünscht er auf keinen Fall. Er lässt dem kleinen Fräulein Jaricot, wie er sich ausdrückt, sagen, sie dürfe weiter sammeln, aber nur innerhalb der bisher erreichten Grenzen. Diesen Entscheid glaubt er der Würde seines Amtes schuldig zu sein. Außerdem ist er der Meinung, dass ein paar brave und „überfromme" Frauen mehr als einen kleinen lokalen Pfarr-Verein auf die Beine bringen.

Pauline Jaricot begreift sofort, dass diese Einschränkungen durch Generalvikar Courbon der Todesstoß für das erst im Entstehen begriffene „Werk der Glaubensverbreitung" wäre. Was aber soll sie tun? Wenn Abbé Wurtz mit seinem hohen Ansehen in Saint Nizier predigen würde, dann brächte er mühelos halb Lyon dazu, beim Werk der Glaubensverbreitung mitzumachen. Er, der sich niemals scheute, auch Bischöfen gegenüber seine Meinung zu vertreten, könnte der beste Helfer und Verfechter der neuen Gründung sein. Dass er derzeit nicht zur Verfügung steht, ist für Pauline sehr bitter. Sollte sie diesen Umstand am Ende vielleicht gar als Strafe Gottes dafür ansehen, dass sie nicht alle seine Anordnungen billigte und dass sie an der Leitung ihres Seelenführers Kritik geübt hat? Dieser Gedanke bedrängt sie mehrfach. Doch schüttelt diese Versuchung ab.

Pauline muss jetzt handeln, sagt sie sich. Da Abbé Wurtz nicht da ist, gilt es andere Förderer ausfindig zu machen. So sucht sie ihren derzeitigen Beichtvater auf, um von ihm Rat und Hilfe zu erhalten. Es ist der Pfarrer von Saint Polycarpe im Stadtteil der Seidenweber, dem *Quartier Terreaux*. Hier wohnen auch die meisten ihrer Freundinnen und Helferinnen. Pfarrer Gourdiat bekleidet gleichfalls das Amt eines Generalvikars. Vielleicht gelingt ihm eher als Benoit Coste, seinen Mitbruder Generalvikar Courbon zu überzeugen.

Der Pfarrer von Saint Polycarpe ist sofort begeistert, ja entzückt darüber, dass ein so aussichtsreiches Werk gleichsam in seiner Pfarre seinen Anfang nahm. Er stellt sich augenblicklich auf die Seite von Pauline und verspricht seine Unterstützung. Als sie ihn fragt, ob sie die Weisung von Generalvikar Courbon befolgen muss, antwortet Generalvikar Gourdiat:

„Nein, meine Tochter! Auch ich bin Generalvikar und ich will, dass Sie das ‚Werk der Glaubensverbreitung' weiter fördern. Ich stehe für alles ein und werde es gegenüber meinem Kollegen vertreten. Ich stärke Ihnen den Rücken und bitte Sie: Sammeln Sie so viel Geld, wie Sie können, und bringen Sie es zu mir. Ich werde Ihre Hauptsammelstelle sein und die empfangenen Gelder an die *Missions Étrangères* Paris weiterleiten. Seien Sie ruhig und kümmern Sie sich allein darum, soviel, als immer möglich, zu erhalten."

Diese Autorisation genügt zunächst. Die kirchliche Bewilligung spricht sich schnell herum und erhöht den Sammeleifer und das Ergebnis der Kollekten. Bald merkt Pauline Jaricot, dass sie allein die Sache nicht genügend weiterbringen kann. Denn sie vermag nur auf die Frauen einzuwirken. Man muss aber auch Männer für die Mission begeistern. Aus ihrem Briefwechsel mit Bruder Phileas gewinnt sie einen dafür wertvollen Hinweis.

Phileas Jaricot besitzt in dem gleichaltrigen Lyoner Handelsangestellten Victor Girodon einen tief religiösen, aber auch tatkräftigen guten Freund. Der junge Girodon ist Commis bei dem reichen Seidenfabrikanten Monsieur Terret, einem Berufskollegen von Vater Jaricot. Er kennt einerseits durch die Freundschaft mit Phileas zahlreiche wohlhabende Bürgersöhne, die er im Namen von Phileas für das Missionswerk gewinnen könnte. Ein zweiter, ebenso glücklicher Umstand ergibt sich aus seinem Beruf. Als Handlungsgehilfe ist es seine Aufgabe, die Heimarbeiter seines Patrons Terret laufend zu besuchen, ihre Arbeiten zu kontrollieren und mit ihnen abzurechnen. Diese Weber werden „Canuts" genannt und sind in Lyon sehr zahlreich. Im Stadtteil *Quartier Terreaux*, das zwischen den zwei Flüssen liegt, und auf dem Hügel von Croix Rousse steht in beinahe jedem Haus ein Seidenwebstuhl. Victor Girodon steigt fast jeden Tag die vielen Stufen irgendeiner der Stiegen empor und quert die Rampen, von denen man ins Saone-Tal oder zur Rhone hinuntersieht. In den Steilgässchen der Ruelles klopft er an viele Türen, hinter denen Webstühle klappern.

Weil ihn Pauline Jaricot im Namen ihres Bruders bittet, das neue „Werk der Glaubensverbreitung" zu unterstützen, klopft er auch an die Herzen. Und kaum jemals vergeblich. Wenn er mit den Canuts für Monsieur Terret abrechnet, geben die Heimarbeiter gerne den wöchentlichen Sou als Opfer der Armen. Sogar die reichen ehemaligen Freunde von Phileas geizen nicht mit ihren Gaben. Es dauert gar nicht lange, bis der zwanzigjährige Handlungsgehilfe Girodon ebenso viele Mitglieder vom „Werk der Glaubensverbreitung" aufweist, wie das reiche Fräulein Jaricot. Bald besitzt er auch zahlreiche eigene Vorsteher von Dekaden und Hundertschaften. Auf Paulines Rat übergibt er alle Sammelgelder dem Pfarrer von Saint Polycarpe. Der legt die weiblichen und männlichen Kollekten zusammen und sendet sie vereint an die *Missions Étrangères* nach Paris.

In diesem Stadium gedeihlichen Wachsens des Missions-Hilfswerkes kehrt Abbé Wurtz nach Saint Nizier zurück.

Pauline Jaricot fühlt sich nunmehr verpflichtet, wieder zu ihm zu gehen. Teils drängt sie ihr Gewissen. Besonders aber erhofft sie sich von ihm jetzt ein entscheidendes, wirksames Eintreten für das „Werk der Glaubensverbreitung". Dass sie mit ihrer Gründung sich auf dem richtigen Weg befindet, dünkt sonnenklar.

Wurtz selbst bestätigte ihr das. Und eine vorerst dunkel gebliebene Verheißung weist darauf hin. Sie lautete: Man werde sie „Mutter der Mission" nennen.

Zur namenlosen Enttäuschung von Pauline Jaricot scheint Abbé Wurtz nicht im geringsten daran zu denken, in seinen Predigten zur Teilnahme am Hilfswerk für die Missionen aufzurufen.

Er sagt sich: Wenn er sich für die Gründung des Fräuleins Jaricot öffentlich einsetzt, kann er zwar momentan der Ausbreitung des „Werkes der Glaubensverbreitung" dienen, gleichzeitig aber auch alle bisher erreichten Erziehungserfolge an Paulines Charakter einbüßen und dadurch das Werk gefährden. Ihr schon ein wenig eingedämmter Stolz würde höchstwahrscheinlich nach dieser Unterstützung als geistlicher Hochmut neu aufflammen. Dafür sorgt der Böse, der manches ausgezeichnete Beginnen auf diese Weise zu Fall brachte. Darum wünscht Gott demütige Werkzeuge und segnet selbst ihr Wirken.

Um aus dem reichen Fräulein Jaricot ein solches Gotteswerkzeug zu bilden, handelt der Abbé Wurtz scheinbar widerspruchsvoll.

Zunächst lenkt er Pauline von der ständigen geistigen Beschäftigung mit ihrem Missionswerk ein wenig ab. Er spricht von der wachsenden Gottlosigkeit und überlegt mit seinem Seelsorgekind, wie man sie wirksam eindämmen könne. Dann zieht er Pauline Jaricot zur Niederschrift von flammenden Aufrufen und allerlei Broschüren heran.

Das scheint Pauline-Marie im Augenblick zweitrangig. Man müsste, meint sie, das neue „Werk der Glaubensverbreitung" mit allen Mitteln fördern und voranzubringen versuchen. Denn das sei ihre gegenwärtige Aufgabe. Was sonst noch der Abbé von ihr verlangt, tut sie deshalb ein wenig widerwillig. Wie er jedoch – als zweite, wohlerwogene Maßnahme – von ihr begehrt, sie möge die Leitung ihres Missionshilfswerkes in eines Mannes Hände legen, und dabei ziemlich deutlich auf Victor Girodon hinweist, wird aus dem Widerwillen ein ernstes Widerstreben. Sie meint dagegen, das könne kaum der Wille Gottes sein. Sonst hätte doch nicht sie, sondern Herr Girodon die Eingebung des Aufbaues vom „Werk der Glaubensverbreitung" empfangen. Als ihre Ansicht keinen Anklang findet, glaubt sie sich vom Abbé nicht recht verstanden. Und seine Ablenkung auf andere Gebiete empfindet sie geradezu als Druck und Knebelung. Zum zweiten Male beginnt sie an Wurtz' Leitung zu zweifeln.

In diesen Tagen erhält ihr Vater den überraschenden Besuch von Abbé Vianney in Lyon. Weil Pauline die einzige seiner Angehörigen ist, die den vormaligen Vikar von Ecully persönlich kennt, lässt Antoine Jaricot die jüngste Tochter bitten, so wie einst in Tassin, die Pflichten der Hausfrau gegenüber diesem Gast zu erfüllen.

Bei ihrem Eintritt in den kleinen Salon des Hauses Puits Gaillot Nr. 21 erzählt eben der mittelgroße, hagere Priester, er sei vor ungefähr drei Jahren aus Ecully nach Ars, einer Kaplanei der Pfarre Mizerieux, versetzt worden. In diesem Monat habe der Bischof die Kaplanei zur selbständigen Pfarre erhoben. Er dürfe sich nunmehr als Pfarrer von Ars bezeichnen. Seine Gemeinde sei leider ziemlich Gott entfremdet. Die Wirte hätten mehr Zulauf als Gott in seiner Kirche. Alle Bemühungen, die Sonntagarbeit abzustellen, zeitigten bisher wenig Erfolg. Ähnlich verhalte es sich mit der Tanzwut der Einwohner von Ars. Da scheine es ihm unumgänglich, das kleine, in der Revolutionszeit verarmte Gotteshaus so schön wie möglich auszustatten. Dann könne es die wenigen Guten erfreuen und andere, Neugierige, heranziehen und auf Gottes Größe sinnfällig aufmerksam machen. Leider fehle es in der herabgekommenen Gemeinde von kaum dreihundert Seelen dazu an Geld. Er habe sich daher zu Fuß hierher begeben, um in Lyon Wohltäter aufzusuchen und in der reichen Stadt der Seidenweber sich Paramente und Kirchenschmuck zu erbitten. Er wolle damit vorerst eine neue Muttergotteskapelle ausstatten. Gerade Mariens Ehre und ihre mächtige Fürbitte sei ihm besonders wichtig. Denn sie, die keinen Augenblick in der Gewalt des Bösen stand, vermöge ihm am wirksamsten zu helfen. seine verirrten Schäflein dem Teufel zu entreißen.

„Oh, mon Père, ich habe in meinem Zimmer eine wunderschöne Brokatdecke. Darf ich sie Ihnen für Ihre Kirche widmen?", fragt ihn Pauline sogleich nach der Begrüßung.

Der Pfarrer von Ars blitzt sie mit seinen blauen Augen an und sagt: „Ich möchte die Kapelle von Unserer Lieben Frau neu ausstatten."

Pauline fühlt den Vorwurf und errötet. Sie wagt nicht einmal darauf hinzuweisen, dass die Decke erst einige Wochen in Gebrauch ist. Doch Monsieur Jaricot kommt ihr zu Hilfe. Er bietet dem Abbé sofort großzügig an, die kostbarsten Seidenbrokate seiner Firma zu besichtigen und daraus seine Auswahl für Messgewänder und Dekorationsstoffe zu treffen. Auch eine größere Summe Bargeld wolle er stiften.

Inzwischen bemüht sich seine Tochter, doch noch ein würdiges Geschenk ausfindig zu machen.

„Ich habe leider meinen Schmuck und alle anderen Wertgegenstände weggegeben. Und über meinen Anteil am Vermögen meiner Mutter darf ich noch nicht verfügen … .", beginnt sie zaghaft. In diesem Augenblick begreift sie jäh, wie sie sich dem Priester gegenüber, der ihr dereinst wertvolle Hinweise gab, dankbar erzeigen könnte. Und sie fährt lebhaft fort: „Aber ich besitze, wie Sie sich vielleicht erinnern, eine Reliquie der heiligen Philomena. Wenn ich dem Herrn Pfarrer von Ars davon etwas anbieten dürfte … ?"

Diesmal leuchtet der Blick des jungen Pfarrers freudig auf. Jean Vianney versichert sofort:

„Das nehme ich sehr gerne an."

Pauline holt ihre Reliquie und übergibt dem neuen Pfarrer von Ars ein Teilstück davon. Hernach will sie ihm ihre derzeitigen Zweifel betreffend Abbé Wurtz darlegen. Doch dazu hat sie keine Möglichkeit. Denn Vater Jaricot nimmt Pfarrer Vianney sogleich in sein Büro und in die Seiden-Manufaktur mit.

Insgeheim hatte Pauline-Marie gehofft, dass Pfarrer Vianney – wie seinerzeit auf Schloss Tassin – vielleicht aus eigenem das richtige Wort aussprechen werde. Da auch das unterblieb, glaubt sie sich auf dem richtigen Weg, wenn sie sich von Wurtz trennt.

Sie schwenkt drum selber von der Pfarre Saint Nizier nach Saint Polycarp zu Generalvikar Gourdiat ab. Der wünscht keine Änderung in der Leitung des Missionshilfswerkes. Nach seiner Meinung soll alles im jetzigen Zustand verbleiben. Er möchte einerseits seinen Mit-Generalvikar Courbon nicht wiederum verärgern. Außerdem hält er den Handlungsgehilfen Girodon nicht für genügend angesehen, um das Werk allein leiten zu können.

5. Es gibt Widerstand

Am folgenden Samstag begibt sich Pauline Jaricot nach Fourvière, um in der alten Wallfahrtskapelle vor dem Tabernakel zu beten. Diesmal aber vermag sie keine rechte Andacht zu finden. Ihre Gedanken zerstreuen und verwirren sich. Die Stimme Gottes, die sie oft in ihrem Herzen zu vernehmen glaubte, schweigt. Da sie sich weder selber richtig zu sammeln vermag, noch Gottes Gnade sie in seiner Gegenwart festhält, entfernt sie sich betrübt und auch ein wenig enttäuscht. Die kommenden Samstage wiederholt sich dieser Zustand. Nun wird sie noch unruhiger. Schließlich geht sie zu Abbé Gourdiat und klagt ihm die Veränderung in ihrem Gebetsleben.

Der Pfarrer von Polycarp nimmt ihre Kümmernisse nicht so ernst. Er meint zunächst, mangelndes körperliches Wohlbefinden könne bereits den Schwung der Seele lähmen. Einige Wochen später spricht er davon, dass sich das Seelenleben in der Bewegung von Wellenberg und Wellental vollziehe. Und nach mehreren Monaten beschränkt er sich darauf, sein Beichtkind zu ermahnen, in guten Werken und im Beten trotzdem nicht nachzulassen.

Pauline folgt zwar diesem Rat, leidet jedoch dabei unsäglich. Vergehen doch manchmal viele Tage, an denen ihr kein liebender Gedanke, kein freigeformtes Gebet, keine Betrachtung möglich ist. Eine ganz undurchdringlich dicke, unübersteigbar hohe Mauer scheint sie von Gott zu trennen. Das dünkt so schrecklich, dass sie oftmals in Tränen ausbricht und der Verzweiflung nahe ist. Dazu gesellen sich auch äußere Schwierigkeiten.

Das „Werk der Glaubensverbreitung" erregt bei vielen Menschen Anstoß. Ein Teil der Geistlichkeit sieht in der Gründung allein das Geltungsbedürfnis des reichen Fräuleins Jaricot. Der sprichwörtliche Stolz des jungen Mädchens strebe nur nach auffallenden Dingen, Was einst der Modepuppe kostbare Kleidung und Schmuck gewesen, das habe sich jetzt in eine ebenso starke Manie an Wohltätigkeitsgeschäftigkeit gewandelt, behaupten manche. Ebenso wie sie früher gesellschaftlichen Triumphen nachjagte, so hasche sie nun nach außerordentlichen Werken der Frömmigkeit, um damit in den Blickpunkt der Öffentlichkeit und zu größerem Ansehen zu kommen, stellen andere fest. Der seinerzeitige Hochmut der schönen und geistvollen Millionärstochter lebe derzeit in der etwas verfeinerten Form des geistlichen Hochmuts neu auf, nehmen die meisten an. Das zeige sich besonders darin, dass sie sich einbilde, Gott selber habe ihr den Plan des Missionshilfswerkes eingegeben. Sehr viele halten aber Paulines Gründung einfach für das Hirngespinst einer exaltierten Betschwester, die nach Unmöglichem strebe.

Diese Urteile erfahren ihre Vorsteher der Dekaden und Hundertschaften und melden sie voll Entrüstung ob solch schreiender Ungerechtigkeit. Dazu kommen einige zweifellos wohlmeinende Stimmen.

Der Seelsorger des Krankenhauses Hôtel-Dieu, ein etwa dreißigjähriger Priester namens Villecourt, der auch im Hause Jaricot verkehrt, empfiehlt dem jungen Mädchen, den Eifer in der Krankenpflege der Unheilbaren zu mäßigen. Denn ihre Liebestätigkeit bringe die hauptberuflichen Krankenpflegerinnen des Hospitals gegen sie auf. Die müssten oftmals von den Leidenden Vergleiche zwischen ihrer Haltung und der des reichen Fräulein Jaricot hinnehmen. Dabei vergesse man, dass Mademoiselle Pauline nur einige Stunden während der Woche im Krankenhaus verweile und keineswegs an eine ständige, tagtäglich aufreibende, körperlich und seelisch schwere Berufstätigkeit gebunden sei. Abbé Villecourt bittet daher Pauline, im wohlverstandenen Interesse der Krankenschwestern, um etwas Mäßigung in ihren Äußerungen der Nächstenliebe.

Ebenso halten Freunde des Vaters und der Familie der älteren Schwester Sophie Perrin dafür, man dürfe die weniger Edelmütigen und Schwachen nicht durch so außerordentliche Beispiele von Frömmigkeit und Mildtätigkeit beschämen, entmutigen und ärgern. Schließlich verpflichte das Christentum seine Bekenner doch nur zu einem Leben nach den Geboten und einer guten Sterbestunde mit priesterlichem Beistand, meinen sie.

Und eine Gruppe frommer Laien beklagt sich geradezu darüber, dass Pauline Jaricot die Arbeit Anderer in Schatten stellen oder zumindest mit ihnen gefährlich in Konkurrenz treten wolle.

Das ist vor allem die Ansicht von Madame Petit einer Nachbarin der Jaricots in der Rue Puits-Gaillot.

Madame Petit war mit dem französischen Konsul in der Dominikanischen Republik verheiratet. Sie lebte nach dem Tode ihres Gatten eine Weile in Amerika. Ihre Söhne studierten in Baltimore. Sie stand dort mit allen angesehenen Katholiken in Verbindung. Vor allem mit französischen Landsleuten aus dem Seminar Saint Sulpice in Paris. Diese Verbindungen reißen auch nach der Übersiedelung in ihre Vaterstadt Lyon nicht ab. Frau Petit bleibt weiterhin Wohltäterin der Missionen in Nordamerika. Seit einer ihrer amerikanischen Bekannten, Abbé Dubourg, Bischof von Louisiana wurde, bemüht sie sich mit wahrem Eifer, noch andere Missionsfreunde zu finden, will sie doch ihrem Schützling bei der Einrichtung seiner beinahe aus dem Nichts entstehenden neuen Diözese behilflich sein. Da sie dabei fast immer auf Menschen stößt, die ihr entgegenhalten: „Wir gehören schon zum Missionshilfswerk von Fräulein Jaricot", empfindet sie Paulines Arbeit als störend und ihre eigenen Bestrebungen arg hemmend.

Das junge Mädchen ist über die von allen Seiten heranbrandende Gegnerschaft ganz konsterniert. Zwar sagt sich Pauline in Augenblicken klarer Überlegung, es könne nicht alles, was Abbé Wurtz, was Pfarrer Gourdiat und auch die Leiter der *Missions Étrangères* und des Seminars Saint Sulpice in Paris billigten, pure Selbsttäuschung sein. Doch in den häufigeren Zeiten schwerer seelischer Bedrückung und innerer Trostlosigkeit taucht mehrfach die Versuchung auf, dem Drängen so vieler nachzugeben. Denn im Stadium halber Verzweiflung glaubt sie oft selber nicht mehr zu wissen, was recht und unrecht ist. Und sie hat derzeit niemand, der sie aufmuntern oder trösten würde. Kein Wunder, wenn es ihr dann manchmal geradezu erscheint, als ob der Boden unter ihren Füßen wanke.

Allein die Briefe ihres Bruders Phileas geben ihr etwas Kraft. Die braucht sie, wenn sie schwere Gewissensbisse quälen, weil sie Wurtz' Leitung vorschnell verließ. Wahrscheinlich ist der traurige Zustand ihrer Seele der letzten nahezu zwei Jahre dafür die Strafe, redet sie sich ein.

Sie weiß nicht, dass in dieser für sie bitterschweren Zeit Gott selbst an ihrer Seele wirkt und schafft. Dass er ihre Entfremdung von Wurtz zuließ, um alle Übertreibung und Übersteigerung zu ebnen. Sie ahnt genauso wenig, dass der einzige wahre, der höchste Seelenführer sie ihre

Ohnmacht fühlen und erkennen lässt, um sie so selbstlos und demütig zu machen, wie er sein Werkzeug will.

In dem begreiflichen, echt weiblichen Bestreben, sich gerne einer Führung anzuvertrauen, denkt sie zunächst nur an den Menschen, den sie gekränkt glaubt. Sie überlegt, auf welche Weise das gutzumachen wäre. Jedoch ein schließlich unternommener Versuch eines Entschuldigungsbriefes verläuft ergebnislos. Das steigert die Gewissensnot. Ist Abbé Wurtz so sehr beleidigt, dass er nicht einmal antworten will? Oder hindern ihn daran andere Rücksichten, fragt sich Pauline Jaricot.

Denn über den Vikar von Saint Nizier laufen seit neuestem allerlei Gerüchte um. Seine freimütigen Predigten sind vielen nicht genehm. Seine seit Anfang 1822 erscheinenden Broschüren erregen sogar das Missfallen einiger Bischöfe, obwohl sie flammende Aufrufe zur Umkehr, Buße und Bekehrung Frankreichs enthalten. Jedoch wegen eines Werkes gegen die Staatsverfassung beabsichtigt die Regierung, ihm den Prozess zu machen, erzählt man sich ganz offen. Sein Pfarrer, der ihn außerordentlich verehrt und schätzt, werde ihn dann nicht mehr entschuldigen und halten können. Und plötzlich heißt es, er habe einen Schlaganfall erlitten. Das sei der Leitung der Diözese Lyon ein hochwillkommener Anlass gewesen, ihn schnell und unauffällig in den Ruhestand zu versetzen, um einer öffentlichen Anklage zuvorzukommen.

Pauline weiß von dieser letzten Nachricht noch nichts, als sie an einem strahlend-schönen Aprilmorgen den Weg nach Fourvière einschlägt. Eine qualvoll verbrachte schlaflose Nacht liegt hinter ihr. Sie glaubte den Bösen leibhaftig vor sich zu sehen und noch immer hörte seine Einflüsterungen, die sich in ihrem Herzen ungewollt zu wilden Verwünschungen und Blasphemien steigerten. Ihr angstvolles Gestöhn rief eine langjährige Dienerin in ihr Schlafzimmer. Der alten Rose teilte sie ängstlich ihre furchtbare Vision mit. Die treue Magd versprach, für sie zu beten, und versuchte sie nach Kräften zu beruhigen. Sie riet Pauline das schreckliche nächtliche Erlebnis niederzuschreiben. In ihrem Tagebuch „Geschichte meines Lebens" beschreibt sie in angstvoller Erregung, wie sie der Teufel bedrängte „Er ging so weit, mir den anbetungswürdigen Meister, dem ich dienen wollte, als grausam und ungerecht gegen seine Diener zu zeigen und machte sich eine Freude daraus, das Gottvertrauen zu täuschen ...“

Sie zittert noch immer, wenn sie daran denkt.

Ein schüchterner Versuch, in der Kathedrale Saint Jean wenigstens äußerlich das Gleichmaß wiederzufinden, misslingt. Die sonst von ihr so sehr bewunderten herrlichen Glasmalereien scheinen sich immer wieder in Teufelsfratzen zu verkehren. Das echte Lasurblau der Glasgemälde verdüstert sich zu Schwarz. Dagegen entzündet die Morgensonne das leuchtend-helle Rot der Ostchorfenster zu grellen Höllengluten. Ebenso verstört, wie sie den Dom betrat, verlässt sie ihn wieder. Der Rückschauenden scheint er mit den vier mächtigen Stümpfen seiner Türme weit eher einer Zwingburg zu gleichen als einem Gotteshaus.

Vor der uralten Chorsänger-Wohnung der Manecanterie" trifft sie Madame Ozanam auf der Rückkehr von einem Armenbesuch.

„*Oh ma petite*, ich sehe es Ihnen an, dass Sie schon von dem Unglück wissen", sagt Elisas Mutter sofort nach der Begrüßung.

„Von welchem Unglück sprechen Sie?", verwundert sich Pauline .

„Nun, vom Schlaganfall des Abbé Wurtz."

„Was ist mit dem Abbé?", fragt das junge Mädchen ängstlich. „Mein Mann wurde vor zwei Tagen zu ihm gerufen. Er fand ihn linksseitig gelähmt. Es war ein Schlaganfall ..."

„*Mon Dieu*!", entsetzt sich Pauline Jaricot und verabschiedet sich hastig.

Madame Ozanam versteht das. Sie weiß, was Wurtz für Fräulein Jaricot bedeutet.

Pauline durcheilt einige enge Gässchen und stürmt dann, oftmals zwei Stufen auf einmal nehmend, die steile Escalier Chazeaux empor. Sie achtet nicht auf das wilde Pochen ihres Herzens. Sie merkt auf halber Höhe kaum, dass sie einen Umweg macht. Über Saint Just erreicht sie schließlich doch die alte Wallfahrtskapelle von Fourvière. Als sie dort eintrifft, begegnet sie den letzten Messebesuchern, die gerade die Kapelle verlassen. Das kleine Gotteshaus ist bereits menschenleer. Sie wirft sich vor dem Tabernakel nieder und presst Aufwühlung und Verwirrung ihrer Seele in einen einzigen heißen Herzensschrei:

„Herr, hilf mir! Ich versinke!"

Da scheint's, als ob die unruhigen Wogen des Gemütes sich ebenso glätteten wie beim heiligen Petrus, da ihn der Herr, auf dem See wandelnd, mit starker Hand ergriff. Sie wird ruhiger und kann gesammelt – wie schon seit fast zwei Jahren nicht mehr – weiterbeten:

„Herr! Dir ergebe ich mich und lege all mein Sein und Wollen vertrauensvoll in Deine Hände. Ich will zurückkehren zu Abbé Wurtz und alles tun, was er von mir begehrt. Auch wenn ich nicht begreife, warum manches von mir gefordert wird! Und auf die Leitung des ‚Werkes der Glaubensverbreitung‘ verzichte ich. Lege sie in würdigere Hände, damit das Werk mehr wachsen und gedeihen kann als bisher ..."

Nach dieser völligen Unterwerfung kommt ihr ein Bibelwort in den Sinn:

„Ihr habt nun Traurigkeit. Aber ich will euch wiedersehen, und euer Herz wird sich freuen. – Ich will euch trösten, wie einen seine Mutter tröstet ..."

Da ahnt sie, dass die schwere Prüfungszeit vorüber ist. Heiße Dankestränen entströmen ihren Augen. Zwei Stunden später verlässt sie, wirklich wundersam getröstet, die Kapelle.

Jetzt schaut die Welt ganz anders aus als vordem. Pauline sieht beglückt, dass überall das Obst in Blüte steht. Magnolien öffnen die prallen lilabehauchten weißen Kelche. Edelkastanien haben Festkerzen angesteckt. Blaue Glyzinien stehlen sich allerorten über Gitter und Zäune und wissen selbst die kahlsten Treppenmauern zu verschönern. Sogar der Rauch der überhohen Renaissance-Schornsteine im Saint Jean-Viertel wirkt freundlicher. Er dünkt Pauline wie aus tausend Opferschalen himmelwärts steigend. Befreit und fröhlich geht sie in die Stadt hinab. Nur vor Saint Nizier verhält sie ein wenig. Ein leichtes Angstempfinden befällt sie bei der Überlegung, ob Abbé Wurtz sie auch vorlassen werde. Doch überwindet sie es schnell. Dann steht sie an dem Krankenlager des großen Bußpredigers von Lyon.

Wurtz spricht nur einige Worte mit sichtlicher Anstrengung. Diese Kraftprobe zwingt ihn gleich hinterher zu hemmungslosem Weinen. Der an dem harten, widerständigen Mann ganz ungewohnte Ausbruch erschüttert das junge Mädchen tief. Beinahe ebenso sehr wie die Verzeihung, die einer schwachen, segnenden Gebärde seiner Rechten zu entnehmen ist. Auf ihre Bitte, wiederkommen zu dürfen, schließt der Kranke zustimmend die Augen.

All das berichtet Pauline-Marie daheim dem Vater.

Monsieur Antoine hat kurz vorher durch Benoit Coste erfahren, dass Abbé Wurtz im Falle einer Genesung sein Amt nicht mehr werde ausüben dürfen. Da setzt er eine wahre Freundestat. Er bietet dem Vikar von Saint Nizier in seinem Landhaus in Collonges sur Saône einen Erholungsaufenthalt an, den er zur Dauerheimstatt für den hochverehrten Priester auszudehnen gedenkt. Ihn bis zur Wiederherstellung zu pflegen, bietet sich seine Tochter Pauline an. Sie hofft, auf diese Weise ein wenig gutzumachen, was sie durch ihren mangelnden Gehorsam verschuldete.

6. Ein amerikanisches Komplott

Während sie in Collonges weilt, ereignen sich in ihrer Vaterstadt einige folgenschwere Begebenheiten.

Ein Brief von Bischof Dubourg von Louisiana verständigt Frau Petit, dass sein Generalvikar Inglesi sich auf einer Europareise befinde. Mit allen Vollmachten seines Oberhirten ausgestattet, sammle er nicht nur Missionare und Missionsalmosen, sondern suche eine Dauerunterstützung für die jungen nordamerikanischen Diözesen zu gewinnen. Diesen Zweck gedenke er am ehesten in der wohlhabenden und gebefreudigen Seidenweberstadt Lyon zu erreichen.

Sofort nach Briefempfang beginnen Frau Petit und ihr Sohn Didier eine eifrige Sammeltätigkeit zugunsten der amerikanischen Missionen. Dabei stoßen sie noch mehr als bisher auf Mitglieder des „Werkes der Glaubensverbreitung" und merken, dass sich diese Vereinigung in den drei Jahren ihres Bestehens sehr ausgebreitet hat. Auch Victor Girodon, der Didier Petit gut kennt, bestätigt das. Nach seinem Wissen gehören schon fast tausend Personen dem" Werk der Glaubensverbreitung" an. Wie soll man in derselben Stadt Lyon da noch genügend Interessenten für ein gleichartiges Missionshilfswerk finden, fragen sich Mutter und Sohn Petit.

Didier Petit berät sich darüber mit einem anderen Förderer der Missionen in Amerika, dem Seminardirektor von Saint Irenée, Generalvikar Cholleton.

„Wenn zwei gleichartige Werke nebeneinander nicht möglich sind, so muss man sie vereinigen", sagt der sofort.

Das ist ein vorzüglicher Vorschlag. Wie aber lässt er sich verwirklichen? Darum antwortet Monsieur Petit mit einer neuen Frage:

„Wird man das reiche Fräulein Jaricot dazu bewegen können?"

Direktor Cholleton zuckt bloß die Achseln und meint:

„Kommt Zeit, kommt Rat!"

Wohl klingt das nicht sehr aufschlussreich. Didier Petit begreift jedoch, dass Cholleton auf seiner Seite steht und ihm die Form des Handelns freistellt. Das Wie ergibt sich wirklich überraschend schnell, gleichsam von selbst.

Denn schon am nächsten Tag entsteigt im Zentrum von Lyon, auf der Place Bellecourt, ein interessanter Passagier der von Turin über den Mont Génève kommenden Postkutsche. Es ist ein etwa dreißig Jahre alter, elegant gekleideter, schwarzhaariger Abbé von sehr gewinnendem Aussehen. Er führt beträchtliches Gepäck mit sich und wünscht im ersten Haus der Stadt, dem Großhotel „Provence", sofort ein vornehmes Appartement. Man offeriert ihm in der Beletage Eckräume mit der Aussicht auf das Krankenhaus La Charité und auf den weiten Platz, wo man eben zwischen Platanen und Kastanienreihen das neue Denkmal „Louis-le-Grand" von König Ludwig XIV. aufrichtet. Dahinter erblickt man noch den Hügel Fourvière mit der alten Notre-Dame-Kapelle. Die Unterkunft muss man als erstklassig bezeichnen. Sie zählt auch zu den teuersten. Der neue Gast fragt nicht nach dem Preis, sondern schreibt gleich seinen Namen und Adresse ins Fremdenbuch des noblen Hotels: Abbé Angelo Inglesi, Generalvikar von Louisiana, New Orleans in Nordamerika. Dann forscht er nach dem Weg vom Bellecour-Platz zur Straße Puits-Gaillot und sucht sofort Madame Petit auf.

Die Konsulswitwe scheut sich, dem hochgestellten und charmanten Gast die Schwierigkeiten einzugestehen, die der Neugründung eines Missionshilfswerkes gerade in Lyon entgegenstehen. Als sie Inglesi bittet, vornehme, einflussreiche und selbstverständlich vermögende Personen zu einer Sitzung ins Hotel „Provence" zu bitten, sagt sie unbedingt zu.

Zwei Dinge sind ihr dabei augenblicklich klar. Sie selbst gedenkt an der Beratung nicht teilzunehmen. Was soll auch eine Dame unter vielen Männern? Ihr Sohn Didier passt besser dorthin. Aber auch Fräulein Pauline Jaricot braucht man dazu nicht einladen, weil sie, wie eine Nachfrage ergab, sich derzeit auf dem Landgut ihrer Familie befindet und angeblich auch krank sein soll. Damit erübrigt sich der zweifellos peinliche Umstand, dass ein kaum dreiundzwanzig Jahre zählendes junges Mädchen mit angesehenen Persönlichkeiten an einem Ratstisch säße.

„Aber jemand vom ‚Werk der Glaubensverbreitung' muss doch dabei sein!" gibt Didier zu bedenken.

„Zumindest Victor Girodon."

„Sprich erst mit Abbé Cholleton darüber!" empfiehlt Frau Petit. „Und jedenfalls lade Benoit Coste ein. Der weiß Bescheid und ist auch mit Familie Jaricot befreundet."

Den reichen Bankmann und Fabrikanten Coste trifft Didier Petit auf seinem Weg zu Cholleton auf der Straße. Coste findet, dass man augenblicklich handeln müsse und nicht erst warten könne, bis Fräulein Jaricot nach Hause komme. Er werde sie schon hinterher verständigen. Doch Girodons Anwesenheit sei unumgänglich. Der Ansicht ist auch Cholleton und sucht den Handlungsdiener sogar persönlich auf.

Am Freitag, dem 3. Mai des Jahres 1822, versammeln sich im Appartement von Abbé Angelo Inglesi in der „Hotellerie de Provence" auf dem Platz Bellecourt dreizehn Personen. Zehn von ihnen sind Träger bekannter Namen; Repräsentanten der Großindustrie und Hochfinanz und ein Priester, der Generalvikar Cholleton. Zwei junge Leute, Monsieur Didier Petit und der zweiundzwanzigjährige Commis Girodon, halten sich mehr im Hintergrund. Abbé Inglesi, der dreizehnte, fungiert als Leiter der Versammlung.

Auf seine Anregung beginnt man die Sitzung mit dem Veni creator Spiritus. Generalvikar Cholleton, der neben Abbé Angelo Inglesi das Treffen leitet, betet die Anrufung des Heiligen Geistes vor. Dann schildert Inglesi wortreich und voll Lebhaftigkeit die Situation der amerikanischen Missionen und erklärt, dass mit zeitweise eintreffenden Almosen nicht wirksam geholfen werden könne. Man müsse eine Organisation aufrichten, die, in die Breite wirkend, auf die Dauer Hilfsmittel gewährleiste.

„Messieurs. Ich bin ganz sicher, dass Sie der Heilige Geist erleuchten wird, ein solches Werk zu schaffen und auch zu leiten!" schließt er enthusiastisch.

Das ist nicht in den Wind gesprochen. Ein Großteil der Versammelten sieht sich nach diesen Worten schon an der Spitze eines Unternehmens, das wegen seiner Einmaligkeit noch nach Jahrzehnten seinen Gründern Ruhm und Ehre einbringt. Man kann Wohltäter sein und dennoch seine eigene Börse schonen, überlegen die Finanzleute. Man wird nie Langeweile haben und dabei Gutes tun, sagen sich die adeligen Herren. Und alle diese Vorteile sind leicht zu erringen. Es fehlt nur eine Kleinigkeit: ein tragfähiger Plan. Anscheinend liegt auch der schon vor. Sonst würde

Abbé Cholleton nicht jetzt dem jungen Victor Girodon das Wort erteilen. Den hat bisher außer Didier Petit niemand beachtet. Wer fragt bei einem derart wichtigen Werk nach grünen Jungen und gar nach einem einfachen kleinen Angestellten?

Wie aber Girodon, erst noch recht schüchtern, dann aber sichtlich mutiger werdend, das Wirken einer Organisation darlegt, die auf dem Almosen der Ärmsten von einem Sou pro Woche aufbaut, horchen fast alle auf. Da er das wohlbewährte System von Vorstehern von Zehnerschaften und Hundertschaften schildert und von den Hauptvorstehern spricht, die die Kollekten von jeweils zehn Hundertschaften sammeln und an die Hauptkasse abliefern, erkennen sämtliche Anwesenden, dass das der Plan ist, den sie brauchen. Herr Cholleton sagt „Amen", als Girodon am Ende ist. Und alle fallen ein.

Inglesi lobt das vorgeschlagene System mit überschwänglicher Begeisterung und stellt fest, dass der einmütige Beifall aller Versammelten es zum Beschluss erhoben habe. Kein Mensch erkundigt sich, woher diese Idee in Wahrheit stammt.

Einige wissen es und halten es für überflüssig, den Namen eines jungen Mädchens in dieser Runde von Adeligen, Finanzleuten und Männern der Großindustrie zu erwähnen. Die anderen sind so froh, dass man den Generalvikar von Louisiana nicht enttäuschen musste, dass sie nicht weiterforschen, woher der Einfall kam.

Cholleton nimmt sodann das Wort und sagt:

„Es fehlt nur eines: die Oberleitung durch einen Zentralausschuss mit einem Präsidenten und seinem Stellvertreter an der Spitze."

Die Anzahl der erschienenen Laien reicht für den vorgeschlagenen Vorstand aus. Didier Petit wird Sekretär. Einer empfiehlt noch die Herausgabe von periodisch erscheinenden Annalen. Und Cholleton rät, zum Almosen das Missionsgebet für alle Mitglieder verbindlich vorzuschreiben. Inglesi meint, ein Vaterunser und ein Ave genüge samt einer Anrufung des heiligen Franz Xaver als Missionspatron.

Da Victor Girodon jetzt zum Zentralausschuss gehört, getraut er sich bereits, sich auch zum Wort zu melden und die von allen anderen völlig vergessene Frage nach dem Widmungszweck aufzurollen.

„Bisher sind alle Gelder an die *Missions Étrangères* abgeliefert und für die Missionen in Asien und Afrika verwendet worden", beginnt er.

Inglesi stutzt. Wo bliebe da Amerika?

„Das ist unmöglich!" wehrt er sich sofort. „Ich habe doch die Herren hierher gebeten, dass unsere Missionen Hilfe erhalten."

Der junge Fabrikant Andre Terret, der Prinzipal von Girodon und Jugendfreund von Phileas Jaricot, springt seinem Handlungsdiener bei. Didier Petit tritt für Amerika ein. Die übrigen nehmen nach Freundschaft und Sympathie Partei. Cholleton schwankt.

Da rettet Benoit Coste die junge Organisation, die noch den alten Namen „Gesellschaft zur Verbreitung des Glaubens" beibehält, vor einer ersten Uneinigkeit. Wir sind katholisch!" ruft er laut in das Stimmengewirr der widerstreitenden Meinungen.

„Da muss auch unser Werk katholisch, das heißt allumfassend sein!"

Das sieht der Handlungsdiener ein und beugt sich diesem Vorschlag des reichen Mannes. Dadurch gewinnt die Gründung von Pauline Jaricot einen weltweiten Rahmen.

Zwei neue Sitzungen im Appartement von Angelo Inglesi beschäftigen sich nur mehr mit Einzelheiten der Gebarung. Girodon steht da im Mittelpunkt. Er hat Abrechnungen und seine Mitgliederlisten mitgebracht. Man wählt aus seinen Hundertschafts-Vorstehern die ersten Hauptvorsteher. Man wählt schließlich den definitiven Präsidenten. Cholleton, Coste und Didier Petit schlagen den Patron Victor Girodons, den jungen Fabrikanten Andre Terret, vor. Damit gewinnt man einerseits die höchst notwendige schrankenlose Ergebenheit von Girodon. Anderseits ist Terret der Mann, der neben Coste mit den Geschwistern Jaricot am besten harmoniert.

Dadurch erscheint das Einverständnis der bisherigen Leitung des „Werkes der Glaubensverbreitung" durch Fräulein Jaricot unter Mithilfe von Victor Girodon mit der am 3. Mai des Jahres 1822 vollzogenen Gründung eines Weltunternehmens auch nach außen hin dokumentiert.

Pauline Jaricot weiß allerdings noch nichts davon.

Als ihr die Neuigkeit zu Ohren kommt, empfindet sie es schon sehr schmerzlich, sämtliche Widerstände und Verfolgungen der ersten Jahre allein getragen zu haben und nun in aller Stille beiseitegeschoben zu sein. Jedoch sie denkt gleich hinterher daran, dass sie ja selbst vor einigen Wochen in der Fourvière-Kapelle auf die Leitung des „Werkes der Glaubensverbreitung" vor Gott bedingungslos verzichtete. Da sie der Herr, der sie seither mit Gnaden überströmte, beim Wort genommen hat, bleibt ihr nichts anderes übrig als ein demütiges „Fiat".

Sie rechnet die in ihren Händen befindlichen Kollekten ab, sendet sie noch zum letzten Mal an die *Missions Étrangères* nach Paris, stellt ihre Mitglieder und Helfer zur Verfügung und wiederholt nur ihre seinerzeitige Bitte von Fourvière:

„Herr! Leg die Leitung in würdigere Hände, damit das Werk mehr wachsen und gedeihen kann als bisher."

7. Ein ungestümer Charakter

Auf den grünen Hügeln des Saône-Tales ist die Ernte der süßen Trauben in vollem Gange. Tagsüber schwanken schwerbeladene Winzerwagen mit dem dunkelroten Traubengut des Beaujolais talwärts. Am Abend singen Burschen und Mädchen zu den Klängen der Gitarre übermütige Chansons. Gassenhauer mischen sich darunter und spöttische Couplets von Beranger. Da und dort spielt eine Fiedel auf. Und in der Dämmerstunde beginnt der Tanz. Er hält das Winzervolk noch hoch nach Mitternacht in Bann.

Bis zum Landgut der Jaricots vernimmt man in Collonges sur Saône Lärm und Gejohle der Feiernden.

Die ersten Oktobernächte sind von der eigenartigen Milde, die Menschensinne betören und betäuben kann. Der schwere Erdgeruch der Ackerfelder vermischt sich mit dem Duft des gärenden Mosts und dem ätherischen Geruch vergilbender Platanenblätter und betört die Menschen.

Sogar Pauline Jaricot spürt den berauschend-süßen Duft. Er streicht durch die weitoffenen Fenster in jenen Raum herein, in dem bisher der einundsechzigjährige, schwerkranke Abbé Wurtz, qualvoll und mühselig genug, das heilige Messopfer feierte.

Bisher. Das ist ein hartes Wort. Denn seit einigen Stunden zählt der einstige Bußprediger von Lyon nicht mehr zu den Lebenden. Sein Leichnam ruht, mit Chorhemd und Stola angetan, zu Füßen des Altars aufgebahrt. Vor eben jenem Altar, auf dem er am ersten Oktobertag des Jahres 1826 zum letzten Male zelebrierte. Und jetzt umfängt Pauline in ihrem uferlosen Schmerz die Nacht zum folgenden Schutzengelfest.

Die Siebenundzwanzigjährige versteinert in tränenloser Trauer. Erst Stunden später begreift sie langsam die Schwere des Verlustes. Es wird ihr immer klarer, was Wurtz für sie bedeutete.

Beinahe alles, was man an geistlichen Gütern Menschen geben kann, verdankt sie ihm. Er rüttelte die junge Seele auf und riss sie aus dem Strom des Lebens, in dem sie fast versank. Er bildete sie und erzog sie. Er lehrte sie die Überwindung des eigenen Ich. Und in den letzten vier Jahren ständigen Beisammenseins seit seinem ersten Schlaganfall führte er sie zu einer vollkommenen Gottesliebe und schlackenlosen Nächstenliebe empor. Von aller Arbeit an ihrer Seele waren wohl diese letzten Jahre das kostbarste Geschenk. Denn weitaus stärker als durch sein Wort wirkte der kranke, verkannte und vergessene Gottesmann durch sein Beispiel.

Durch seine eigene demütige Unterwerfung unter die Entscheidung seiner kirchlichen Vorgesetzten lehrte er am Sinnfälligsten den Gehorsam, der seiner Schülerin bisher so schwer gefallen und oft gebrach. In Tagen bitterer Trübsal und schmerzlichster Tatlosigkeit wurde er zum Vorbild der Geduld und schrankenlosen Ergebung in Gottes Willen. Sein klagloses Ertragen von körperlicher Unzulänglichkeit und argem Schmerz erregte Bewunderung. Noch mehr jedoch das ruhige Hinnehmen des völligen Zusammenbruches seines Lebenswerkes.

Nie, denkt Pauline Jaricot, wird sie den abgrundtief traurigen Blick vergessen, mit dem er ihr ein Blatt der Zeitung „Le Constitutionel" reichte, das von versteckten und halbverhüllten Angriffen gegen Gott und Kirche strotzte. „Was hoffen Sie noch?" fragte der vormals so streitbare Redner. „Sehen Sie nicht, wie beinah alle der Sinnenlust ergeben sind und ungescheut das Goldene Kalb anbeten? Unterwühlt nicht Gottlosigkeit die Grundlagen des Glaubens und der Tugend?"

Noch stärker wirkten Milde und gütevolle Liebe des vormals heftigen und rauen Mannes. Das Beispiel seiner stetig wachsenden Vollkommenheit und Loslösung von allem Irdischen riss mit.

Während der letzten Exerzitien hatte Pauline von sich ein treffendes Selbstbildnis entworfen. Es lautete: „Leicht ungeduldig, lebhaft bis zum Ungestüm, träge-beharrend dem Charakter nach, verwegen und glühend – wie eine Unsinnige!" Dass eben diese Eigenschaften, die Abbé Wurtz zum Großteil auch besaß, von ihm offensichtlich überwunden wurden, zwang zu gleichartiger Bemühung. So schaffte der verehrungswürdige, fromme Priester gerade in den Tagen eigener Verkennung und Hinfälligkeit an der ihm anvertrauten Seele sein Meisterstück.

In den vergangenen Jahren war er ihr spiritueller Führer gewesen. In seiner letzten Zeit wurde er ihr zum geistigen Vater.

So sinnt Pauline Jaricot, bis sie Geschrei und Toben hemmungsloser Ausgelassenheit aus der nahen Schenkwirtschaft zur Wirklichkeit zurückruft. Das sind die Menschen, die Wurtz so gern gerettet hätte!

Das sind die Seelen, die jetzt verloren gehen, weil der Bußprediger verstummen musste!

Oder? – Wirkt etwa gar an seiner Stelle bereits ein anderer?

Auf einmal steht das Bild von Jean-Marie Vianney vor ihr. So wie sie ihn letztmals vor ungefähr zwei Jahren sah, als er einen erstaunlich großen Pilgerzug aus Ars zum Heiligtum der Gottesmutter Notre Dame de la Fourvière gegen Lyon führte, erinnert sie sich seiner. Der kämpft doch gar nicht allzu weit von hier als Pfarrer von Ars in der schwül-sumpfigen Luft der seenreichen Dômbes zäh unerbittlich gegen Tanzwut und Schenkenbesuch. Der wird das priesterliche Wirken von Abbé Wurtz fortsetzen und dessen Ernte miteinbringen, ahnt sie. Und dann erfüllt sie die Gewissheit: Der kann auch dir – wie bereits früher – Ratgeber sein, wenn sich nach Gottes Willen kein richtiger Seelenführer mehr finden sollte!

Durch den Gedanken wundersam getröstet, sinniert Pauline Jaricot über Gottes unerforschliche Ratschlüsse, indem sie den herben Schmerz über den Verlust des geistigen Vaters in ihrem Herzen verschließt. Sie übergibt den ihr Weggenommenen dem Schöpfer alles Guten und klammert sich allein an zwei ureinfache Erkenntnisse:

„Ich bin sicher, im Allerheiligsten Sakrament den Gott zu finden, den ich liebe und der mich liebt ... Ich bin und bleibe eine gehorsame Tochter der heiligen katholischen, apostolischen, römischen Kirche. – Die kann weder sich noch mich täuschen. Wenn ich also, ohne Prüfung und Vorbehalt, alles glaube, was sie glaubt, und alles verwerfe, was sie verwirft, kann ich nicht irregehen."

Und was ihr künftiges Leben anlangt, beschließt sie, vorerst das Vermächtnis des Verstorbenen zu erfüllen. Das ist die von ihm dringend anempfohlene Bildung einer Gesellschaft zur Verbreitung von religiösen Gegenständen und Büchern, um mit diesen anscheinend kleinen, jedoch jedermann zugänglichen Mitteln der wachsenden Gottlosigkeit entgegenzuwirken.

Nachdem Jean-Wendel Wurtz auf Wunsch von Vater Antoine in dessen eigener Familiengruft neben Madame Jaricot und ihrem frühverstorbenen Sohn Narziss auf dem Lyoner Nobelfriedhof Cimetière Loyasse begraben ist, nimmt sie sofort die aufgetragene Arbeit in Angriff. Ganz unerwartet findet sie dabei in ihrer ältesten Schwester Sophie Perrin eine aufopferungsvolle Helferin. Die Mitinhaberin der Firma „Perrin et Jaricot", die Handelshäuser in Lyon, Paris, Bordeaux besitzt, widmet gleich für den Anfang 25.000 Francs zur Anschaffung von guten Büchern und Andachtsgegenständen. Ihre Verteilung übernehmen zunächst die nimmermüden „Versöhnerinnen" in Lyon und die Arbeiterinnen in Saint Vallier. Aber Madame Perrin gewinnt sehr bald auch alle ihre Freundinnen zur finanziellen und tätigen Teilnahme an der neuen Gesellschaft.

Die Art dieser Betätigung kommt den Absichten der reichen Damen von Lyon entgegen. Das vor kurzem gefeierte „Heilige Jahr" 1825 hat viele Herzen aufgerüttelt. Wohl sind die meisten Lyoner schon Mitglieder beim „Werk der Glaubensverbreitung". Seit sich der Papst dafür aussprach und die oberste Leitung in Händen einflussreicher Mitbürger liegt, gehört das zum guten Ton. Aber man sieht auch ein, dass in der Heimat etwas zur Festigung des Glaubens geschehen müsste. Hier mitzuhelfen wären viele gesonnen, wenn es nicht allzu schwer wird und nebstbei etwas Ehre einbringt. Diese ein wenig selbstsüchtigen Wünsche erfüllt anscheinend der neue Verein des reichen Fräuleins Jaricot. Einerseits schmeichelt es dem Selbstgefühl, wenn man als Spender gelten kann. Andererseits erweist sich das kostenlose Verteilen von Büchern und Devotionalien nicht als allzu schwer. Dazu kommt eine monatliche Zusammenkunft, die man als religiösen Zirkel bezeichnen könnte. Man würde auch nicht ungern zeitweise einige Gebete verrichten. Das ist man ja vom „Werk der Glaubensverbreitung" her gewöhnt.

Mit sicherem Instinkt begreift Pauline, dass all das nicht genügt. Es führte zwangsläufig zur baldigen Versandung in reine Betriebsamkeit. Das widerspräche den Absichten von Abbé Wurtz. Sie sucht daher nach einem Mittel, diese Gefahr zu bannen. Es zu erbitten, begibt sie sich seit ihrer Rückkehr nach Lyon wieder allwöchentlich an jedem Samstag nach *Notre Dame de la Fourvière* hinauf.

Aber merkwürdig! Sie findet nie Gelegenheit, die Bitte vorzutragen.

Kaum kniet sie vor dem Tabernakel, so überfällt sie gleich die ihr schon wohlbekannte Empfindung völliger Willenlosigkeit. Menschen, Umgebung, die ganze Welt versinken für sie. Haltung und Blick erstarren. Sie kann und muss nur schauen. Bilder künftiger Ereignisse erstehen vor ihrem geistigen Auge. Die Zukunft Frankreichs tut sich vor ihr auf.

Der Kirche Zukunft enthüllt sich; die Zukunft der Welt. Und es ist keine gute Zukunft. Abfall vom Glauben und immer stärker um sich greifende Gottlosigkeit, Erniedrigung des Heiligen Vaters, Gefangenschaft mehrerer Päpste in einem römischen Palast, Revolten, Revolutionen, Kriege, Zusammenbruch der Geldwirtschaft, Seuchen und Hungersnot in aller Welt erschüttern sie.

Wenn diese Bilder verblassen und Pauline in die Gegenwart zurückkehrt, ist sie von den geschauten Schrecknissen meist wie betäubt. Und auf dem Heimweg wird ihr klar, dass diese Katastrophen durch den von Abbé Wurtz empfohlenen Verein zur Bücher – und Devotionalienverbreitung weder hinausgeschoben noch gemildert werden können. Sie durchzustehen, genügt wahrscheinlich nicht einmal mehr das herkömmliche mündliche Gebet. Viel kräftigere Waffen sind vonnöten: die stärkste Waffe. Sie zu finden, wird ihre brennend-heiße Sorge, ihr Herzensschrei. Tage und Wochen gehen ergebnislos hin. Zu Adventanfang verständigt sie Sophie, dass eine neue Sendung von Andachtsgegenständen eingetroffen sei.

Pauline Jaricot bemüht sich selber um die Öffnung des Paketes. Es enthält hauptsächlich Rosenkränze. Sie stutzt betroffen. Rosenkränze? Was soll sie damit tun? Wer betet heute noch dieses als völlig veraltet geltende Gebet? Freilich, es gab und gibt Bestrebungen, es wieder einzuführen. Doch sie finden wenig Erfolg. Sie selbst gehört seit 1817 zur Rosenkranzbruderschaft der Pfarre Saint Pierre im *Quartier Terreaux.* Die Mitglieder beten an einigen Tagen des Jahres eine Stunde lang den Rosenkranz. Jedoch wie wenige entschließen sich dazu! Und was sind ein paar Tage im Jahr? Wie die Seehelden von Lepanto, wie Prinz Eugen, ja wie die ganze Christenheit zur Zeit der Türkennot müsste man wieder beten, erwägt Pauline. Dann würde höchstwahrscheinlich das Rosenkranzgebet zu einer starken Waffe in der Zeit der Not, vielleicht zur einzigen, zur stärksten Waffe.

Aber erscheint es denkbar, dem Leichtsinn ihrer stolzen Nation, der Unlust für Betrachtung und Gebet beinahe eingefleischt erscheinen, erfolgreich eine Andacht anzubieten, die allgemein als ein Hilfsmittel der Einfältigen gilt? Zu denen will doch kaum jemand gerechnet werden.

8. Die Waffe des Gebets

Da fällt es auf einmal wie Schuppen von ihren Augen. Die Lösung dieser Frage liegt doch eben vor ihr! Man könnte den neuen Verein, der ohnehin der Gliederung in Abteilungen und Unterabteilungen bedarf, wenn er sich weiter ausbreiten können soll, ganz einfach mit dem Rosenkranzgebet verbinden. Man brauchte bloß Gruppen von fünfzehn Teilnehmern bilden, von denen jeder täglich ein einziges Gesetzlein betete. Zusammen ergäbe das je einen Psalter und im ständigen Wechsel der Gesetzlein einen „Lebendigen Rosenkranz". Einer Armee von solchen Betern – nicht nur in Frankreich, sondern auf der ganzen Erde – gelänge es gewiss, das der Welt drohende Unheil aufzuschieben, zu mildern oder gar aufzuhalten. Dass man von einem wiedererweckten „Lebendigen Rosenkranz" derlei erwarten dürfe, scheint nicht vermessen. Hatte doch selbst der heilige Papst Pius V. in den Tagen der Bedrohung des Christentums durch den Islam zu diesem Zweck das Rosenkranzfest eingesetzt. Man stünde damit auf dem Boden der Tradition der Kirche. Und außerdem: Diesmal würde sie bereits zu Anfang den Segen der Kirche für diese Einführung erbitten und einholen.

Schon bei der nächsten Monatsversammlung bringt Fräulein Jaricot den Vorschlag des „Lebendigen Rosenkranzes" vor. Und siehe da! Er wird mit Freuden aufgenommen. Nicht nur den Kleinen und Einfältigen in Saint Vallier gefällt er. Sogar die feinen Damen der Gesellschaft in Lyon billigen ihn. Er wird auch noch von solchen begrüßt, die am Verein zur Buch – und Devotionalienverbreitung nicht teilzunehmen gedenken. Der Funke zündet schnell und schneller. Und überall flackern bald Feuer auf. Knapp vor dem Christfest kann Pauline Jaricot sich an die Diözesanbehörden um Genehmigung der neuen Andacht wenden.

Der derzeitige Administrator des Erzbistums Lyon, Monsignore de Pins, segnet sofort das neue Beginnen und empfiehlt den „Lebendigen Rosenkranz" den Diözesanen. Damit ist allerdings zunächst nicht viel erreicht. Denn es gibt im Domkapitel von Lyon zahlreiche mächtige Persönlichkeiten, die es dem Heiligen Vater sehr verargen, dass er bei

Lebzeiten von Kardinal Fesch schon einen Administrator ernannte. Von dieser Seite muss man daher bestimmt mit scharfer Gegnerschaft rechnen.

Das hält Phileas Jaricot der Schwester vor, als er am Silvesterabend ganz überraschend einmal im Vaterhaus erscheint. Er ist seit seiner Priesterweihe schon eineinhalb Jahre als Krankenhaus-Seelsorger im Hospital La Charité tätig. Auf seinen Rat schreibt sie sofort an den Päpstlichen Nuntius in Paris, Monsignore Lambruschini, und bittet ihn, ihr Vorhaben beim Heiligen Vater vorzubringen. Als dieser Brief verfasst ist, fällt ihr erst auf, wie ungewöhnlich der Besuch des Bruders dünkt.

„Wie kommt es, dass du einmal deine Kranken verlassen kannst und für deine Familie Zeit hast?" fragt sie erstaunt.

„Ja, das hat wirklich seinen besonderen Grund", erklärt Phileas lächelnd ... Ich bin nämlich seit heute nicht mehr Hauskaplan der Charité, sondern ..."

„Was sonst?" forscht die Schwester, noch mehr verwundert.

„Sondern der neue Oberpfarrer vom Hôtel-Dieu, der Maître Spirituel mit allen Oberleitungsvollmachten!" vollendet der junge Priester zur namenlosen Überraschung seiner Angehörigen.

Diese Eröffnung entlockt Pauline einen Freudenschrei. Auch Vater Jaricot ist hocherfreut. Nun braucht er sich nicht mehr zu sorgen, dass sein Sohn doch noch irgendwohin zu den Heiden in die Mission geht, wie er von allem Anfang an vorhatte und immer wieder plante. Das Amt im Hôtel-Dieu ist eine Lebensaufgabe. Ihr wird sich der pflichtbewusste Phileas bestimmt nicht mehr entziehen.

9. Von Intrigen und Missständen

Vater Antoine sieht nur die Größe der Aufgabe, die geistliche Obsorge für das älteste und umfangreichste Krankenhaus der Stadt. Weder er, noch Pauline oder Sophie Perrin ahnen die Schwierigkeiten, die damit verbunden sind. Nur wenige kennen sie in ihrem vollen Umfang. Etwa der große Menschenfreund und Krankenhelfer Dr. Ozanam und Phileas' Vorgänger Abbé Villecourt. Der suchte seinerzeit nicht ohne tieferen Grund, Paulines Eifer in der Pflege der Unheilbaren zu vermindern. Er resignierte, weil er den Schwierigkeiten nicht gewachsen war. Und Doktor Ozanam kann sie nur da und dort ein wenig mildern. Denn ihn als Arzt berühren sie nicht sehr. Er hat zudem noch andere Aufgaben als den Dienst im Krankenhaus.

Privatpatienten und viele Arme beanspruchen auch seine Kraft und Hilfe. Und immer mehr die eigene Familie. Sein Ältester, Adolphe, steht vorm Verlassen der Königlichen Schule und vor der Wahl des Priesterstandes. Der jüngste Sohn Charles zeigt jetzt schon Interesse für den väterlichen Beruf. Von den drei Söhnen verrät aber der noch nicht vierzehnjährige Frederic unstreitig die glänzendsten geistigen Gaben. Ein ausgeprägtes Sprachentalent macht ihm das Studium zur reinen Freude. Er ist es, der im Augenblick den Vater am meisten braucht; als Partner seiner Diskussionen, als Mentor und Berater, als Kritiker und Publikum für seine ganz erstaunlich reifen dichterischen Versuche in Latein. Angesichts dieser wichtigen Familienpflichten bleibt für den Doktor Ozanam nicht genug Zeit, an der Abschaffung der Missstände im Hôtel-Dieu entscheidend mitzuwirken.

Sie gehen auf die Zeit der großen Revolution zurück und konnten sich in mehr als drei Jahrzehnten festsetzen und einwurzeln. Im Jahre 1793 ergänzte man die wenigen noch vorhandenen geistlichen Krankenschwestern durch wahllos von der Straße hereingeholte Weiber aus der Menge des Volkes. Die Krankenpfleger entstammten beinahe ausnahmslos den gleichen üblen Schichten. Im Laufe der Zeit rückten diese Elemente vor und erhielten die Posten von Oberschwestern und Oberpflegern. Als solche übten sie unter dem später eintretenden Krankenpersonal ein wahres Schreckensregiment aus. Vor allem sorgten sie dafür, dass kein Nachwuchs aus einem richtigen Krankenpflegeorden ins Spital kam, auch als diese sich wieder langsam in Frankreich ausbreiten durften. Obwohl sich allenthalben die Verhältnisse geändert hatten, galt im Hôtel-Dieu zu Lyon noch die alte Ordnung der Revolutionsjahre. Neu eintretende junge Pflegerinnen erhielten sofort das Ordenskleid und wurden unverzüglich zu jenen Dienstverrichtungen herangezogen, zu denen sie sich einigermaßen geschickt erwiesen. Jede sittliche oder nur rein berufliche Schulung fehlte. Dabei wurden die Mädchen außerordentlichen moralischen Gefahren ausgesetzt. Denn die Neulinge waren für die Oberpfleger und das übrige männliche Pflegepersonal Freiwild. Wer sich den Wünschen dieser Wüstlinge nicht fügte, dem wurden die schwersten Dienstverrichtungen zugeteilt. Dagegen hatten jene, die sich gefügig zeigten, ein leichtes und bequemes Leben. Dass darunter die Pflege der Kranken litt, ergab sich von selbst.

Diese unglaublichen Verhältnisse waren durch die Klagen verantwortungsbewusster Ärzte der Stadtverwaltung wohlbekannt. Aber man wusste im Hotel de Ville – dem Rathaus – nicht, wie dieser Augiasstall gereinigt werden sollte. Da Energie und Eifer von Phileas Jaricot bekannt waren und seine Unerschrockenheit und Unbestechlichkeit außer Zweifel standen, ernannte man ihn als Oberpfarrer zum „Maître Spirituel" und stattete ihn mit einer Vollmacht aus, die einer Gesamtdirektion des riesigen Krankenhauses gleichkam.

Nach seinem Amtsantritt nimmt er sich jene einzeln vor, in deren Arbeitsfeld die sinnfälligsten Missstände liegen, verwarnt sie und droht bei der Wiederkehr ähnlicher Zustände mit Entlassung. Die übrigen ruft er zusammen und erklärt, dass sie in jedem Kranken Christus erkennen und danach handeln müssten. Das wirkt bei den Gutwilligen. Jedoch die Gruppe um einen Oberpfleger namens Michaud stellt sich sogleich auf schärfste Gegnerschaft ein.

Ganz ähnlich, nur nicht so krass und nicht verbrecherisch-feindselig, entwickelt sich die Situation im Domkapitel zu Saint Jean in der Einstellung zum von Pauline Jaricot propagierten „Lebendigen Rosenkranz", dem sogenannten „Rosaire vivant".

Einige wenige Herren begrüßen ihn ebenso wie Monsignore de Pins, der Administrator des Erzbistums Lyon. Ihr Wortführer ist der bejahrte Kanonikus Betemps. Die meisten sind dagegen, weil Monsignore de Pins, den sie nicht anerkennen, dafür ist. Als schärfster Gegner erweist sich der Generalvikar Père Montagnier. Da trifft der Päpstliche Nuntius in Paris, Monseigneur Lambruschini, auf einer Reise nach Rom in Lyon ein. Als er von sich aus auf das neue Unternehmen zu reden kommt, widerspricht zwar niemand, aber man meint, dass der Verein kaum mehr als eine rein lokale Bedeutung erlangen werde.

Der Nuntius weiß, dass das Domkapitel in zwei Lager gespalten ist. Er kann sich denken, dass eine Sache, die der „ultramontane" Administrator de Pins schätzt, von den Verfechtern der sogenannten „Gallikanischen Freiheiten" nicht gefördert wird. Deshalb möchte er sich selbst ein Urteil bilden und lädt das Fräulein Jaricot ein, in den Primatialpalast zu kommen.

Als Pauline vor den fünfzigjährigen, leicht ergrauten Genuesen im Barnabiten-Habit tritt, begreift sie: Das ist der Mann, dem du dich in der Sache des „Lebendigen Rosenkranzes" ruhig anvertrauen kannst. Der wird dich und dein Wirken schützen! Die hohe, leicht gefurchte, Entschlossenheit und Energie kündende Stirn, der Adlerblick unter den buschigen Brauen scheinen die Einsicht zu bestätigen. So schildert sie ihm offenherzig alle Anlässe und Gründe, die sie zur Bildung des „Lebendigen Rosenkranzes" bewogen, und teilt auf seine Frage mit, dass im Verlauf von nur vier Monaten 299 Gruppen zu 15 Personen gebildet wurden und der „Rosaire vivant" in Frankreich rund viereinhalbtausend Mitglieder zähle. Daraufhin segnet Nuntius Lambruschini dieses Beginnen. Das reiche Fräulein Jaricot, das unansehnlich wie eine Dienstmagd vor ihm steht, beschließt er, sich zu merken. Vielleicht ist sie von Gott als Dienstmagd der Kirche für das 19. Jahrhundert ausersehen. Es fragt sich nur, ob die Lyonerin neben ihrem ausgezeichneten Organisationstalent und ihrer außerordentlichen Liebe zur Kirche genügend Demut besitzt.

Einige Monate hernach glaubt Luigi Lambruschini, auch das bejahen zu können. Denn er hält einen Brief Paulines in seinen Händen, der die demütige Gesinnung der Schreiberin ganz deutlich dartut. Das Fräulein Jaricot sendet ihm aus Lyon einige Hefte und erklärt dazu:

„Seit dem Tage, an dem ich mich dem Herrn gab, bin ich auf einem ganz besonderen Wege der Barmherzigkeit und Liebe geführt worden; ich glaubte deshalb längere Zeit, ich hätte außergewöhnliche Erleuchtungen empfangen, deren Gegenstand die gegenwärtigen Zeiten waren. Da sich aber viele teuflische Einbildungen und Täuschungen beimischen können, habe ich meine Blicke von diesen Dingen abgewandt, um nicht mehr daran zu denken, sondern um den einfachen Glaubensweg der katholischen, apostolischen, römischen Kirche zu wandeln.

Da ich jedoch den Befehl erhalten hatte, alles niederzuschreiben, was in meiner Seele vorging, war ich darum besorgt. Mein Wunsch war, der heiligen Kirche getreue Rechenschaft über gewisse himmlische Warnungen zu geben. Deshalb wagte ich es nicht, nach dem Tod meines Seelenführers alles zu vernichten, was ich im Gehorsam geschrieben habe. Da ich nun eine günstige Gelegenheit finde, nach Rom zu fahren, fühle ich mich gedrängt, das alles den Händen Seiner Ehrwürdigen Exzellenz zu übergeben, indem ich Ihnen, Ehrwürdiger Vater, die Sorge für alle diese Dinge überlasse, derentwegen ich keine Verantwortlichkeit tragen möchte, da ich aus mir selber unfähig bin, Täuschungen zu erkennen und von der Wahrheit zu unterscheiden.

Tun Sie damit, was Ihnen gefällig ist! Verbrennen oder zerreißen Sie die Beilagen. Meinerseits steht Ihnen das völlig frei. Ich lege keinerlei Wert darauf. Nur möchte ich Gott gegenüber keine Rechenschaft darüber ablegen müssen.

Sollten Sie jedoch darin etwas von IHM finden, dann mögen Sie sich mit Jesus und Maria verständigen. Denn auf Ihr Endurteil kommt es an.

Wie glücklich bin ich, dass ich alles den Händen eines Vaters anvertrauen kann, dem mein Herz täglich mehr Hochachtung und Verehrung entgegenbringt."

Während der Nuntius Monsignore Lambruschini sich auf Grund dieses Briefes und seiner Beilagen ein klares Bild von der Persönlichkeit der jungen Lyonerin und ihrer Aufgabe im Dienst der Kirche macht, befindet sich Abbé Phileas Jaricot schon mitten in seinem Reformwerk für das Städtische Krankenhaus Hôtel-Dieu.

Nachdem er finanzielle Unterschlagungen und offenbar verbrecherische Misswirtschaft in der Zentralküche und der wirtschaftlichen

Verwaltung des Hospitals radikal abstellte, geht er daran, auch eine gute Pflege zu ermöglichen. Mit Hilfe einer moralisch tadellosen und fachlich tüchtigen Krankenschwester mittleren Alters, die bisher still und unauffällig bei den Unheilbaren wirkte, errichtet er für die zuletzt gekommenen und eben eintretenden künftigen Pflegerinnen ein eigenes Noviziat. Damit die jungen Mädchen nicht dem verderblichen Beispiel und Einfluss der älteren erliegen, sondert er sie von ihnen ab. Er mietet das sogenannte Haus Dalin neben der Fourvière-Kapelle. Seine Schwester Pauline richtet es unter dem Namen Nazareth für das Noviziat vollständig ein. Die solcherart neuentstehende Schwesterngemeinschaft nennt er „*Soeurs du Bon-Secours* – Schwestern von der guten Hilfe".

Diese Maßnahme löst bei der Gegenseite eine hässliche Verleumdung aus. Man spricht bald in Lyon davon, dass im „Haus Nazareth" die künftigen Maitressen von Abbé Jaricot erzogen würden. Pauline fordert ihren Bruder auf, diesem Gerücht entgegenzutreten. Er aber meint, das breche in sich selbst zusammen, sobald die neuen „Schwestern von der guten Hilfe" als Pflegerinnen zum Einsatz kämen. In der Zwischenzeit bittet er Pauline-Marie, um des guten Beispiels willen, die Pflege bei den Unheilbaren wieder aufzunehmen. Das bringt die Gegner ihres Bruders auch gegen sie auf. Es dauert gar nicht lange, so wird sie selbst Zielscheibe der Verleumdung.

Ein ihr bei der Größe des Hauses unbekannter Pfleger der feindlichen Partei besucht ständig die monatlichen Zusammenkünfte des „Lebendigen Rosenkranzes" im *Quartier Terreaux*. Er lässt sich als Mitglied eintragen. Um keinen Verdacht zu erregen, bittet er sogar einige Male Frau Sophie Perrin um finanzielle Hilfe, die er sofort empfängt. Bei der Zusammenkunft zu Anfang Juli 1828 kann Fräulein Jaricot die allerdings nur rein privat an sie gekommene, lange ersehnte freudige Mitteilung machen, dass Seine Heiligkeit Papst Leo XII. den „*Rosaire vivant*" gesegnet habe, ebenso wie Administrator Monsignore de Pins und Nuntius Luigi Lambruschini. Da hält der Pfleger den Moment für einen giftigen Pfeil gekommen. Nachdem der Freudentaumel der Anwesenden verebbt, erhebt er sich und sagt:

„Dass der Papst den ‚Lebendigen Rosenkranz' segnet, ist schön. Aber weiß er auch, wozu dieser Gebetsverein missbraucht wird?"

Sofort umbranden ihn Rufe des Erstaunens und Missfallens. Und ein Canut, der für die Firma Jaricot & Fils seit Jahren Weberei-Heimarbeit leistet, fordert ihn energisch auf, anstatt geheimnisvoller Verdächtigungen gleich Farbe zu bekennen.

„Wenn Sie das alle wollen, gerne", antwortet der Verleumder mit Biedermannsmiene.

„Ja, ja!" – „Reden Sie ungescheut!" – „Nur heraus mit der Sprache!" verlangen die Anwesenden. Da mimt er den Entrüsteten und ruft Pauline zu:

„So frage ich Sie, Mademoiselle Jaricot, warum Sie aus dem Handel mit religiösen Gegenständen und Büchern so großen Nutzen ziehen?"

Dieser gemeine Anwurf macht das reiche Fräulein Jaricot einen Moment lang sprachlos. Dann aber will sie heftig erwidern. Jedoch im Augenblick besinnt sie sich auf drei verschiedene Beispiele von wahrhaft heroischer Demut. Der Heiland schwieg zu den Beschuldigungen falscher Zeugen. Abbé Wurtz schwieg, als man ihn einmal schwer verdächtigte, obwohl mit seiner Ehre auch die Ehre des Priesterstandes angetastet wurde. Und ebenso schweigt Phileas zu den bösen Unterstellungen der Feinde.

Drum schweigt auch sie.

Dadurch gewinnt der unverschämte Frager Oberwasser.

„Nun, Fräulein Jaricot! Mir scheint, Sie können nichts darauf erwidern!" höhnt er frech. Da steht Sophie Perrin auf. Die will und kann nicht schweigen, wenn jemand von den Ihren falsch bezichtigt wird. Sie sagt mit Würde:

„Gewiss, mein Herr, durch den ‚Lebendigen Rosenkranz' bereichern wir uns außerordentlich. Ich ebenso wie meine Schwester. Ich für meinen Teil habe 25.000 Franken, um die ich Bücher und Andachtsgegenstände kaufte und sie für das Vereinswerk kostenlos verteilte, zu 100 Prozent Zinsen bei der Bank des Himmels angelegt. Die Angeklagte ist aber viel reicher als ich geworden. Denn sie hat in gleicher Weise weitaus höhere Summen ausgegeben und bei der Himmelsbank deponiert. – Deshalb werden Pauline und ich auch immer bereit sein Ihnen, wie bisher, zu helfen, sooft Sie unserer Geldbörse bedürfen."

Diese verdiente Antwort löst befreiendes Gelächter aus und macht den Unverschämten stumm. Aber sie hindert ihn nicht, weiterhin die Rosenkranz-Versammlungen zu besuchen. Diese Unverfrorenheit bringt manche dazu, doch seinen Worten Glauben zu schenken. Dadurch schwelt das Gerücht im Dunklen fort. Es taucht sogar bei einer Ratssitzung des Domkapitels auf und bildet bei nicht wenigen Anwesenden willkommenen Anlass, an der Einstellung gegen den „Lebendigen Rosenkranz" festzuhalten.

Zur gleichen Zeit kommen die ersten jungen „Schwestern von der guten Hilfe" aus dem Noviziat ins Hospital. Sie werden auch dort abgesondert untergebracht und nur mit einigen guten Pflegerinnen zusammen eingesetzt. Schon in ganz kurzer Zeit verbreitet sich der Ruf ihrer Dienstwilligkeit, Geschicklichkeit und Frömmigkeit. Vor allem aber wird ihre Unbestechlichkeit und völlig unparteiische Gesinnung gerühmt. Sie pflegten nicht nur jene gut, die sich durch reichliche *douceurs* ihre Willfährigkeit erkaufen könnten, sondern gerade die Armen mit besonderer Sorgfalt, heißt es bald allgemein.

Sobald das bekannt wird, setzt gegen sie ein Kesseltreiben ein. Das ältere Pflegepersonal bemängelt an ihnen alles: den Gang, das neue Ordenskleid, die Redeweise, die von Abbé Phileas gewünschte Gepflogenheit, in ihrer Freizeit nur gemeinsam in den Höfen einen Spaziergang zu unternehmen. Das Haus Dalin auf Fourvière wird als ein „Etablissement der Faulheit" bezeichnet und die daraus hervorgegangenen Novizen als „Sklaven ohne Bezahlung". Danach eröffnet die kirchenfeindliche Zeitung *Le Constitutionel* mit den fast gleichen Schlagworten und der schreienden Überschrift „Revolution im Spital Hôtel-Dieu!" eine Hetzkampagne gegen Abbé Jaricot. Der antwortet diesmal darauf in dem katholischen Tagblatt *Quotidienne*. Doch davon nimmt die gegnerische Gazette* solange nicht Notiz, bis Phileas ein außerordentlicher Vorfall zu Hilfe kommt.

Am 10. August des Jahres 1828 wird eine „Schwester von der guten Hilfe" unbeabsichtigt die ungesehene Zeugin eines vertraulichen Gesprächs zwischen zwei Krankenpflegern von der Gegenseite.

„Michaud ist auch zu sorglos. Schon wieder hat er ein paar Leichen die Köpfe abgeschnitten. Wenn dieser Duckmäuser und Schleicher Jaricot dahinterkommt, wird noch aus seinem Handel ein riesengroßer Skandal ..." brummt der eine.

„Keine Gefahr! Wer davon weiß, hält dicht", beruhigt ihn ein zweiter. „Es ist doch das Geheimnis schon einige Jahre alt ..."

Die unwillkürliche Lauscherin erschrickt über das gehörte Furchtbare und läuft sofort zum Maître Spiruel. Ihm teilt sie das Erfahrene unter allen Zeichen des Entsetzens mit.

Phileas Jaricot begreift sofort den ungeheuren Wert dieser Verständigung. Er fragt bloß, wann die letzten Leichen in den Armenfriedhof überführt wurden. Dann bittet er den Doktor Ozanam, ihm für die schon Beerdigten einen Exhumierungsantrag auszustellen und eilt damit auf den Cimetière de la Madeleine. Dort lässt er augenblicklich in Gegenwart des Friedhofverwalters drei Leichen ausgraben. Und siehe da! Zweien von ihnen fehlt der Kopf. Abbé Phileas geht mit dem Verwalter zur Polizei. Zwei Stunden nach dem zufällig erlauschten Gespräch sitzt Oberpfleger Michaud, der als Haupt aller Gegner des Oberpfarrers gilt, in sicherem Gewahrsam. Sein alsbald anberaumter Prozess wirbelt viel Staub auf. Hier kann sogar der „Constitutionel" nicht schweigen. Denn man erfährt, dass der Beschuldigte im Lauf von einigen Jahren nicht weniger als dreihundert Armenleichen so geschändet hat. Und zwar deshalb, weil er auf diese Weise dreitausend Zähne ausbrechen und verkaufen konnte.

Nun steht die öffentliche Meinung auf Seiten von Phileas Jaricot. Der darf jetzt ohne weitere Schwierigkeiten mit umfangreichen Entlassungen vorgehen. Madame Michaud, die Gattin des „Zähnehändlers", ist darunter. Aber sie sträubt sich. Sie droht und schleudert schließlich dem Priester fürchterliche Verwünschungen entgegen.

„Auch Sie werden nicht lange in diesem Hause bleiben!" verheißt sie ihm zuletzt.

Einige Monate danach erinnert sich der junge Abbé manchmal an diese Worte. Denn die Aufregungen des letzten Halbjahres zeitigen bei ihm seltsame Erschöpfungszustände. An einem Abend taumelt er geradezu und kann sich kaum mehr aufrechthalten. Als heftige Schmerzen in den Eingeweiden auftreten, befällt ihn ein Verdacht, der gar nicht von der Hand zu weisen ist. Sollte man ihn vergiftet haben? Dann freilich müsste er sogleich das Haus verlassen, wenn er am Leben bleiben und sein Reformwerk zu einem guten Ende führen will. Er lässt Pauline und Sophie herrufen und sagt ihnen ganz offen, was er befürchtet. Die beiden Schwestern nehmen ihn sofort mit heim; zuerst in die Rue Puits Gaillot und dann nach Collonges.

Während ihn dort Pauline aufopferungsvoll pflegt, sind seine einzigen Freuden in der quälend-langen Rekonvaleszenz die immer häufiger eintreffenden Nachrichten von der Ausbreitung des *„Rosaire vivant"*. Schon hat sich der „Lebendige Rosenkranz" viele französische Diözesen erobert und greift nun auf das Ausland über. Nur in Lyon enden die Schwierigkeiten nicht. Und auch aus Rom fehlt noch die offizielle Gutheißung. Nuntius Lambruschini weilt wieder in Paris. Außerdem hat man in der Ewigen Stadt jetzt wichtigere Sorgen. Leo XII. stirbt. Die Papstwahl hält eine Weile die Gemüter in Spannung. Danach besteigt der neugewählte Pius VIII. den Stuhl des heiligen Petrus. Die Barnabitenpatres behaupten zwar, dass er dem „Rosenkranz" auch wohl gewogen sei. Doch fehlt für das Gerücht jede Bestätigung.

Im Herbst entschließt sich Sophie Perrin mit ihrem noch nicht erholten Bruder auf einige Monate nach Nizza zu gehen. Kaum sind die beiden abgereist, so trifft im Hause Jaricot neuerlich eine Schreckenskunde ein. Marie-Laurence Chartron liegt in Saint Vallier im Sterben. Sie will in ihren letzten Stunden Pauline um sich haben.

Das ist für Fräulein Jaricot ein bitteres Wiedersehen mit dem Ort, wo ihr so viele treue Herzen zugetan sind. Sie muss den Schwager trösten, muss die sieben Kinder beruhigen, muss schließlich der erst fünfunddreißig Jahre zählenden Schwester in ihrer Todesnot beistehen. Das alles ist nicht leicht, wenn man die Schwerbetroffenen zärtlich liebt. Nach ihrer Rückkehr findet sie Phileas wieder im Spital Hôtel-Dieu. Er ist noch bleich und ziemlich schwach. In seinen Augen brennt ein eigenartiges, düsteres Feuer. Es scheint undenkbar, dass er in diesem Zustand den aufreibenden Kämpfen, die seiner sicher harren, gewachsen ist.

„Warum bist du schon heimgekommen? Du musst dich doch noch schonen!" versucht sie einen sanften Vorwurf.

Der Bruder wischt ihre Sorge mit einer kleinen Handbewegung fort. „Dazu ist später Zeit. Jetzt brauchen mich die Kranken!"

Und als sie stärker drängt, winkt er unmissverständlich ab: „Ich habe mich ganz ohne Vorbehalt Jesus geschenkt und jenen Armen, die er so innig liebte. Ihnen will ich bis an mein Ende dienen ..."

Da merkt sie, dass er, ebenso wie Marie-Laurence Chartron, seinen Zustand besser als andere kennt und nur sein Lebensopfer vollenden will.

Jene, denen sein Eifer im Wege steht, erleichtern ihm die Absicht. An einem unfreundlichen Abend Ende 1830 kommt ein junger Krankenpfleger, der zu Phileas' Getreuen zählt, mit allen Zeichen des Entsetzens zu Pauline in die Rue Puits Gaillot und ruft ihr aufgeregt zu:

„Schnell, schnell ins Krankenhaus Hôtel-Dieu! Ihr Bruder stirbt!"

Diesmal ist Pauline allein daheim. Sophie Perrin begleitete den Vater, der während der Weihnachtsfeiertage ein wenig geistesabwesend und infantil erschien, in sein Landhaus nach Collonges. Ihr Gatte Zacharie weilt in Paris. Paul Jaricot, der Älteste, kann vom Geschäft, das jetzt allein auf ihm lastet, nicht abkommen. So läuft sie mit dem Hospitalgehilfen in den Winterabend hinaus.

Halb Schnee, halb Regen schlägt ihr am Rhône-Quai entgegen. Der Fluss führt aus den Alpen Treibeis mit. Schneematsch macht Straßen und Bürgersteige schwer passierbar. Die spärlichen Laternen schimmern nur kümmerlich durch den dichter werdenden Flockenwirbel. Pauline verfolgt denselben Weg, den sie unzählige Male im Lauf der Jahre machte. Zuerst oftmals zusammen mit Elisa Ozanam, die jüngst vergangenen drei Jahre stets allein, aber doch immer voll Freude und Zuversicht, um Gott in seinen Kranken zu dienen. Am Ende geht sie so heute zum letzten Mal, durchfährt es sie. Denn wenn Phileas stirbt, ohne die Meute der Gegner überwunden zu haben, wird man sie kaum mehr im Spital Hôtel-Dieu einlassen. Die Aussicht erschreckt sie so, dass sie ganz unwillkürlich ihren Schritt verlangsamt. Der Krankenpfleger eilt indessen weiter. Sie sieht ihn kaum mehr. Nur durch den Flockennebel vernimmt sie seinen Ruf: „Schnell, schnell, Mademoiselle!" Sie will ihm folgen, strauchelt jedoch und gleitet aus. Ihr leichter Schrei erreicht den Vorwärtsstürmenden nicht mehr. Doch schon helfen ihr andere Arme auf. Ein junger Mann stützt sie und fragt teilnehmend:

„Sie haben sich doch nicht verletzt, Mademoiselle Jaricot?"

Verwundert starrt sie ins Gesicht eines etwa siebzehnjährigen, hübschen Jünglings. Seine Züge erinnern an jemand Liebvertrauten.

„Woher kennen Sie mich?" fragt sie. „Ich sah Sie schon als Kind bei uns und auch noch später ..."

„Frederic Ozanam? ..." begreift Pauline Jaricot.

Und da beim ersten Auftreten sich ein leichter Schmerz bemerkbar macht, bittet sie den Bruder der verstorbenen Freundin spontan, sie in das Krankenhaus zu begleiten.

„Ich bin auch auf dem Weg dorthin", versichert ihr der Jüngling und reicht ihr sofort bemüht seinen Arm. „Ich will meinen Vater abholen. Ich hatte heute ein Erlebnis, das mich so sehr beglückt hat, dass ich brenne, es ihm mitzuteilen." Und dann gesteht er offenherzig, dass es seinem Seelenführer Abbé Noirot gelungen sei, die Glaubenszweifel der vergangenen Monate zu zerstreuen. „Ich fühle mich jetzt leicht und frei", plaudert er unbekümmert weiter. „Ich hoffe zuversichtlich, dass mein Glaube fortan gefestigt und unerschütterlich sein wird. Seit ich die Wahrheit erkannte, erfüllt mich ein so tiefer Friede, dass ich das meinem Vater sofort sagen muss. Er ist ja doch mein bester Freund!" Und halb für sich fügt er hinzu: „Ich versprach Gott, der mir den Frieden gab, mein Leben dem Dienst der Wahrheit zu weihen ..." Dabei bemerkt er nicht, dass Fräulein Jaricot auf seine Worte gar nicht achtet. Ihre Gedanken sind bei dem sterbenden Bruder. Erst als der Jüngling schweigt, ermannt sie sich und bittet:

„Verzeihen Sie meine Verlorenheit, Frederic! ... Man rief mich zu meinem Bruder, der todkrank sein soll."

„Der Abbé Jaricot? Nicht möglich!" entsetzt sich der junge Ozanam. Da sie soeben das Krankenhaus Hôtel-Dieu erreichen, verspricht er, ungesäumt den Vater in die Wohnung des Maitre Spirituel zu bringen. Vor dem großen Mittelturm des Krankenhauses, den vier Türmchen flankieren, trennen sich ihre Wege.

Pauline findet den geschwächten Bruder, in seinen Lehnstuhl gesunken, im Krankenhaus vor. Sein Blick ist gesenkt und sein Mund offen, die Hände abgezehrt von der Arbeit und die Schultern zucken vor Schmerz. Sein Antlitz zeigt schon jenen Grad der Verfallenheit, den man als hippokratische Züge bezeichnet. „Man hat mich zum zweiten Mal vergiftet", flüstert er mit schwacher Stimme. „Diesmal war die Dosis so stark, dass sie tödlich wirken wird ... Und ich bin damit einverstanden." Wie Gott will ..." Nach einer Weile bringt er noch stockend seine letzten Wünsche vor. Man möge ihn bei seinen armen Kranken auf dem Friedhof De la Madelaine begraben, nicht auf dem Nobelfriedhof Loyasse, und zwar in einem alten, abgetragenen Talar. Seine Schwester solle für die nun schutzlosen und hilfsbedürftigen „Schwestern von der Guten Hilfe" sorgen.

Als ihm Pauline das verspricht, seufzt er tief auf:

„Oh, welch ein Unglück! Was für Schwierigkeiten bereite ich euch noch!"

Dann sinkt er ganz in sich zusammen. Der kurz danach eintretende Doktor Ozanam kann nur mehr den Tod feststellen. Pauline drückt dem geliebten Bruder schluchzend die Augen zu. Und später gesteht Frederic Ozanam bewundernd: „Er war ein großer Armenfreund ..., ein Vater der Kranken, ein Vorbild für uns alle."

Das findet auch Pauline. Nur bleibt ihr nicht viel Zeit zur Trauer. Der nächste, der ihre Hilfe braucht, ist der dement gewordene Antoine Jaricot. Doch ein Gedanke kehrt, während sie ihn monatelang aufopferungsvoll pflegt, oftmals wieder.

Phileas hat sich rückhaltlos und ganz geopfert. Und wo bleibt ihr Opfer? Wurtz, der es ihr einst untersagte, lebt nicht mehr. Die Angehörigen, die auf sie Rechte besaßen, nimmt ihr der Tod. Wird es nicht für sie Zeit, sich endlich als Opfer für die Heimat und die Kirche darzubieten? Ein knappes Halbjahr später scheint dafür die Stunde gekommen.

10. In Bedrängnis

Ende Juli 1830 begibt sich Pauline auf einige Tage von Collonges sur Saône nach Lyon. Es ist die ungünstigste Zeit im Jahr zum Aufenthalt in der an Fabriken reichen Großstadt. Die Sonne sengt. Die Hitze ist ganz fürchterlich. Das reiche Fräulein Jaricot benützt ein großes Marktfischerboot zu ihrer Fahrt Saône abwärts. Sie rechnet mit ein wenig Kühle auf dem Wasser. Doch diese Rechnung trügt. Der Fischgeruch der Ladung ist derart penetrant, dass sie ihn kaum ertragen kann. Beinahe reut es sie, sich nicht ein eigenes Flussfahrzeug gemietet zu haben. Als sie sich den Vorstädten nähert, liegt ein bleifarbener Himmel über der Industriestadt. Von Vaise sieht man deutlich den dicken Qualm, der sich aus unzähligen Rauchfahnen zu einem wahren Nebel verdichtet. Die Wiesenhänge auf den Hügeln zu beiden Seiten des Flusses sind vertrocknet. Das Grün der Obstbäume scheint ebenso verbrannt. Pauline Jaricot möchte am liebsten umkehren. Aber die Fahrt lässt sich nicht aufschieben. Es muss sein.

Vor ein paar Tagen erschien im Landhaus Jaricot ein Fuhrmann aus Trevoux und teilte allerlei von Abbé Vianney mit.

Der Pfarrer von Ars befinde sich gerade in einer fürchterlichen Bedrängnis. Er habe 1825 mit seinem Erbteil ein Haus neben der Kirche gekauft und renovieren lassen und vor drei Jahren dort, anscheinend vorschnell und unüberlegt, eine Armenschule samt Waisenhaus errichtet. Er nenne sie „La Providence", die „Vorsehung".

Die Schule mit ihren beiden Lehrerinnen wäre schon gut. Nur müsse sie erhalten werden. Und das koste bei über sechzig Schülern nicht wenig Geld. Man müsse daher die Hoffnung des frommen Pfarrherrn auf Gottes Vorsehung ein wenig als vermessen bezeichnen. Das Jahr der schlechten Ernte 1829 erweise das klar. Wer könne geben, wenn er selbst nichts besäße. Zudem würden sich Gerüchte über den Pfarrer von Ars verbreiten. Ein junges Mädchen solle ihn Monate hindurch öffentlich als Vater ihres Kindes bezeichnet haben. Man hätte ihm darauf bedeutet, die Pfarre zu verlassen. Außerdem hieße es, in seinem Hause sei es richtig unheimlich. Der böse Feind treibe dortselbst allnächtlich sein Unwesen.

André Verchère, der Wagner von Ars, hörte mit eigenen Ohren, wie das Pfarrhaus von Donnerlärm und Wagengerassel erfüllt war, ohne dass man etwas Verdächtiges feststellen konnte. Nun sei in letzter Zeit die Not so groß geworden, dass es nicht mehr genügend Brot gab. Deshalb ging Abbé Vianney während der Nacht zu Fuß bis nach Lyon, um seine dortigen Wohltäter Familie Jaricot um Geld zu bitten. Er kehrte aber ganz erschöpft zurück, weil niemand von den Jaricots in der Stadt weilte. Halb gebrochen habe ihn der Fuhrmann von Trevoux auf dem Rückweg gefunden und ihn aus Mitleid auf seinen Wagen mitgenommen. Weil er jetzt in Collonges zu tun hatte, wollte er bei Herrn Jaricot vorsprechen, um ihm zu sagen, dass Pfarrer Vianney die letzte Hoffnung auf seine Hilfe bitter enttäuscht sah.

Nach dieser Mitteilung blieb nur eines übrig: Abbé Vianney schleunigst und gründlich zu helfen. Weil dazu nicht genügend Bargeld in Collonges verfügbar war, musste Pauline unbedingt nach Lyon. Sie geht sofort zur Bank und lässt für Pfarrer Vianney eine größere Summe überweisen. Danach begibt sie sich, erhitzt, erschöpft und etwas müde, nach Fourvière, um ihre Fahrt in die Stadt mit einer Wallfahrt zu verbinden.

Schon beim Passieren der Saône-Brücke fällt ihr auf, dass mehr Menschen als sonst Straßen und Quais beleben. Auch Militär und Polizei sind präsent. Sie scheinen zu kontrollieren, wer vom Westufer zur Stadtmitte will, doch halten sie nur Männer an. Pauline, die den Stadtkern eben verlässt, wird gar nicht angeschaut. Auf halber Höhe hört sie ein dumpfes Lärmen, das aus der Stadt heraufdringt. Und einmal glaubt sie sogar Schüsse zu vernehmen. Sie bleibt ein Weilchen stehen, dreht sich um und horcht. Da hastet ihr eine Frau atemlos nach und ruft von weitem: „Nicht umkehren! Nicht umkehren! Oben bleiben!" Das findet Pauline ganz merkwürdig und wartet, bis die Frau näher kommt.

Von ihr erfährt sie dann, dass nach den neuesten Meldungen schon vor einigen Tagen in Paris eine Revolution ausgebrochen sei. Und heute finge sie auch in Lyon an. Es ginge gegen König Karl X., mit dessen „Juli-Resolutionen" die Bevölkerung nicht einverstanden sei.

„Bei uns in Lyon geht der Kampf ums Rathaus!" erzählt die Frau. „So wie zur Zeit der großen Revolution, bringt ein Lyoner den anderen um.

Im ersten Stock vom Café Minerva in der Puits-Gaillot soll das General-quartier der Aufständischen sein."

„In der Puits-Gaillot?" entsetzt sich Fräulein Jaricot.

„Ja. Und Monsieur de Verna, der erste Stellvertreter des Bürgermeisters, verteidigt stattdessen das Hotel de Ville für den König."

Einige Gewehrsalven begleiten die aufgeregte Frau und verleihen ihren Worten noch mehr Dramatik.

Pauline ist tief erschüttert. Sie weiß nunmehr das Vaterhaus in nächster Nähe, ja vielleicht gar im Zentrum der Kämpfe. Und Herr de Verna, ein Freund ihrer Familie und einst für kurze Zeit der Präsident des „Werkes der Glaubensverbreitung", befindet sich als Verteidiger des Rathauses anscheinend in höchster Lebensgefahr. Wer weiß, wer noch von jenen lebt, die sie kennt und schätzt! Gott sei Dank weilt Paul mit seiner zweiten Frau außer Landes, Sophie mit ihren Lieben in Tassin, und Vater Jaricot ist zweifellos im Landhaus von Collonges in Sicherheit. Aber wie mag es im Laufe einer richtigen Revolution den Priestern ergehen? Kehren die Tage des Schreckensregiments von 1793 wieder? Was wird aus den unmündigen Kindern?

Diese Gedanken bedrängen und bekümmern sie. Sie kann in dieser Wirrnis nichts tun; nur beten. Glücklicherweise befindet sie sich nahe von Fourvière! Sie dankt der fremden Frau für ihre Warnung und eilt dann noch das letzte Wegstück bis zur alten Wallfahrtskapelle vor.

Während sie eintritt, überfällt sie der Gedanke: Nun ist der Augenblick gekommen, da sie sich wirklich für ihre Heimat und für Frankreich zum Opfer darbringen muss. Zwölf Jahre sind seit jenem Maitag 1818 vergangen, an dem sie die erste Aufforderung Gottes zum Schlachtopfer für Frankreich in der Notre-Dame-Kapelle von Saint Nizier erhielt. Was sie damals nur zögernd und zitternd bejahte, muss jetzt aus eigenem freien Willen, freudig und unbedingt, angeboten und geleistet werden.

Sie ist dazu bereit.

Vorm Tabernakel wiederholt sie fest und sicher ihr Angebot, fürs Vaterland und für die Kirche, sofern es Gottes Wille ist, den Martertod zu erleiden. Um nicht, wie seinerzeit, feig zu verzagen, malt sie sich aus, wie es geschehen würde. Die Kämpfe könnten näher rücken. Die Schüsse und das Waffenklirren, das man nur in weiter Ferne erahnen kann, erschallten dann dicht vor der Kirche. Ein Barrikadenkampf erhöbe sich auf Fourvière. Vor allen diesen Schrecknissen erzittert zwar ihr Herz. Aber der Wille bleibt fest und unerschütterlich.

So betet sie Stunde um Stunde. So betet sie noch in der Nacht. Sobald das ferne Knattern der Schüsse aufhört, versinkt sie eine Weile vor Müdigkeit in Schlummer. Die nächste Salve reißt sie hoch und spornt sie wiederum zu heißem Flehen an. Denn viele dieser Schüsse kosten Menschenleben und rufen Seelen, die unvorbereitet sind, vor Gottes Richterstuhl. Wenn draußen Ruhe herrscht, wird auch sie ruhig und bleibt, ganz ohne jeden weiteren Gebetsgedanken, einfach in Gottes Gegenwart. Doch scheinen da und dort Kämpfe aufzuflammen, so hält sie sich bereit zum Opfer. Ein zweiter Tag vergeht so. Während der zweiten Nacht werden Müdigkeit und ständiges Mitleiden so schwer, dass sie die Todesangst des Herrn zu durchleiden vermeint. Wie lang das dauert, weiß sie nicht, weil immer wieder Erschöpfungspausen dazwischen fallen. Als dann am nächsten Morgen der Kampflärm schweigt, geht sie hinaus, um zu erfahren, wie die Lage steht. Der ganze Hügel scheint wie ausgestorben. Da steigt sie auf der Chazeaux-Stiege ein wenig tiefer. Hier trifft sie Menschen, die berichten, aus Paris sei während der Nacht die Kunde gekommen, dass an der Stelle von Karl X. ein Mitglied des Hauses Orleans, Louis Philipp, König wurde. Das habe zur Ergebung der Anhänger von König Karl und zur Beendigung der Revolution geführt.

„Gott sei gelobt!" sagt Fräulein Jaricot erfreut und macht kehrt, um oben in der Kapelle für diese Wendung innig zu danken. Allerdings bedrückt es sie hernach ein wenig, dass Gott ihr Opfer nicht angenommen habe. Während sie, weitergehend, darüber nachsinnt, fühlt sie, wie eine fremde Hand sich auf ihre Schulter legt. Sie dreht sich um und sieht ganz deutlich Abbé Wurtz an ihrer Seite. Ohne zu überlegen ruft sie aus:

„O mon Père, wann werde ich für das Heil der Missetäter aufgeopfert?"

Wurtz schaut sie sehr mitleidig an und sagt im Tone eines leisen Tadels:

„Pauline, mein Kind, soll das Martyrium des Herzens nicht genügen?"

Nach diesen Worten verschwindet die Erscheinung so jäh wie sie auftauchte. Pauline Jaricot wird über diese seltsame Antwort sehr nachdenklich. Sie ist es während ihres Dankgebetes. Sie bleibt es, als sie später sich in der Rue Puits-Gaillot davon überzeugt, dass das Vaterhaus in allen Wirrnissen fast unbeschädigt blieb. Und auch noch nach der Rückkehr in das Landhaus von Collonges.

Erst neue Vorkommnisse rütteln sie auf. Durch die Juli-Revolution reißen im Spital Hôtel-Dieu die alten Missstände ein. Wohl haben sich die „Schwestern von der guten Hilfe" in den Kampftagen vorbildlich bewährt und sich die Anerkennung aller Ärzte erworben. Deshalb gelingt es Dr. Ozanam, vereint mit sämtlichen Kollegen, für eine Weile ihre Stellung zu befestigen. Jedoch Michaud und seine Gattin und einige gleichgesinnte, von Abbé Phileas entlassene Elemente benützten die Verwirrung, die durch die fortwährende Einlieferung vieler Verwundeter an der Monatswende Juli-August entstand, um sich, gewissermaßen als freiwillige Helfer, wieder ins Haus zu schmuggeln. Ein paar Monate halten sie sich mit Vorbedacht im Hintergrund. Jedoch im Frühjahr 1831 haben sie wieder Oberwasser und drängen nun auf die Entfernung der Anhänger des toten Maître Spirituel. Da sie die neuen Verwalter für sich gewinnen, werden die Ärzte machtlos gegen das Treiben.

Zudem hat der agilste unter ihnen nunmehr wieder Familiensorgen. Frederic Ozanam entwächst der Königlichen Schule und soll als Jus-Student an die Sorbonne nach Paris. Kann man in derart unsicheren Zeiten einen hochgesinnten Jüngling von noch nicht achtzehn Jahren allein in eine fremde Großstadt lassen? Gar nach Paris? Der kluge, lebenserfahrene Arzt hält das mit den Grundsätzen verantwortungsbewusster Eltern für unvereinbar. Und in Frau Ozanam zittert nach dem Erleben der Juli-Revolution noch die Erinnerung der eigenen Jugend an die Schreckenstage der neunziger Jahre nach. Wurden doch damals ihre Eltern gefangen und ihr hoffnungsvoller Bruder getötet. Man sucht also ein Auskunftsmittel. Obwohl der Jüngling bittet, mit seinen Freunden nach Paris zu dürfen, bringt ihn sein Vater nach längeren vergeblichen Anstrengungen bei einem angesehenen Advokaten als Rechtspraktikant unter.

Während dieser familiären Bemühungen entscheidet sich das Schicksal der „Schwestern von der guten Hilfe". Der neue Administrator des Spitals Hôtel-Dieu beschließt, Noviziat und Schwesterngemeinschaft als unnütz und kostspielig aufzulösen. Das macht die jungen Schwestern vogelfrei. Sie können nur dann im Spital verbleiben, wenn sie sich einem neuen Terrorregiment Michauds beugen. Sonst gibt es für sie nur die Flucht ins Ungewisse.

II. Der „Lebendige Rosenkranz"
geht um die Welt

Als Fräulein Jaricot von dieser Not erfährt, weiß sie sofort, dass sie jetzt helfen muss. Denn das versprach sie ihrem Lieblingsbruder in der Sterbestunde. Sie bittet ihre Schwester Sophie, Maison Dalin neben der Fourvière-Kapelle für sechzigtausend Franken aufzukaufen, und bietet es jenen der Mädchen, die nicht in einen Orden eintreten wollen, als Heimstatt an. Weil es klein und bescheiden dünkt, nennt sie es weiterhin „Haus Nazareth".

Sie selbst hält sich gerne dort auf und leitet von „Nazareth" aus die Verbreitung des „Lebendigen Rosenkranzes". Zur Erhaltung und Erhöhung des Eifers der Vereinsvorsteher erlässt sie von Zeit zu Zeit Rundschreiben, die die Auswärtigen über den Mitgliederzuwachs orientieren. Da gehen ihr die ehemaligen „Schwestern von der guten Hilfe", die bei ihr Zuflucht gefunden, eifrig zur Hand. So kann sie bald den Förderern des „Lebendigen Rosenkranzes" in Frankreich mitteilen:

„Die Vereinsmitglieder mehren sich unaufhörlich und mit unglaublicher Schnelligkeit in Italien, in der Schweiz, in Belgien, in England und in einigen Gegenden Amerikas. – Der Rosenkranz treibt lebendige Blüten in Indien und besonders in Kanada. Wir suchen Mittel zu seiner Einführung in Afrika aufzubringen. Die Anfänge in Smyrna und Konstantinopel geben Anlass zu großen Hoffnungen. Neulich hat ein ehrwürdiger Missionar aus Bogotá in Kolumbien zu mir gesagt, dass durch das Zutun des hochwürdigsten Erzbischofs dieser Stadt der Verein sich dermaßen verbreitet, dass es fast unmöglich ist, die Teilnehmerzahl festzustellen. Überall, wohin diese Andacht gelangt, könne man eine Beständigkeit im Guten und einen Aufschwung der Tugend bemerken, wie nie zuvor. Wie barmherzig ist Jesus und wie mächtig Maria!"

Trotzdem wird der „*Rosaire vivant*" in der Erzdiözese Lyon nicht offiziell anerkannt. Ganz im Gegenteil: Weil die Gutheißung des Heiligen Stuhles noch fehlt, verbreitet sich die Meinung, sie werde nie erteilt. Sie konnte bisher nicht erfolgen. Denn ihr beredtster Anwalt, Nuntius

Lambruschini, fiel wegen seiner Unterstützung Karls X. in Ungnade. Nach Rom zurückberufen, hat er deshalb keine Möglichkeit, auf die Entscheidung von Pius VIII. günstig einzuwirken. Erst mit dem Wechsel des Pontifikates nach dem frühen Tod von Papst Pius tritt eine Wende ein. Der neue Heilige Vater Gregor XVI. schätzt Lambruschini so hoch, dass er ihn schon beim ersten Konsistorium zum Kardinal ernennt und ihm als Kurienkardinal die Leitung der Ordenskongregation anvertraut. Kardinal Lambruschini erreicht bereits zu Herbstanfang des Jahres 1831 die Absendung eines Breve mit der Päpstlichen Gutheißung des *„Rosaire vivant"* an das Domkapitel von Saint Jean zu Lyon.

Es trifft zur selben Zeit dort ein, wie der Rechtspraktikant Frederic Ozanam mit dem Segen seiner Eitern die Vaterstadt verlässt, um in Paris Jus zu studieren. Jedoch es wird weder Pauline Jaricot, der Stifterin des „Lebendigen Rosenkranzes", zugestellt, noch überhaupt jemand bekanntgegeben. Stillschweigend verschwindet es in einem Aktenfaszikel des erzbischöflichen Archivs auf Nimmerwiedersehen. Pauline, die eine unmittelbare Verständigung von Kardinal Luigi Lambruschini erhält, wartet und wartet und kann sich die Verzögerung nicht recht erklären.

12. Der Aufstand der Seidenweber

Inzwischen stehen in der Seidenweberstadt die sozialen Gegensätze auf Messers Schneide. Als Pauline einmal gelegentlich ins väterliche Haus kommt, das Bruder Paul jetzt mit seiner Familie allein bewohnt, findet sie den Ältesten in schweren Unternehmersorgen.

„Unter der Arbeiterschaft gärt es", berichtet er bekümmert. „Die Leute können mit den bisherigen Löhnen nicht leben. Bedenke, dass man einem Canut, einem Seidenweber, für seine Heimarbeit an einem Seidenstück schwerster und bester Qualität bloß 40 Sou, also zwei Francs bezahlt. Frauen erhalten nur eineinviertel Francs, Kinder, je nach dem Alter, 30–75 Centimes. Das reicht ja kaum für Brot und einige Kartoffel. Wo bleiben da die Ausgaben für Wohnung und Kleidung? Es ist verständlich, wenn die Weber unzufrieden sind und einen neuen Minimaltarif begehren."

„Das heißt, du wärest bereit, den Arbeitern mehr Lohn zu geben", antwortet Pauline schnell. „Das musst du auch. Das bist du schon dem Ruf der Eltern schuldig. Weißt du noch, dass man Mama ‚die gute Frau' genannt hat? Hast du vergessen, dass man während der Revolution im Vorjahr das Haus Puits Gaillot 21 nur deshalb schonte, weil es im Volksmund ‚La Providence des ouvriers – die Vorsehung der Arbeiter' heißt? Die Nachbarhäuser bis zum Quai Retz sind alle demoliert oder doch arg beschädigt. Derlei verpflichtet!"

„Ich weiß", sagt Paul müde. „Ich habe mich auch schon zur Lohnerhöhung ab Dezember 1831 bereit erklärt, aber ..."

„Was gibt es denn dann noch?"

„Auf mich allein kommt es nicht an. Von den 500 Seidenwarenfabrikanten sind höchstens drei Viertel so vernünftig. Die anderen wollen nicht. Nach ihrer Meinung bedeutet eine Lohnerhöhung für die Lyoner Seidenfabrikation den Ruin. Zumal derzeit, wo überall mechanische Webstühle eingestellt werden, durch die man die Erzeugung noch verbilligen kann. Im Grunde genommen, sind die größten Feinde der unzufriedenen Canuts nicht nur die Unbelehrbaren unter den Fabrikherren, sondern, kaum weniger, die neuen Maschinen ..."

„Aber ihr Einsichtigen braucht euch doch nicht nach den Prinzipien der Ausbeuter richten! Ihr seid die Mehrheit!"

„Leider kann sich die Mehrheit nicht immer durchsetzen. Vor allem dann nicht, wenn auf beiden Seiten radikale Kräfte am Werk sind. Die neue Zeitung *La Flamme* hetzt die Arbeiter auf. Und die engstirnigen Patrone unter den Unternehmern haben ihre Arbeiter einfach entlassen und wollen aus England billigere Arbeitskräfte herholen. Ich und die anderen Gutwilligen, wie der Präfekt Dumolard, stehen da mitten im Hexenkessel wie verloren. Es kommen zwar alle Patrone am heutigen Abend zusammen. Ich will versuchen, was ich kann. Aber ich sehe schwarz", schließt Paul besorgt.

Seine Befürchtungen sind in der Tat begründet. Bereits am selben Abend ereignen sich im Arbeiterviertel *Croix Rousse* unter der Parole „*Vivre en travaillant ou mourir en combattant! –* Arbeitend leben oder kämpfend sterben"* Unruhen. Daraufhin bietet der Gouverneur neben dem Militär 12.000 Nationalgardisten auf. Doch ehe diese rekrutiert sind, tobt schon der Barrikadenkampf zwischen den ausgesperrten Arbeitern und dem 49. Regiment unter dem Kommando des Generals Graf Roguet, dem außerdem nur ein paar Bataillone der Regimenter 40 und 13 zur Verfügung stehen. Die Aufständischen stürmen das Arsenal bei *Saint Martin d'Ainay* nahe der Saône-Mündung und treiben mit den Beutewaffen die regulären Truppen aus der Stadt, ehe sie sich noch in die Forts zurückziehen können. Zwei Tage dauert dieser Kampf. Etwa 300 Tote, die in den Rhônefluß geworfen werden, und 500 Verwundete im Krankenhaus *Hôtel-Dieu* sind die blutige Bilanz.

Als die ersten Tumulte losbrechen, befindet sich Pauline im Haus Nazareth. Sofort begibt sie sich in die Fourvière-Kapelle, um sich zum zweiten Mal als Opfer anzubieten. Auch diesmal bleibt sie in der Kirche, bis die Sturmglocken schweigen und keine Schüsse mehr vernehmbar sind. Doch nicht allein. Eine Novizin des verstorbenen Bruders, namens Maria Melquiond, weilt manche Stunde an ihrer Seite. Von Zeit zu Zeit verlässt sie allerdings Pauline Jaricot, um nachzusehen und zu forschen, wie die Lage ist.

Zwei Tage nach Beginn des Barrikadenkampfes vom 21. November 1831 kann sie berichten, dass in der Stadt Ruhe eintrat. Nur von den Türmen der Kirchen zwischen Saône und Rhône flattern noch weiterhin die schwarzen Fahnen der Arbeiter mit der Devise: „Arbeitend leben oder kämpfend sterben!" Ebenso auch vom Arsenal und der Kaserne du Bon Pasteur.

Lyon befindet sich in der Gewalt der Aufständischen.

Das gibt zu neuen Sorgen Anlass. Werden die jetzigen Herren der Stadt die Macht missbrauchen? Kommt es zu Plünderungen und ärgeren Ausschreitungen? Die böseste Befürchtung irrlichtert selbst durch ihre Reihen. Wird der vertriebene Militärkommandant die Drohungen vor seinem Abzug wahrmachen und die aufständische Stadt bei einer Wiederkehr verstärkter Truppen anzünden?

Pauline Jaricot begreift, dass ein derartiges Unheil nicht mehr durch das Gebet und Opfer einer Einzelnen gewendet werden kann. Darum sieht sie sich nach vielen Helfern um. Da derzeit rund 200.000 Mitglieder des „Lebendigen Rosenkranzes" in Frankreich leben, verfügt sie über eine ganz beträchtliche Armee von Betern. Die gilt es jetzt als stärkste Waffe einzusetzen. Mit ihren Helferinnen verfasst und sendet sie überallhin Aufrufe um Gebetshilfe. Und in der Tat: Es kommen keinerlei Gewaltakte von Seiten der Arbeiter vor. Als in den ersten Dezembertagen die Kunde vom Anmarsch der Einsatztruppen unter dem Kommando des Herzogs von Orleans eintrifft, versucht Pauline, auch diesem Unheil entgegenzutreten. Sie schickt Maria Melquiond und eine fromme Witwe mit Säcken voll Marienmedaillen und Gebetszettel auf die Anmarschstraßen des Einsatzheeres und weist sie an, die Andachtsgegenstände vor den Stadttoren so dicht und weit als möglich auszustreuen.

Auch dieser Eingebung wird ein Erfolg zuteil.

Schon die Vorhut der auf den Straßen von Mâcon und von Roanne anrückenden Soldaten findet diese Medaillen. Die kleinen Dinger werden von Hand zu Hand weitergegeben, gelangen zum Hauptkontingent und zu den Offizieren und Kommandanten. Zuerst erregen sie Verwunderung. Dann keimt die Überlegung und scheue Hoffnung auf, sie könnten ein bewusstes Friedensangebot, ja eine stumme Bitte um Schonung und Pardon sein. Da außerdem die Hügelforts rund um Fourvière – Villepatour, Vaise, Blandan, Dubois Crancé, Bardat und Lapoype – gar nicht verteidigt werden und auch an anderen Stellen kein Widerstand geboten wird, rücken die Truppen kampflos ein und setzen sich an allen wichtigen Punkten der Stadt fest. Die schwarzen Fahnen verschwinden von den Kirchtürmen Saint Nizier, Saint Pierre-Terreaux, Saint Polycarpe, Saint Barthelemy und Saint Martin d'Ainay. Die Arbeiter kehren in ihre Fabriken zurück. Man lässt sie ein und überall weiterschaffen. Weil keine Fahndung auf irgendwelche Schuldige an der Volkserhebung erfolgt, herrscht alsbald wieder Ruhe und Ordnung.

Nur nicht im Haus Nazareth. Da sich herumgesprochen hat, dass man dort solche – offenbar glückbringende Medaillen erhalten könne, wie die Soldaten bei ihrem Einzug auf den Straßen fanden, wollen sich viele Militärs damit versehen. Das ergibt Tage und Wochen hindurch ein reges Kommen und Gehen. Ein Großteil jener, die bei dem reichen Fräulein Jaricot in dieser Zeit vorsprechen, werden auch Mitglieder des „Lebendigen Rosenkranzes". Bald weiß beinahe jedermann, dass die Schlacht um Lyon von einer Beterin und ihren Helfern mit dem Rosenkranz als Waffe gewonnen wurde.

13. Eine weltumspannende Gebetsarmee

Die physischen und seelischen Anstrengungen dieses bewegten Jahresendes werfen Pauline Jaricot zu Anfang 1832 auf das Krankenlager. Deshalb erreicht sie auch das zweite Breve nicht, das Papst Gregor am 27. Jänner zugunsten des *„Rosaire vivant"* erlässt. Es wird, ebenso still wie der vorhergegangene Brief, den Akten einverleibt. Ein drittes, vom 2. Februar 1832, sendet Kardinal Luigi Lambruschini, der nun vom Heiligen Stuhl zum römischen Protektor des „Lebendigen Rosenkranzes" ernannt wird, nicht mehr an das Lyoner Domkapitel, sondern an einen Pfarrer an der Grenze zwischen Frankreich und Savoyen. Pauline Jaricot wird angewiesen, es dort persönlich in Empfang zu nehmen.

Doch bis sie reisefähig ist, vergehen Monate.

Nach ihrer Wiederherstellung entschließt sie sich zuerst zu Exerzitien. Es ist vor allem die Frage ihres zukünftigen Lebens und Wirkens zu klären.

Vater Antoine benötigt ihre Hilfe nicht mehr. Der geisteskrank Gewordene erkennt weder sie noch seine anderen Kinder. Jahrzehntelang bewährte und treue Hausbedienstete genügen künftig für die Betreuung. Die Oberleitung des „Rosaire vivant" soll ihr auf Wunsch des Domkapitels entzogen werden, weil sie vorgeblich mit ihrem argen Übereifer mehr Schaden als Nutzen stifte. Dagegen wehrt sich allerdings Sophie Perrin mit allen anderen Rosenkranz-Mitgliedern von Lyon. Die aus dem Krankenhaus *Hôtel-Dieu* Geflüchteten sind alle, bis auf sechs, inzwischen in Klöstern untergebracht worden. Es fragt sich nun: Soll sie die Sechs für dauernd um sich scharen oder den Lebensrest allein in einem Kloster zubringen?

Der Exerzitienleiter ist der Meinung, dass sie, wie bisher, das Leben von Martha und Maria in der Bibel – aktiv und kontemplativ zugleich – vereinen soll, und rät, zusammen mit den ehemaligen Novizinnen an der Verbreitung des „Lebendigen Rosenkranzes" zu arbeiten.

Dazu ist vorerst ein neues Heim notwendig. Denn „Nazareth" erwies sich nach der Revolution von 1831 als viel zu klein. Auch muss man rechnen, dass das Grundstück später zum Bau einer größeren Wallfahrtskirche angefordert werden wird. Nachdem Pauline Jaricot noch nicht genügend reisefähig für eine Postkutschenfahrt nach Savoyen ist, sucht sie inzwischen im Umkreis von Notre Dame de la Fourvière nach einem neuen Wohnhaus. Den heiligen Wallfahrtsberg möchte sie nicht gänzlich verlassen.

Im Mai erfährt sie, dass die Familie Frèrejean ein altes Schlösschen auf halber Hügelhöhe auf dem Montée Saint Barthelemy feilbietet. Das ehemalige „Haus Breda" diente vor einem Vierteljahrtausend zweimal als Unterkunftsort für ein Königsgefolge; beim Besuch von Heinrich III. wie beim Aufenthalt von König Heinrich IV. in Lyon. Damals wohnte die Königsmaitresse Gabriele d'Estres dort.

Pauline sieht sich das altertümliche Gebäude an. Es scheint ihr zwar geräumig genug zu sein, bedarf aber einiger kostspieliger Reparaturen. So kauft sie es vorläufig auf Kredit. Der Name Jaricot repräsentiert ja in Lyon immer noch hohen Geldeswert. Dann reist sie endlich nach Pont-de-Beauvoisin in die Savoyer Berge.

Nach ihrer Rückkehr legt Kanonikus Betemps, der immer zu ihr hielt, dem Domkapitel von Saint Jean das päpstliche Gutheißung-Breve vor. Das wird schließlich nach längerer Beratung am 16. August des Jahres 1832 von allen Domherren zur Kenntnis genommen und für das Erzbistum Lyon ein geistlicher Direktor des nunmehr offiziell erlaubten „*Rosaire vivant*" bestellt. Es ist Kanonikus Betemps. In allen anderen Diözesen von vier Erdteilen, wohin durch den „Lebendigen Rosenkranz" Licht aus Lyon dringt, gilt weiterhin das reiche Fräulein Pauline Maria Jaricot als Schöpferin der stärksten Waffe der Christenheit und Gründerin einer bereits die Welt umspannenden Gebetsarmee.

13. Die Sorge für die Armen

„Monsieur Bailly, Sie müssen uns helfen! – Wir kommen allein nicht zurecht."

„Le Taillandier meint, die christlichen Studenten der Sorbonne sollen sich zu Werken der Nächstenliebe zusammentun."

„Wir waren schon bei unserm Pfarrer. Aber der nimmt uns nicht ernst. Er hat uns anempfohlen, armen Kindern Katechismus-Unterricht zu geben. Das klingt, als ob er unsere Absichten verspotten würde ..."

Mit diesem überschäumenden, im gegenseitigen Eifer bunt durcheinanderwirbelnden Wortschwall bestürmen im Frühjahr 1833 an einem regennassen Apriltag einige Studenten den Zeitungsverleger Emanuel Bailly in der Redaktionsstube vom „Tribunal Catholique" in Paris.

Der blonde Lyoner Frederic Ozanam, der sechste der Studenten gruppe, ruft als letzter:

„Wir wollen aber nicht nur von Caritas reden, sondern sie ausüben und wirklich den Armen helfen!" Der ein wenig bedächtige, beinahe doppelt soviel Jahre als seine enthusiastischen Besucher zählende katholische Verleger schaut lächelnd von einem zum andern. „Die sind schon recht!", denkt er dabei befriedigt.

„Wenn alle katholischen Hochschüler, die mein Studentenheim bevölkern, so wären wie die sechs, dann wüchse eine neue, christliche Intelligenz heran. Da könnte man über Frankreichs Zukunft ohne Sorge sein. – Aber auch fünf Juristen und ein Mediziner vermögen allerlei, wenn sich ihr Feuereifer in richtigen Bahnen austobt."

„Sie dürfen uns nicht im Stiche lassen, Père Bailly!" drängen die jungen Leute, denen das ohnehin kurze Schweigen des bekannten Studentenvaters schon zu lange dauert, wie aus einem Mund. „Nur keine Sorgen, meine Herren!" beruhigt sie der Zeitungsmann sofort. „Erzählen Sie mir nur hübsch nach der Reihe, was Sie vorhaben!"

Da schweigen fünf von ihnen still – wie auf Kommando – und lassen Frederic Ozanam das Wort. Der führt nun aus:

„Auf dem Weg durch das Quartier Latin hierher hörten wir, wie schon oftmals, aus einem Fenster einen frechen Gassenhauer von Beranger. ‚Verkauft Gebete und verdummt das Volk!‘ sang jemand hinter den Gardinen. Wir hatten deshalb keine Möglichkeit, den Spötter zur Verantwortung zu ziehen. Das Lied scheint zweifellos auf meine große Landsmännin, Fräulein Pauline Jaricot, und den ‚Lebendigen Rosenkranz‘ gemünzt. Das ist genau so hässlich und heimtückisch, wie die Zeitschrift ‚Constitutionel‘ ihr ‚Werk der Glaubensverbreitung‘ als eine Geheimorganisation denunzierte. Es gibt aber noch ärgere Chansons, Pamphlete und Presseangriffe. Sie abzuwehren, sind wir jungen Leute derzeit noch zu schwach und unbedeutend. Hier einzuschreiten, ist Ihre Sache, damit die Mutter Kirche nicht derart angegriffen, ins Lächerliche gezogen und verleumdet wird. Wir können nur auf der Universität unter den vielen ungläubigen Professoren und Studenten auf der Bresche bleiben. Und außerhalb dieses Kampffeldes eine wahrhaft katholische Vereinigung ins Leben rufen. Die sollte sich jedoch allein dem Dienst der Nächstenliebe widmen. Die Lebenskraft unseres Glaubens muss sich in Werken erweisen.“

„Wie soll das in der Praxis aussehen?“ erkundigt sich Bailly.

„Wir haben uns entschlossen, in die Wohnungen der Armen zu gehen und ihnen Unterstützungen in Naturalien zu bringen“, antwortet Ozanam sofort.

Der Zeitungsmann nickt beifällig. Der Vorschlag sagt ihm sichtlich zu. Das ist ein Plan.

„Sie können auf mich zählen, meine Herren!“ verspricht er. „Kommen Sie nächste Woche wieder.“ Der folgende Besuch fällt schon auf einen Mai-Abend.

Ihn richtig auszukosten, drängt sich die feine Welt der Seine-Stadt im Café Riche, im neuestens modern gewordenen „American“ oder im seit langem schon berühmten „Tortoni“. Auf den Boulevards stehen bereits die Tische auf den Trottoirs.

Durch die Alleen der Avenue des Champs-Elysees fahren viele elegante Wagen zu einem Abendkorso um den „Stern“ beim Triumphbogen Napoleons. In den nur gegen Eintrittsgeld offenen Vergnügungsgärten „jardins payants“ widmen sich zahllose Besucher Glücksspielen und Tanz. Am höchsten geht es in der „Grande Chaumière“ auf dem Montparnasse zu.

Die kleinen Leute suchen an anderen Stätten ihr Vergnügen. Auf dem Boulevard-du-Temple locken Nuss-Verkäufer, Würstchenhändler und Savoyardenknaben mit dressierten Äffchen. Man zieht Glückslose und nascht von billigeren Spezialitäten. Wer nicht einmal dafür genügend Geld besitzt, huldigt an diesem lauen Abend der Liebe. Zwischen den kunstvoll verschnittenen Hecken des Tuileriengartens, längs der Seine-Quais und auf den Vorstadtwiesen zwischen der Oktroi-Mauer und den Befestigungen der äußeren Stadtumwallung lustwandeln unzählige Liebespärchen. Paris scheint nur zu tanzen, auszufahren, zu spielen und zu lieben.

Die sechs Studenten, die sich im Druckereigebäude von E. J. Bailly im Arbeitszimmer des Firmeninhabers versammeln, verlockt der allgemeine Vergnügungstaumel nicht. Auch sie erfüllt die Liebe. Aber es ist die höchste, heiligste, die Gottesliebe und jene andere, weltumspannende, die gern dem Nächsten dient. Sie beten gemeinsam, lesen einen Abschnitt aus der „Nachfolge Christi" und fassen den Beschluss, der Caritasvereinigung, die sie jetzt bilden, den Namen einer „Konferenz" zu geben. Dass sie Bailly zu ihrem ersten Präsidenten wählen, versteht sich ganz von selbst. Der wirft so noch die wichtige Frage auf, woher sie Namen und Adressen Bedürftiger erhalten können. Einen Moment lang herrscht betretenes Stillschweigen. Daraufhin meldet sich der Mediziner Devaux und sagt:

„Von Schwester Rosalie, der Oberin der Vinzentinerinnen."

„Außerdem wären Mittel vonnöten", erinnert der Präsident. Auch dafür findet sich gleich Rat. Devaux packt seinen Hut und geht absammeln. Das trägt ihm Titel und Aufgabe eines Schatzmeisters ein. Hernach beschließt man diese erste Caritaskonferenz mit dem Gebet des heiligen Bernhard von Clairvaux – „Unter deinen Schutz und Schirm" – und geht voll Feuereifer an die Armenfürsorgearbeit. Die Oberin der Vinzentinerinnen erweist sich wirklich als Helferin. Von ihr erhalten die jungen Leute Armenadressen und Lebensmittel-Bons. Damit beginnen die Studenten ihre Tätigkeit. Bald merken sie, dass sie allein zu wenig schaffen können. Darum entschließen sie sich zur Erweiterung ihres Kreises. Nach wenigen Wochen, am Ende des Sommersemesters, ist die Studentengruppe bereits auf 15 Mann angewachsen.

14. Eine kleine Gemeinschaft wird Paulines neue Familie

Im Sommer 1833 kommt für Fräulein Jaricot die Zeit der Übersiedlung aus Haus Nazareth in das vormalige Haus „Breda", das sie Maison Lorette nennt. Die Reparaturen und Instandsetzungsarbeiten sind vollendet. Pauline legt den Schlüssel zu Füßen der Unbefleckten Jungfrau von Fourvière nieder, um damit anzuzeigen, dass diese die wahre Herrin und Eigentümerin der ganzen Liegenschaft sei. Gleichzeitig gelobt sie in der Fourvière-Kapelle, jedes Zimmer mit einem Marienbild zu schmücken und den schönsten Raum für eine Kapelle zu widmen. Hernach wird noch am Hausportal die weithin sichtbare Inschrift angebracht: „Maria ist ohne Sünde empfangen". Dann geht Pauline suchend durch die Räume, um jenen herauszufinden, der zur Kapelle werden soll. Hernach erbittet sie sich den baldigen Besuch des Erzbischofs.

Erzbischof de Pins feiert am Fest Maria Heimsuchung in Fourvière die heilige Messe. Nach ihrem Ende geleitet ihn Pauline Jaricot durch den Park der neuen Maison Lorette, der bis dicht an die Kirchenmauer reicht, ins Haus.

Monseigneur de Pins geht mit ihr durch die Platanenallee, verfolgt den Serpentinenweg, den Walnussbäume beschatten, bewundert die uralten Ulmen und beschreitet die Aussichtsterrassen, die teils mit Edelkastanien teils mit Maulbeerbäumen bestanden sind. Zuletzt erreicht er eine jahrhundertealte Steintreppe mit überhohen Stufen und gelangt auf ihr bis in den kleinen Hof vor die mit einem flachen Giebel bekrönte Seitenfront des Hauses. Dort befindet sich der Eingang zur Maison Lorette. Dann umfängt ihn ein von oben her erhelltes, vornehmes Stiegenhaus mit einer abwechselnd einarmig und zweiarmig geführten Treppe. Dieser Eingangsbereich sei ganz neu gestaltet, erklärt ihm Pauline. Und zum Beweis ihrer Worte lässt sie den hohen Besucher einen kurzen Blick auf die danebenliegende, ganz enge Wendeltreppe der Renaissancezeit tun. Dann öffnet Fräulein Jaricot die Tür zu einem großen zweifenstrigen Raum und sagt:

„Hier wird der Herr im Tabernakel im Maison Lorette verweilen. Wenn Monseigneur es gestattet …"

Die künftige Kapelle weist gegen Osten und wird gerade von der Morgensonne durchflutet. Der Erzbischof tritt an ein offenes Fenster, um einen Blick auf die Umgebung zu gewinnen. Jedoch sofort drängt sich ein Ausruf der Bewunderung auf seine Lippen:

„Welch einzigartige Sicht!"

„Ja. Das ist wahr!" bestätigt Pauline lächelnd.

„Ich glaube kaum, dass irgendein Gebäude in Lyon einen noch schöneren Blick besitzt. Man hat nicht nur das ganze altertümliche Quartier Saint Jean zu Füßen und kann die Kathedrale als seinen Edelstein gleichsam mit Händen greifen; man merkt, wie Saône und Rhône die Innenstadt umschließen. Die Kirchtürme der Halbinsel, von Saint Pierre-Terreaux bis Saint Martin d'Ainay, grüßen herauf, der Turm der Charité und das vieltürmige Rathaus; sogar die Kirche Saint Polycarpe! Und die bebauten Nordhügel Croix Rousse, Chartreux, Serin sind ganz genau erkennbar. Man sieht die Flussbrücken, die grünen Quais, die Plätze von Bellecourt bis zum Rathaus. Die Straßenzüge lassen sich verfolgen; auch noch am linken Rhône-Ufer in La Guillotière und in Brotteaux. Darüber weit hinaus gewahrt man die fruchtbare Ebene, die waldigen Vorberge von Dauphine und Haute Savoie, und an sehr klaren Tagen – wie eben heute – dahinter die fernen schneebedeckten Alpengipfel mit dem König der Berge."

„Ist er das wirklich, der Montblanc?" forscht Erzbischof de Pins.

Pauline Jaricot bejaht und fragt dann: „Erscheint der Raum nicht würdig, den Herrn der Schöpfung aufzunehmen? – Ich will versprechen, Ihn nie allein zu lassen."

„Sofern Sie einen Hauskaplan bestellen und besolden, will ich gerne die Genehmigung zur ständigen Gegenwart des heiligen Sakramentes erteilen", verheißt der Erzbischof.

Dafür dankt Fräulein Jaricot. Jedoch de Pins glaubt zu bemerken, dass sie trotzdem noch eine Bitte auf dem Herzen hat. Auf seine Frage öffnet sie vor ihm die Tür zur Linken, zeigt auf ein ganz bescheidenes, einfenstriges Kabinett und meint:

„Wenn ich den Raum neben der Kapelle als Schlafraum haben dürfte? …"

„Das übersteigt meine Befugnisse", erklärt der Bistums-Administrator. „Das könnte Ihnen aber der Protektor vom „Lebendigen Rosenkranz", Kardinal Lambruschini, erwirken. Sie wollen ja vermutlich ohnehin Maison Lorette zum Zentralbüro einrichten." Pauline gibt das zu und führt ihren Besucher in den rechten Nachbarraum der künftigen Kapelle, den sie bereits als „Rosenkranz-Bibliothek" vorgesehen hat. Er weist auch zwei Ostfenster auf. Einige Schränke an der Kapellenwand sollen die Paramente und kirchlichen Geräte aufnehmen, sodass das Zimmer gleichzeitig als Sakristei verwendet werden kann. Damit erklärt der Erzbischof sich einverstanden und will sich auch beim Kardinal für den Hauptwunsch verwenden.

Inzwischen wird am Fest Mariens vom Berge Karmel durch den Direktor des „Lebendigen Rosenkranzes" von Lyon, Kanonikus Betemps, die Benediktion der Hauskapelle vorgenommen. Am Tag der Himmelfahrt Mariens zieht Fräulein Jaricot mit ihren künftigen Mitbewohnern, dem Hausgeistlichen Abbé Rousselon, sechs ehemaligen Krankenschwestern vom *Hôtel-Dieu* und noch vier weiteren jungen Mädchen ein. Am Rosenkranzfest 1833 nimmt dann der Herr im Tabernakel bei ihr Wohnung, und alsbald darf auch sie das kleine Kabinett neben der Kapelle als Schlafzimmer benützen. Nun scheint ihr Glück vollständig.

Doch nicht sehr lange. Bald melden sich die ersten Sorgen.

Das nunmehr als Maison Lorette wiederhergestellte vormalige Haus Breda auf dem Berg Saint Barthélémy erweckt Neugierde und Interesse der Umgebung. Auch müssen viele Lyoner den vor dem Haus vorüberführenden Bergweg zum alten Hospiz von Antiquailles emporsteigen. Dabei betrachten sie die Hauptfront des ehemaligen Schlösschens mit dem Corps-de-Logis und alten Wendeltreppentürmchen. Vor allem aber die Inschrift, die über dem straßenseitigen Eingang in den Hof prangt: „Maria ist ohne Sünde empfangen".

„Das reiche Fräulein Jaricot nimmt sich zu viel heraus!" finden bald einige Missgünstige. „Das ist doch gar kein Glaubenssatz der Kirche!" – „Will etwa sie vorschreiben, was die Christen glauben sollen?" fragen Übereifrige. Und einige Herren des Domkapitels, denen die Päpstliche Gutheißung des „Lebendigen Rosenkranzes" noch immer unsympathisch ist, verlangen von Kanonikus Betemps, dass er die Herrin von Maison

Lorette zur baldigen Entfernung dieser aufreizenden Inschrift bewege. Betemps stellt ihr das freundlich mit klugen, gütigen Worten vor. Jedoch Pauline verneint sofort. Weil er einen schriftlichen Bescheid für das Domkapitel wünscht, schreibt sie, man könne alles von ihr verlangen, nur nicht, dass sie darauf verzichten möge, der Gottesmutter die ihr gebührende Ehre zu erweisen. Damit wird die Attacke abgewehrt, und die Hausherrin kann sich wichtigeren Fragen zuwenden. Vor allem jenen über Gegenwart und Zukunft ihrer jungen Mitbewohnerinnen.

Ursprünglich wollte sie mit ihnen einen Orden gründen. Als sie während der letzten Exerzitien den Plan dem Exerzitienmeister vorlegte, fand er, sie dürfe sich vorläufig noch nicht ins Klosterleben zurückziehen. Dagegen war er einverstanden, dass sie die vormaligen Krankenpflegerinnen vom *Hôtel-Dieu* bei sich behielt und für Arbeiten der Leitung des „Lebendigen Rosenkranzes" verwendete.

Jetzt geht es nun darum, ihrem Beisammensein eine entsprechende Form zu geben. Die allerdings wird völlig neu. Die *Filles de Marie*, Töchter Mariens, genannten jungen Mädchen verpflichten sich nicht mit ewigen Gelübden zur Einhaltung der Evangelischen Räte, sondern nur jeweils für ein Jahr. Sie tragen kein Ordensgewand und kleiden sich, wie Fräulein Jaricot, nach Art der Mägde und Arbeiterinnen. Man schneidet ihnen nicht das Langhaar ab. Es wird nur einfacher frisiert. Sie beten, wie die· übrigen Rosenkranzmitglieder, täglich den Rosenkranz, gleichsam als ihr Brevier. Dazu gehört Teilnahme an der heiligen Messe und tägliche Kommunion, Kreuzweg und eine einstündige Anbetung vorm Tabernakel. Die ist vonnöten, wenn Pauline ihr Versprechen der immerwährenden Anbetung erfüllen will. Berufsarbeit und Tätigkeit der „Töchter Mariens" ist unterschiedlich. Jene, die weiter Kranke pflegen wollen und dazu ausgebildet sind, versehen in der Pfarre Saint Just ein Hospital für Unheilbare. Sie wohnen nachtsüber in Lorette und sind sonst außer Haus. Andere machen Rosenkränze, verpacken und versenden Devotionalien, helfen der Hausherrin in der Verwaltung und im Briefwechsel des „Lebendigen Rosenkranzes". Wer Lust und Liebe zur Haus – und Gartenarbeit verrät, widmet sich diesen Tätigkeiten. Auch nehmen manche Fräulein Jaricot ihre vormaligen Besuche bei verlassenen Kranken und Armen ab. Es gibt keine Klausur, kein ständiges Stillschweigen. Das wird nur nachts und in der Nähe des Tabernakels geübt. Geistliche Lesung erfolgt nur während des Abendessens. Man kennt keine Novizenmeisterin. Freilich erzieht Pauline Jaricot selbst die Gefährtinnen in der Vollkommenheit. Aber auf einem ganz neuen Weg kindlicher Einfachheit und Einfalt. Seine Grundsätze, die sie später auch schriftlich festhält, sind:

Einfachheit des Geistes, ohne Stolz und Streberei, so wie ein kleines Kind gar nicht daran denkt, ob die Menschen es schätzen oder nicht.

Einfachheit des Herzens gegenüber Gott, so wie ein kleines Kind der Mutter gehorcht, sie zärtlich liebt und sich voller Vertrauen an sie anlehnt. Einfachheit des Charakters gegenüber anderen, ohne Laune und Gehässigkeit, so wie ein Kind sich ganz natürlich allen anpasst.

Einfachheit sich selbst gegenüber im Ertragen seiner eigenen Fehler und Mühseligkeit wie in der Kindheit. Einfachheit in der Nächstenliebe, aufrichtig und herzlich, wie die Kinder sind.

Einfachheit in der Handlung, ohne sich gleichzeitig durch eine Mehrheit von Dingen verwirren zu lassen, unter den Augen Gottes wirkend, so wie ein kleines Kind unter den Augen seiner Mutter sich mit ihr beschäftigt und spielt.

Einfachheit schließlich in der Frömmigkeit, ohne Absonderlichkeiten, Gewissensangst und Kleinlichkeiten, in der glücklichen Freiheit der Kinder Gottes.

Nach dieser seelischen Erziehung, die alljährlich in Exerzitien vertieft wird, ist die neue, eigenartige Gemeinschaft vielseitiger im Einsatz für Benachteiligte fähig als die bisherigen Frauenorden. Ihnen hat sie eines voraus: Sie passt sich leichter den Zeitläuften an und kann sich auch dort noch wirksam entfalten, wohin die Ordensfrau niemals gelangt. Wer eine von den „Töchtern Mariens" auf der Straße oder sonst wo antrifft, weiß nicht, dass er es hier mit einem Menschen zu tun hat, der nur für Gott und seinen Nächsten lebt. Darum wirkt das Beispiel wie das eines vorbildlichen Weltmenschen. Abbé Rousselon erblickt in der Gemeinschaft die Ordensform der Zukunft. Pauline Jaricot fragt danach nicht. Für sie ist es ein Versuch.

Als zu Herbstende ihr Vater Antoine Jaricot stirbt und sich damit die letzten engsten Familienbande lösen, betrachtet sie die „Töchter Mariens" als ihre neue Familie. Damit verbindet sich zwangsläufig die Verpflichtung,

für ihren Unterhalt zu sorgen. Das bildet keine Schwierigkeit. Denn Vater Jaricot vererbt seinen drei noch lebenden Kindern ein Gesamtvermögen von 3,400.000 Francs. Davon erhält Paul Jaricot die Firma „Jaricot & Fils" mit ihren Liegenschaften und Betriebskapitalien, Sophie Perrin die Landgüter und Häuser, Pauline aber rund 1,200.000 Francs in bar. Von nun an besteht die in Lyon seit langem allgemein bekannte Bezeichnung „das reiche Fräulein Jaricot" wirklich zurecht.

Gegen den Reichtum der jungen Millionärin nimmt sich das Kapital der Caritas-begeisterten Studentengruppe von Paris aus wie ein Wassertropfen am Rande eines Seebeckens. Allerdings wächst auch ihre allwöchentliche Kollekte mit der Mitgliederzahl. Außerdem findet Devaux oftmals Fünffrankenstücke in seinem Hut. Die stammen aus den Honoraren, die Bailly für die Abfassung von Artikeln in seiner Zeitung bezahlt. Ein neuer Mann, der 40-jährige Prevost, steuert auch reichlicher bei. Auf seinen Antrag wählt man den heiligen Vinzenz von Paul zum Schutzpatron der Konferenz, begeht sein Namensfest am 19. Juli besonders feierlich und fügt den Anfangs – und Schlussgebeten der Versammlungen die Anrufung hinzu: „Heiliger Vinzenz von Paul, bitte für uns!" Auch die gemeinsame Lesung der Lebensgeschichte des großen französischen Caritas-Apostels bürgert sich ein. Die nunmehr „Vinzenz-Konferenzen" benannten regelmäßigen Zusammenkünfte werden auf Vorschlag von Frederic Ozanam noch einer höheren Protektorin empfohlen: der unbefleckt empfangenen Jungfrau und Gottesmutter Maria. Am 18. Februar 1834 schlägt der junge Lyoner dann die Feier des Maria-Empfängnis-Tages als zweites Vereinsfest vor.

15. Ein Streik und eine Revolte

An diesem Abend, der in Paris normal und ruhig wie jeder andere verläuft, gleicht die Zweiflüssestadt Lyon einem erregten Ameisenhaufen. Die durch den Fehlschlag der Revolution von 1831 in ihren materiellen Forderungen enttäuschten Canuts versuchen einen neuen Vorstoß. Diesmal wird er geschickter vorbereitet. Ungefähr 20.000 selbstständige Heimarbeiter vereinigen sich in den letzten Wochen in Zwanzigergruppen zu einer eigenen Partei der Gegenseitigkeit, die sich selbst „Mutuellisten" nennt. Sie wollen nunmehr endlich die Preiserhöhung für Plüsch, Taft und Velour um zwei bis drei Sous pro Elle erreichen. Ebenso unzufrieden wie sie, gebärden sich die Fabrikarbeiter in den mit neuen Maschinen und mechanischen Webstühlen ausgestatteten Großbetrieben, die sogenannten „Ferrandinières". Die wünschen jetzt, am Reingewinn ihrer Patrone beteiligt zu werden. Die Anführer der beiden Gruppen unterhandeln mit den Fabrikanten. Als die Besprechungen an der Unnachgiebigkeit einiger Unternehmer um zehn Uhr abends scheitern, erhöht sich die Unruhe. Die „Mutuellisten" beschließen einen achttägigen Streik. In Croix Rousse kommt es am 19. und 20. Februar zu Krawallen und Ausschreitungen gegen dortige Betriebe. Jedoch die Polizei greift durch und arretiert sechs Anführer. Die Demonstranten zerstreuen sich und nehmen ihre Arbeit wieder auf. Jedoch die Unzufriedenheit schwelt weiter.

Von allen diesen Vorfällen weiß man im Maison Lorette. Sie bilden ja das Stadtgespräch. Die außer Haus tätigen „Töchter Mariens" erfahren jede Einzelheit. Man ist jedoch ängstlich bemüht, sie Fräulein Jaricot so lang wie möglich zu verheimlichen. Pauline-Marie, die seit zwei Jahren immer wieder kränkelt, befindet sich in einem besorgniserregenden Zustand. Ein schweres Herzleiden quält sie und verurteilt sie zu beinah völliger Bewegungslosigkeit. Maria Melquiond, eine der vormaligen Krankenschwestern und nunmehr Sekretärin des „Lebendigen Rosenkranzes", pflegt sie und ist bestrebt, jede Aufregung von der Kranken fernzuhalten. Einige Wochen lässt sich das durchführen. Jedoch Anfang April fängt es im Hexenkessel Lyon zu brodeln an.

Am 5. April soll im Justizpalast, dicht unterhalb von Haus Lorette, der von den Arbeitern mit großer Spannung erwartete Prozess gegen die sechs öffentlichen Ruhestörer verhandelt werden. Um einer Volkserregung nach dem Urteilsspruch rechtzeitig vorzubeugen, verfügt der Gerichtspräsident die Räumung des Verhandlungssaales durch Gendarmerie, bevor sich der Gerichtshof zur Beratung zurückzieht. Zu diesem Zeitpunkt ist der Justizpalast bereits von einer dichten Menge umlagert. Als man das Haupttor öffnet und die bisher beim Prozess anwesenden Zuhörer hinausdrängt, erheben sich die ersten Schmährufe. Danach erkennen die ganz vorne Stehenden im Wachekommandanten einen Offizier, der wegen seiner Rücksichtslosigkeit beim Aufstand vor drei Jahren verhasst wurde. Das stachelt die Erregung noch mehr an. Seine Kommandorufe machen die Versammelten vollends kopflos. Auf einmal fliegen gegen Tor und Fenster Steine. Noch ehe die Gendarmen die Gewehre in Anschlag bringen können, entsteht ein schrecklicher Tumult. Die Wache wird überwältigt und zerstreut und der Justizpalast gestürmt.

Das wilde Schreien, Toben, Krachen vernimmt man bis ins Krankenzimmer von Pauline Jaricot.

„Was gibt's? Was geht da unten vor?" fragt sie bestürzt. Maria Melquiond muss jemand in das Gärtnerhäuschen mit dem Auftrag an den Gärtner schicken, über das Lärmen in der Stadt Auskünfte einzuholen.

Sie klingen nicht beruhigend. Bei der Erstürmung des Justizpalastes befreite man die Angeklagten. In den Hauptstraßen finden seither Arbeiter-Demonstrationen statt. Die in den letzten Wochen nie ganz verstummten Forderungen nach Lohnerhöhungen bilden die Tagesparolen. Die Kaufläden werden geschlossen. Es herrscht zwar vorläufig noch Ruhe. Jedoch sie gleicht der unheimlichen Stille vor dem Sturm.

Diese Nachrichten verschlimmern das Herzleiden von Pauline Jaricot beträchtlich. Der Arzt hegt ernsteste Befürchtungen. Er rät dem Hauskaplan Abbé Rousselon, der Kranken bei einer weiteren Verschlechterung ungesäumt die Sterbesakramente zu reichen. Aber Pauline verlangt vorerst nach dem Notar, um die Erbangelegenheiten zu ordnen und die Zukunft der „Filles de Marie" zu sichern. Durch ihn erfahren ihre Angehörigen in der Stadt von ihrem Zustand. Sophie Perrin schickt eine ihrer Töchter, begleitet von zwei Dienern, nach Maison Lorette. Kaum sind sie eingetroffen, so läutet die Glocke beim Straßeneingang, als ob sie von Wahnsinnigen betätigt würde. Eine verwegene Rotte von Zerlumpten schlägt an das Tor und schreit: „Ja! Hier ist es! Da wohnt das reiche Fräulein Jaricot!" Als die offenbar Trunkenen am Fenster Männerköpfe gewahren, entfernen sie sich aber wieder.

Das Vorkommnis bewirkt bei der Hausherrin einen schweren Herzanfall. Nun spendet ihr Abbé Rousselon wirklich die Sterbesakramente. Hernach scheint sich ihr Zustand etwas zu bessern.

Hingegen wachsen die Unruhen in der Stadt. Am Dienstag, den 8. April, besucht das Haus Lorette eine vormalige Dienerin der Familie Jaricot. Die alte Frau wohnt, seit sie sich verheiratete, in der Vorstadt Saint Georges, die sich auf dem Westufer der Saône zwischen Fluss und Hügel zwängt. Da die Alte dort Bienen züchtet, bringt sie zeitweise Honig nach Lorette. Diesmal schleppt sie einen besonders großen Topf herbei, weil sie befürchtet, dass man eine Zeitlang nichts mehr werde kaufen können. Fräulein Perrin, Paulines Nichte, fragt sie, ob sie noch bis in die Rue Neuve zu ihren Angehörigen gelangen könne. Über diesen jugendlichen Leichtsinn schlägt die alte Dienerin die Hände über dem Kopf zusammen. Sie habe schon einen gewaltigen Umweg über die Hügel von La Quarantaine, Saint Irénée und den Bergfriedhof Loyasse nehmen müssen, erzählt sie. Dann führt sie Frau Perrins Tochter zu einem Ostfenster und zeigt ihr dort die Situation.

Die Aufständischen säßen im Faubourg Saint Georges und seien aus dieser Vorstadt bis zum Platz der Kathedrale ins Quartier Saint Jean vorgedrungen. Damit hielten sie den westlichen Brückenkopf vom Pont Tilsit. Von der Ostseite dieser Brücke zögen sich ihre Linien auf der Stadt-Halbinsel über den Quai Celestin und den Jakobinerplatz bis zum Rhône-Ufer. Von den Stadthügeln besetzten sie die reinen Arbeiterbezirke Croix Rousse im Norden der Altstadt und Vaise jenseits der Saône; außerdem Fourvière. Weil man Truppenangriffe aus den Forts befürchte, würden in der Rue Mercière, beim Pont du Change und hinter dem Spital Hôtel-Dieu in aller Eile Barrikaden errichtet. Der Lärm dieser Arbeiten, ein Hämmern, Poltern, Schaufeln, sei doch deutlich vernehmbar. Ebenso ließe sich Gewimmel und Getue vieler Menschen aus den Fenstern wahrnehmen.

Da sieht Fräulein Perrin ein, dass sie nicht nach Hause kommen kann. Am nächsten Morgen erscheint ein Bäckerbursche aus Saint Jean und bringt im Auftrag seines Meisters zehn große Laibe Brot. Er habe, so berichtet er, sich unter Bäumen und Gebüschen des Fourvière-Hügels ungesehen hocharbeiten müssen. Denn die Benützung einer Stiege sei völlig ausgeschlossen, weil die Truppen schon Saint Jean besetzten. Jedoch auf Fourvière säßen noch die Aufständischen. Maison Lorette liege gerade zwischen den feindlichen Linien. Man müsse damit rechnen, von beiden Seiten beschossen zu werden. Kanonen aus den Forts richteten sich vom Place Bellecourt gegen Fourvière. Jeder zu tief gezielte Schuss träfe Maison Lorette.

„Macht, dass ihr alle fortkommt!" rät der Bursche dringend. „Wenn die Beschießung anfängt, ist keiner hier mehr seines Lebens sicher!" Dann läuft er aus dem Haus, setzt über die Mauer, die den Bergweg Montée Saint Barthelemy von der Stadt abschirmt, und verschwindet im Gebüsch des Abhanges.

Seine Mitteilung stürzt die Bewohner von Maison Lorette in Sorge und Ratlosigkeit. Nur die Schwerkranke bleibt klar und ruhig. Sie ruft die Nichte an ihr Lager und beauftragt sie:

„Schreibe auf einen starken Karton die Worte, die ich dir diktiere! Dann trage diese Inschrift auf die Höhe des Wendeltreppenturmes und befestige sie an der Muttergottesstatue, damit die Unbefleckt Empfangene die Stadt beschütze und errette! Schreibe: ‚O liebe Mutter! Wir flehen um deinen heiligen Schutz! Beschütze uns und beschütze Lyon! Erwirke, dass der heutige Tag und die ihm folgenden zur Ehre Jesu und deiner Ehre gereichen! O Maria, ohne Sünde empfangen, bitte für uns, die wir zu dir unsere Zuflucht nehmen!'"

Nach diesem Ausdruck ihres Gottvertrauens lässt Fräulein Jaricot Türen und Fensterläden schließen und ruft alle im Haus Befindlichen in die Kapelle. Ihr nebenan stehendes Bett wird zum Altar geschoben. So weilen insgesamt 18 Personen vor dem Tabernakel. Jedoch bevor man noch gemeinsam beten kann, beginnt schon die Beschießung. Einige Flintenkugeln zerschmettern Fensterläden und Fenster und fahren pfeifend über die Köpfe hinweg in die gegenüberliegende Hausmauer. Dann schlägt eine Kanonenkugel ein. Der nächste Einschuss bewirkt, dass der Altar einstürzt. Ein dritter zertrümmert eine Kniebank in tausend Splitter. Jemand ruft zum Entsetzen der Anwesenden: „Wir müssen fort, sonst stürzt das Haus ein!"

Pauline antwortet: „Wir wollen Jesus nicht verlassen!" Da nimmt einer den Tabernakel und reicht ihn der todkranken Hausherrin, weil Abbé Rousselon zur Zeit verreist ist. Wohin man damit fliehen soll, weiß freilich niemand. Und der Geschoßhagel hält an. Wieder spricht die Schwerkranke das richtige Wort: Gehen wir in das unterirdische Gewölbe beim Gärtnerhaus! Und da jedermann zögert, fährt sie beruhigend fort: „Gehen wir ohne Furcht! Wir haben Jesus bei uns!"

Das muntert die um sie Versammelten, die sie, verschreckten Hühnern gleich, umdrängen, wieder auf. Man zündet Kerzen an. Zwei Männer legen die Kranke vorsichtig auf eine große Matratze und tragen sie mitsamt dem Tabernakel behutsam die Treppe hinab, über den Hof und längs der allen Kugeln von beiden Seiten preisgegebenen Maulbeerbaum-Terrasse zum Gärtnerhaus im Norden von Maison Lorette. In der Tat wird niemand getroffen. Dagegen gewahren die Rückschauenden den Rauch der Bomben, die überm Haus krepieren. Einige schlagen auch in der Nähe ein. Da bleibt nichts anderes übrig, als in dem stollenartigen Brunnengewölbe Zuflucht zu suchen.

Der Schacht, der zur im Berg befindlichen Zisterne führt, ist in etwa zwölf bis 15 Meter tief. Er weitet sich in seinem rückwärtigen Teil zu einem kreuzförmigen Querschacht, der in der Sommerhitze als Kühlraum und wintersüber als Gewächshaus dient. Glücklicherweise sind die Palmen schon entfernt. Man legt daher Paulines Matratze in die Mitte, und die zehn „Töchter Mariens" umdrängen sie. Die anderen Mithergekommenen, die Diener von Perrin, der Gärtner, zwei Nachbarn, ein Kind, Fräulein Perrin und eine Schauspielerin, die nach Lorette geflüchtet war, verweilen im vorderen Teil des Hauptstollens.

Maria Melquiond, die fürsorglich Honig und Brot mitnahm, geht zur Zisterne und findet, dass sie etwas Wasser enthält. So birgt sie den bescheidenen Proviant daneben.

Inzwischen hat sich der Kugelhagel offenbar verstärkt. Das Donnern der Geschütze und Pfeifen der Granaten hört sich in dem Gewölbe noch fürchterlicher an. Die Flüchtlinge sind teils vor Schrecken starr, teils zittern sie vor Angst. Da fängt Pauline laut zu beten an. Sie bietet sich und ihre gesamte Habe Gott zum Opfer an: für ihre Vaterstadt Lyon, für alle, die jetzt sündigen, für die Verwundeten und Sterbenden, für die mit ihr Verharrenden, für Frankreich und die Kirche. Es ist zum dritten Male im Verlauf von vier Jahren. Und diesmal scheint es wirklich, als ob das Opfer angenommen würde. Denn jedermann im Raum hält sie, als ihre Stimme bricht, für eine Sterbende. Ihr selbst scheint es auch, als ob sie abberufen würde. Nun macht sie sich auf einen langen Todeskampf gefasst.

Schon tagsüber ist es entsetzlich, in diesem feuchten Erdloch zu verharren, den pausenlosen Kampflärm über sich und vor sich Angst und Ungewissheit eines fürchterlichen Ausganges der Revolution! Aber da weilen immerhin ergebene Menschen miteinander vereint. Man betet gemeinsam.

Die Gegenwart des Herrn im Tabernakel tröstet. Viel schrecklicher dagegen sind die Nächte. Die anderen schlafen vor Erschöpfung ein und können einige Stunden ihr Elend vergessen. Jedoch der Sterbenden wird diese Wohltat nicht zuteil. Sie wacht. Es fehlt die Kraft zum Beten. Der Herr im Tabernakel schweigt. Das Fieber quält nicht nur rein körperlich. Es erweckt Angstgebilde und steigert sie bis zur zermürbendsten Besorgnis. Sooft Pauline über ihrer aller Häupter Schritte zu vernehmen glaubt, zittert sie vor Gewalttaten an ihren Schutzbefohlenen. Unzählige Male wiederholt sie ihr Opferangebot und nimmt es doch im nächsten Augenblick wieder zurück, weil es die schwachen Kräfte zu übersteigen scheint. Es ist, als ob sie mit den vielen, die draußen sterben, mitsterben müsste und jedem Fallenden auch ihrerseits ein Sühnetod entspräche. Die Ölbergstunde des Donnerstags vergeht so, die Qual des Karfreitags, die Grabesstille des darauffolgenden Sabbattages. Sie wird durch eine richtige Aprillaune, einen verspäteten Schneefall erzwungen, der die Beschießung unterbricht.

Am Sonntagmorgen hoffen die im Stollen Eingeschlossenen auf eine Wendung. Die Männer lassen sich nicht länger halten und gehen auf Erkundung aus. Doch die Ergebnisse dieser Erkundung sind niederschmetternd. Auf den Hauptkirchen der Halbinsel wehen noch immer die schwarzen Fahnen der Aufwiegler. Dagegen sind schon alle Brücken vom Militär besetzt. Vaise und die Hügel des Nordwestens wurden umgangen und erobert. Der Kampf nähert sich jetzt Fourvière.

Bei dieser fürchterlichen Aussicht rafft sich Pauline Jaricot zu einem letzten Anerbieten, Sühne zu leisten, auf. Sie will mit den *„Filles de Marie"* aus Rosenkränzen eine Bahre bilden und drauf den Tabernakel solange betend hochhalten, bis der Gerechtigkeit des Herrn Genüge getan ist. Vom hohen Vormittag bis gegen drei Uhr nachmittags gelingt das den frommen Frauen. Hernach versagen jählings ihre Kräfte. Pauline bittet und beschwört, noch ein klein wenig auszuhalten. Nur zehn Minuten der Anspannung gelingen den Todmüden. Dann stellen sie den Tabernakel nieder, und irgendwer beginnt mit leiser Stimme ein Te Deum. In dem Moment erhebt sich über ihren Häuptern ein Stolpern, Laufen, Stürzen. Ihm folgt ein unvorstellbar arger Lärm. Und schließlich wird es totenstill.

Einige Stunden später erfahren die Verborgenen durch einen ausgesandten Späher, dass wirklich in der Todesstunde Christi für sie alles auf Messers Schneide stand. Fourvière wurde erstürmt. Aufständische flüchteten von der Kapellenplattform durch den Park von Haus Lorette stadtwärts. Deshalb gedachten die Truppen eine Weile, Haus und Garten als Feindschlupfwinkel völlig zu zerstören. Solange, bis sich ergab, dass diese Meinung irrig war.

Am Montagmorgen liegt über der Zweiflüssestadt der Seidenweber Friedhofsstille. Die Eingeschlossenen verlassen ihren Zufluchtsort. Die „Töchter Mariens" besuchen die nahegelegene Kirche Saint Just. Ein Priester bringt Pauline Jaricot und Maria Melquiond, die bei ihr blieb, zum ersten Mal nach fünf entbehrungsreichen Tagen die heilige Kommunion. Und alle Flüchtigen erleben die größte, freudige Überraschung – Maison Lorette wurde, trotz der von beiden Seiten erfolgten heftigen Beschießung, nicht zerstört. Die Schäden sind weitaus geringer, als man fürchtete. Maria hat ihr Haus bewahrt.

16. Karitative Werke boomen

Während dieser nur rein auf die Umgebung von Lyon beschränkten Frühjahrsrevolte des Jahres 1834 herrscht im übrigen Frankreich Ruhe und Ordnung. Auch in Paris, wo einzig die Sorge um den Ausgang der Arbeiterunruhen in der Seidenweberstadt die Regierenden bewegt. So kann die junge Gemeinschaft der „Vinzenzbrüder" weiter wachsen und ihre ehrenamtliche Arbeit ausbauen. Bald zählt die Konferenz schon 100 Mitglieder, so dass man sie in zwei verschiedene Gruppen teilen muss.

Von da an verbreitet sich die neue Caritas-Vereinigung sprunghaft. Eine Konferenz nach der anderen entsteht. Ozanam gründet eine Vereinsbibliothek, eine Kleiderkammer, eine Wanderarmenfürsorge für zuwandernde Arbeiter. Man nimmt sich armer Kinder an. Daneben entstehen bereits neue Konferenzen außerhalb von Paris. Der junge Lyoner Curnier beginnt in Nîmes. Andere Städte folgen. Um all die Fernen miteinander zu verbinden, bedient sich Frederic Ozanam einer ganz neuen Einrichtung: der sogenannten „Vinzenz-Briefe". Durch sie dringen Vinzenz-Geist und Vinzenz-Arbeit als ein neues Licht aus Lyon in solche Kreise und Menschengruppen, die bisher dem „Werk der Glaubensverbreitung" und dem „Lebendigen Rosenkranz" noch fernstanden. Aber wie alles Gute einander fördert, herrscht zwischen diesen drei sich ständig ausbreitenden Bewegungen keinerlei Gegnerschaft oder unlauterer Wettbewerb. Vielmehr wirkt hier das Beispiel von Ozanam. Wie der seit langem dem „Werk der Glaubensverbreitung" angehört und den „Lebendigen Rosenkranz" hochschätzt, so findet sich bei vielen wahren Christen alsbald der Eifer in mehreren oder gar allen diesen Liebeswerken.

17. Geschwächt durch die Ereignisse der Revolution

Pauline Jaricot, deren missionarisches Engagement sich zu diesem Zeitpunkt nur auf die Leitung des „Lebendigen Rosenkranzes" beschränkt, verfolgt diese Entwicklung mit großer Freude. Sie selbst ist nach dem Wiedereinzug in Maison Lorette nicht in der Lage, sich ihren bisherigen Arbeiten zu widmen. Die schwere Krankheit hat sich durch die Schrecknisse der Revolution verschlimmert. Besonders im Frühjahr 1835.

An einem strahlend-klaren Morgen läutet noch vor sechs Uhr die Glocke an der Außenpforte von Maison Lorette; einmal, zum zweiten Mal und schließlich noch ein drittes Mal. So lange braucht Maria Melquiond, um aus der Hauskapelle, wo eben erst die heilige Messe endet, zum Tor herabzukommen. Als sie öffnet, steht draußen ein unansehnlich-kleiner Mann von auffallender Magerkeit. Seine Gesichtsfarbe ist bleich, das nackenlange Haar ergraut und etwas schütter. Die Wangen wirken eingefallen. Allein die blauen Augen sprechen. Wenn sie nicht derart leuchteten, hielte man den Besucher für irgendeinen Bettler. Denn das Gewand erweist sich als sehr ärmlich, das Schuhwerk grob und so arg staubbedeckt, dass man annehmen möchte, es läge ein vielstündiger Nachtmarsch hinter dem nach Einlass Heischenden. Die leicht gebückte Haltung und offensichtliche Ermattung sprechen für diese Annahme.

Gewohnt, in jedem Hilfsbedürftigen den Heiland selbst zu sehen, bittet das junge Mädchen ihn freundlich, einzutreten, und will ihn in den Essraum neben der Küche führen. Da fällt ihr Blick ganz unwillkürlich auf die Kopfbedeckung, die er demütig unterm Arm hält, und sie gewahrt erstaunt den breitkrempigen Hut eines Abbé.

„Sie wollen wohl zu Mademoiselle Jaricot, mon Père?" fragt sie ein wenig konsterniert. „Die ist zur Zeit todkrank und hatte eine ganz besonders schlechte Nacht ..."

„Das weiß ich", antwortet der Ankömmling zu ihrer maßlosen Verwunderung. „Melden Sie mich trotzdem, liebes Kind. – Ich bin der Curé d'Ars!"

Maria Melquiond macht große Augen. So also sieht der Pfarrer von Ars im Sumpfgebiet der Dômbes aus, zu dem seit neuestem angeblich ganze Pilgerzüge kommen? Den freilich muss sie der Todkranken melden. Sie eilt rasch voraus. Der Abbé Vianney folgt ihr nur langsam nach.

Pauline Jaricot liegt unbeweglich in ihrem Bett und kann den Eintretenden nur durch ein Lächeln grüßen. Sie leidet unter Atemnot. Das Reden macht ihr sichtlich Mühe. Ihr Herz schlägt derart laut, dass man es in dem kleinen Kabinett deutlich vernimmt.

„Pardon, mon Père, dass ich mich nicht erhebe!" entschuldigt sie sich mühsam. „Der Arzt hält jegliche Bewegung für lebensgefährlich."

„Lassen Sie nur!" winkt Pfarrer Vianney ab. „Ich wollte Sie bloß sehen. – Ich komme nach Lyon, um Statuen für meine neue Ecce-Homo-Kapelle einzukaufen. Weil ich am Tage nicht weggehen kann, bin ich während der Nacht gewandert ..."

„Und haben Sie schon zelebriert?" erkundigt sich Pauline in der Hoffnung, an einer zweiten Messe teilnehmen zu können.

„Ja. Oben in Fourvière. Nachdem ich Sie begrüßte, gehe ich in die Stadt hinunter."

„Dann nehmen Sie bitte ein kleines Frühstück im Haus Lorette!" bietet ihm Fräulein Jaricot an.

„Nur eine Tasse Milch!" wendet sich Abbé Vianney ein wenig ängstlich an Maria Melquiond, ehe sie sich entfernt.

„Ich bin so glücklich, dass ich Sie in meinem Haus empfangen durfte", gesteht die Kranke. „Es ist ja wohl zugleich das erste und das letzte Mal ... Hören Sie, wie mein Herz vor Freude pocht ... Es wird zuviel ... Ich kann ... nicht mehr ... !" flüstert sie mit blassen Lippen. Atem und Puls werden unmerklich. Ihr Aussehen verfällt.

Ein schwarzer Vorhang legt sich auf ihre Augen. Jedoch ein scharfes Knistern scheint ihn zu zerreißen. Oder war es das Feuer, das aus Abbé Vianneys flammenden Blicken sprüht? Auch seine Hand, die die ihre fasst, wirkt heiß. Aber nicht brennend, sondern belebend.

„Sie müssen eine neuntägige Andacht zur heiligen Philomena halten!" hört sie ihn wie aus weiter Ferne sagen. „Die hilft bestimmt. Mir hilft sie immer ... Und die Reliquie in Ars ist kleiner als Ihre Reliquie."

Wie Fräulein Jaricot mühsam die Augen aufschlägt, hat sich der Pfarrer schon entfernt. Kurz hernach tritt Maria Melquiond ein und meldet, dass er Haus Lorette bereits verließ. Er sei ihr, als sie eben das Frühstück bringen wollte, auf der Treppe begegnet und habe sich nur mit viel Mühe ein kleines Brötchen aufnötigen lassen. Danach erzählt sie, was sie vor kurzem von einer Anverwandten aus Mizérieux erfuhr.

Das seinerzeit arg Gott entfremdete, trinkfreudige, tanzlustige Ars erscheine wie verwandelt. Im Umkreis heißt es: „Das ist nicht mehr das alte Ars!" Die Menschen seien fromm und gottesfürchtig. Es gebe weder Trinkgelage noch Tanzereien. Und die Gasthäuser dienten jetzt allein zur Unterkunft der Fremden, die immer häufiger das weltvergessene Dorf aufsuchten; teils um das Wunder anzustaunen, das der Pfarrer an seinen Gläubigen bewirkte, teils um ihn selber in Sünde und Gewissensnot zu Rate zu ziehen. Denn allgemein ginge die Rede um, das sei kein Priester wie die anderen Priester. Der Abbé Vianney verstünde in den Menschenseelen zu lesen wie in offenen Büchern.

„Ja. Du hast recht, mein Kind", antwortet Pauline sinnend. „Das ist kein Priester wie seine Amtsbrüder ..."

Danach bittet sie ihren Hauskaplan Abbé Rousselon und alle „Töchter Mariens", mit ihr zusammen eine neuntägige Andacht zur heiligen Philomena zu unternehmen. Dabei erhält ihre Reliquie zeitweilig einen Platz auf dem Altar der Hauskapelle.

Am neunten Tag glaubt Fräulein Jaricot wirklich eine ganz wesentliche Besserung zu spüren. Zuerst vermag sie sich seit langem wieder einmal aufzusetzen und einige Stunden sitzend zu verharren. Am nächsten Morgen steht sie sogar auf, geht ein paar Schritte und schreibt an ihrem Tisch einen beträchtlich langen Brief an die Gemeinde der Rosenkranz-Mitglieder über die Vorfälle während der Revolution vom Vorjahr. Daran schließt sie die Bitte, man möge für sie beten.

Wenn das Vertrauen auf die Fürbitte der heiligen Philomena nach einer neuntägigen Andacht vor der kleinen Reliquie schon diese Besserung zeitigte, was könnte es erst helfen, wenn sie an ihrem Sarge in Mugnano beten dürfte, sagt sich Pauline am Folgetag. Daraus erwächst der immer stärker werdende Wunsch nach einer Reise zu dem Gnadenort in Süditalien. Nach menschlichem Ermessen scheint dieser Gedanke freilich unerfüllbar. Ist sie doch trotz der Besserung nicht einmal in der Lage, bis zu dem 34 Kilometer entfernten Ars zu reisen, geschweige denn so weit ins Ausland! Aber wenn es im Ratschluss Gottes stünde? Hat nicht ER selbst ihr durch den Pfarrer von Ars den Weg gewiesen?

Weil aber niemand von ihrer Umgebung eine derartige Aktion zulassen würde, beschließt Pauline, vorerst eine „Probewallfahrt" durchzuführen. Sie wählt als Ziel Paray-le-Monial, das Kloster der gottseligen Heimsuchungsschwester Margareta Maria Alacoque, wo diese im Jahre 1675 die Verheißungen des göttlichen Herzens Jesu empfing. Der Ort liegt an der oberen Loire, nördlich der Seidenweberstadt Lyon. In einem gutgepolsterten eigenen Reisewagen. begleitet von Abbé Rousselon, Maria Melquiond und einem treuen Diener namens Claude Rousset müsste diese Wallfahrt ausführbar sein. Das stellt Pauline Ihren künftigen Reisegefährten, dem Arzt und schließlich auch den „Töchtern Mariens" und ihrer um sie zärtlich besorgten Schwester Frau Sophie Perrin vor und weiß alle zu überzeugen.

Acht Tage später sind die nötigen Vorkehrungen beendet.

18. Eine Probe-Pilgerfahrt
nach Paray le Monial

Sie fahren durchs eben in reicher Blüte stehende Saône-Tal und über die Rebhügel des Beaujolais Richtung Paray-le-Monial. Die Dörfer, die weitbekannte köstliche Weinsorten hegen, werden passiert; Saint Lager, Cercie, Villie, Fleurie, Julienas, Saint Amour. Von ihrem Lager im Fond des Wagens aus erblickt das reiche Fräulein Jaricot die Glockentürme der Kirchen und die Wachttürmchen der Rebengärten, aus denen jene Weine stammten, die sie im Vaterhaus den Gästen anbieten musste. Im altertümlichen Macon und im einst weltberühmten Cluny wird Rast gemacht. Dann grüßt über den jungen Loire-Fluss die alte burgundische Basilika von Paray-le-Monial. Die Reisegruppe erreicht das „Probeziel" ganz ohne Gefahren.

Nun winken im Heimsuchungskloster köstliche Tage der Rast und tiefer Innerlichkeit. Pauline Jaricots Begleiter nehmen an, dass sie hier um Gesundheit bittet. Doch dazu kam sie nicht hierher. Sie will am Herzen des Heilands Ruhe finden, geborgen sein im Herzen Gottes. An jedem Morgen verweilt sie stundenlang in der schlichten und unscheinbaren Heimsuchungskirche vor dem Schrein der Seherin des Herzens Jesu.

Den Vormittag verbringt sie im „Höfchen des Heiligen Sakraments", wo Margareta-Maria Alacoque die erste Erscheinung hatte. Den Nachmittag verbringt sie im großen Klostergarten, am liebsten in dem Nussbaum-Wäldchen, das einst die Künderin des Herzens Jesu als den Erlebnisort der höchsten Gnaden so sehr schätzte. Auch für Pauline dienen alle diese Orte der innigsten Zwiesprache mit dem Herrn, und zwar solange, bis sie sicher weiß, dass sie nach Rom muss und anschließend nach Mugnano, weil das zur Ehre Gottes dienen soll.

Ihre Begleiter fallen aus allen Wolken, als sie ihnen diesen Entschluss kundtut. War schon die Fahrt nach Paray-le-Monial ein Wagnis, so erscheint diese erste Etappe dem neuen Reiseplan gegenüber ein Kinderspiel. Jedoch das Fräulein Jaricot lässt sich nicht umstimmen. Sie will nicht einmal mehr heim nach Lyon. Über Bellegarde und Annecy fährt die

Gruppe weiter zu den Alpenpässen. In Annecy rasten sie eine Weile im allerersten Kloster der Heimsuchung. Auch hier fühlt sich Pauline, wie einst in Avignon und erst vor kurzem in Paray-le-Monial, geborgen. Vom ehemaligen Bischofssitz des heiligen Franz von Sales bis Chambery geht es recht gut. Sogar die schlechten Straßen scheinen sie nicht zu stören. Doch in Chambery tritt plötzlich ein arger Rückfall ein. Also betet Pauline eine zweite neuntägige Andacht zur heiligen Philomena. Sie bringt ihr wieder etwas Besserung. Da trifft Monsieur Pison, ein ehemaliger Geschäftsfreund des Vaters, aus Lyon ein.

Als er das Fräulein Jaricot erblickt, erzählt er ihr gleich von der größten Neuigkeit aus Lyon: Man müsse den Neubau des Heimsuchungsklosters auf Fourvière versteigern lassen, weil das vorhandene Baukapital nicht reiche. Pauline erschrickt.

„Was wird da aus den Nonnen, und was geschieht mit den Arbeitern, die bisher am Bau schafften?"

Die würden arbeitslos, sagt der Lyoner. Und für die Schwestern müsse sich eben anderswo ein Unterkommen finden. Das Schlimmste sei, dass dann Spekulanten den angefangenen Bau erwerben und zu einem Vergnügungsetablissement umwandeln würden.

„Auf Fourvière, dem Hügel der Muttergottes? An jenem Platz, wo in den Tagen der Urkirche Märtyrerblut stromweise vergossen wurde?" entsetzt sich Pauline-Marie. „Das darf nicht sein. Das muss verhindert werden!"

Der Kaufmann meint, das ließe sich nicht leicht bewerkstelligen. Es sei denn, dass ein anderer Käufer vor der Versteigerung den vollen Wert der Liegenschaft bezahle. Wer aber möchte sich zu dieser unrentablen Handlung entschließen?

„Ich!" sagt Pauline Jaricot. „Mir sind die 150.000 Francs nicht zu viel Geld, wenn damit die Entweihung des Marienberges aufgehalten wird."

Sie macht auf ihrem Weiterweg im nahen Grenoble halt und beauftragt am 2. Mai des Jahres 1835 den Bankier und Leiter des „Lebendigen Rosenkranzes" vom Departement Isère, Jean Pierre Allioud, den Kauf für sie zu tätigen.

Den Compagnon des Bankhauses Berthelon, Allioud &. Co. überrascht die so spontan erfolgende Transaktion nicht weniger als den Lyoner Kaufmann. Wie groß muss das Vermögen des reichen Fräuleins Jaricot sein, wenn sie sich solche Extravaganzen leisten kann, sagt er staunend zu sich und wundert sich noch mehr, als er hört, dass die Begründerin des „Lebendigen Rosenkranzes" auf Fourvière bereits ein großes Grundstück, Maison Lorette und das Spital Saint Just besitzt.

Verwundert darüber ist auch der Grenobler Großindustrielle Gustave Perre, der bald danach um einen Bankkredit zum Ankauf größerer Liegenschaften und Industrien in der Nähe von Avignon beim Bankhauses Berthelon, Allioud &. Co ansucht. Allioud ist diesem Wunsch nicht abgeneigt. Neue Maschinen und Fabriken, Neugründungen von Industrien und großen Unternehmungen sind im anbrechenden Zeitalter der Maschine an der Tagesordnung. Mehr Technik, mehr Produkte, besseres Leben lauten die allgemein neu in Mode geratenen Parolen. Die Banken folgen gern dem Zug der Zeit und vergeben derartige Kredite ohne langes Zögern. Manchmal sogar in einem solchem Ausmaß, dass die Bankhäuser nicht mehr so liquid sind wie zuvor. Bei Berthelon, Allioud &. Co. verhält es sich im Augenblick so. Der unvorhergesehene Kaufantrag vom Fräulein Jaricot hindert den Bankmann daran, den Wunsch des Großindustriellen gleichzeitig zu erfüllen. Da er ihn gut kennt, macht er keinen Hehl daraus, warum er zögert und erklärt Perre, dass die Transaktion von Fourvière dem Industriekredit den Rang abgelaufen hat. Perre müsse später wieder kommen.

Der Kreditwerber lässt sich von Fräulein Jaricot, von ihren Gründungen und vom Vermögen ihrer väterlichen Firma erzählen. Er hört mit großem Interesse zu. Danach verspricht er, sein Ansuchen in Kürze zu wiederholen, sofern nicht Pariser oder Lyoner Bankfirmen ihm vorher den Kredit gewährten. Davon will Allioud nichts wissen. Er möchte nicht, dass seinem Unternehmen ein Großgeschäft entgeht und bittet Perre, ihm ja nicht untreu zu werden.

19. Auf dem Weg nach Rom

Während die zwei Geschäftsleute verhandeln, hat Fräulein Jaricot Grenoble bereits verlassen. Sie hält sich auf dem Weiterweg nicht länger in Frankreich auf, sondern reist nach der Überquerung des Mont Cenis gleich weiter durch die Po-Ebene bis nach Loreto in den Marken. Hier möchte sie im Haus der heiligen Familie, das die Kreuzfahrer aus Nazareth nach Italien mitgebracht haben, eine Weile im Gebet verbringen. Doch dann tritt auf einmal ein neuer Rückfall ihrer Krankheit ein. Sie lässt sich jedoch von ihrem eigentlichen Ziel nicht abbringen und will gleich weiter nach Rom. Also überquert die Reisegesellschaft den Apennin und erfreut sich an der Schönheit der umbrischen Hügellandschaft. Als sie im Tibertal die alte Via Flaminia aus der Römerzeit erreichen, wird die Kranke noch schwächer. Sie bemerkt nicht einmal mehr, wie sie auf der antiken Milvischen Brücke den Tiber überqueren.

„Ich denke, dass wir schon in Rom sind", sagt Abbé Rousselon. Und er empfiehlt der Leidenden: „Wenn Sie sich ein klein wenig erheben, Mademoiselle, so können Sie schon Sankt Peter erblicken."

Pauline ist derart apathisch, sodass nicht einmal dieser Hinweis sie aufzurütteln vermag. Sie hält die Augen fest geschlossen, auch während die Reisegruppe durch ein hohes Tor – die Porta del Popolo – auf einen großen Rundplatz fährt. Paulines Reisegefährten bewundern den mächtigen Obelisk in der Mitte der berühmten Piazza del Popolo. Doch sie rührt sich nicht, selbst als der Wagen auf den harten Pflastersteinen hinauf auf den Pincio Hügel holpert. Bewusstlos trägt man sie ins Kloster der Schwestern vom Sacre Coeur neben der Kirche Santissima Trinità dei Monti. Die Ordensgründerin Mutter Sophie Barat ist ganz entsetzt über den Zustand ihres Gastes. Ein Arzt bemüht sich um die Leidende. Inzwischen meldet Abbé Rousselon in der Ordenskongregation dem Protektor des „Lebendigen Rosenkranzes", Kardinal Luigi Lambruschini, die Ankunft von Mademoiselle Pauline Jaricot.

20. Der Papst besucht Pauline

Bereits am nächsten Tag hält vor dem Kloster der französischen Ordensfrauen der Wagen des Kardinals. Von da ab besucht er das Fräulein Jaricot jeden Abend. Auch andere hohe kirchliche Würdenträger kommen, um die schwerkranke Gründerin des „Werkes der Glaubensverbreitung" und des „Lebendigen Rosenkranzes" zu sehen. Im Laufe der Zeit gewöhnen sich die Nonnen daran, dass ständig Purpurträger ihr Haus beehren.

Doch einmal stockt auch Mutter Barat, die ihre allerhöchsten Gäste stets draußen vor dem Portal empfängt, der Herzschlag. Denn jener weißhaarige Priester mit den eigenartigen, ganz dichten, schwarzen Augenbrauen, der eben der päpstlichen Karosse entsteigt, trägt zwar auch rote Schuhe und eine rote Mozetta, allerdings ist sie durch einen Saum von Hermelin umrandet. Und sein Talar ist aus schneeweißer Seide.

„Der Heilige Vater in Person!" flüstert Sophie Barat ihrer Gefährtin aufgeregt zu. Dann sinkt sie vor Papst Gregor in die Knie. Dabei bewegt sie die Sorge, ob denn im Hause alles so in Ordnung sei, wie man es wünschen möchte, wenn der Herr der Christenheit unangemeldet erscheint. Sich umwenden und Weisungen an die Schwestern erteilen, kann sie nicht mehr. Doch hat zum Glück die Pförtnerin das Unerhörte, noch niemals Dagewesene erkannt und läutet geistesgegenwärtig die Hausglocke. Während der Papst mit Kardinal Lambruschini, Mutter Barat und dem Gefolge auf das Portal zuschreitet, eilt im Kloster die Botschaft von Tür zu Tür, von Mund zu Mund: „Der Heilige Vater besucht Trinità dei Monti!"

Die Krankenpflegerin huscht eilig zum bettlägerigen Fräulein Jaricot ins Zimmer und sagt, sie dürfe jetzt nicht mit ihrer Hilfe rechnen, weil alle Nonnen zum Empfang des Papstes gerufen wurden.

„Pflegt denn der Heilige Vater in Rom persönlich Klöster zu visitieren?" fragt Pauline erstaunt. Und auch Maria Melquiond verwundert sich maßlos. Jedoch die Ordensfrau ist schon verschwunden. Einige Augenblicke später erscheint ganz atemlos Abbé Rousselon und ruft:

„Geschwind, geschwind, Mademoiselle Jaricot! Erheben Sie sich ungesäumt! Der Heilige Vater kommt, Sie zu besuchen. – So etwas hat sich seit

Jahrhunderten nicht mehr ereignet, dass der Papst eine Frau persönlich aufsucht! Noch dazu eine, die nicht dem Ordensstande angehört und auch nicht fürstlichen Geblütes ist ... Welch eine Ehre! ... Welch ein Ereignis von wahrhaft säkularer Bedeutung!"

Diese Bemerkungen feuern die Kranke an, all ihre Kräfte aufzubieten. Wirklich gelingt es Maria Melquiond, sie in den neben ihrem Lager befindlichen Lehnstuhl zu bringen. Dann hört man vom Flur her langsame Schritte vieler Personen. Die Tür wird eilfertig geöffnet. Der Herr der Christenheit, Gregor XVI., steht auf der Schwelle. Als Fräulein Jaricot sich mühsam erheben will um niederzuknien, winkt er väterlich-gütig ab:

„Nein, meine Tochter! Bleiben Sie nur sitzen! Die Kranken brauchten nicht einmal aufstehen, als unser Herr zu ihnen kam. Denken Sie an die Schwiegermutter des Petrus!"

Auf einen Wink von Mutter Barat wird ein bereitgehaltener hoher Lehnstuhl ins Zimmer geschoben. Auf ihm lässt sich der Heilige Vater neben Pauline nieder.

„Wir hörten von Eminenz Lambruschini, dass Unsere Tochter aus Lyon hierhergereist ist, um Uns zu sehen, aber leider nicht genug Kraft besitzt, um in den Vatikan zu kommen. – Auch Wir hegten den Wunsch, ihr einmal in Person für die zwei großen Werke zu danken, durch die sie sich um unsere Mutter Kirche verdient gemacht hat. Weil Wir bereits aus Unserer Tätigkeit als Kardinalpräfekt der Propaganda Fide die Gründerin des weltweit wirkenden „Werkes der Glaubensverbreitung" als ein Werkzeug Gottes schätzen und ebenso der weitverbreiteten Gebetsgemeinschaft des „Lebendigen Rosenkranzes" außerordentlich gewogen sind, kamen Wir selbst. – Nun reden Sie, meine Tochter! Sagen Sie ungescheut, wonach Ihr Herz begehrt!"

„Zu danken, Heiligster Vater! ... Zu danken für diese unerhörte Gnade!" stammelt Pauline, von so viel Huld verwirrt.

Papst Gregor lächelt nachsichtig.

„Das wird wohl kaum alles sein", meint er aufmunternd.

„Sprechen Sie nur!" Da fasst sich die Kranke und antwortet ohne Zögern:

„Zunächst wollte ich von Eurer Heiligkeit die Approbation meiner jungen Genossenschaft „Filles de Marie" erbitten ... Dann den Päpstlichen Segen und einige Indulgenzen für den „Rosaire vivant!"

„Notieren Sie das gleich für Uns, Monsignore!" sagt der Papst zu einem jüngeren Priester seines Gefolges in bischöflichem Gewand. „Und was noch weiter?" wendet er sich an Fräulein Jaricot zurück. „Das wird kaum alles sein. Deswegen hätten Sie die schwere Reise nicht unternehmen brauchen."

„Im Augenblick scheint es mir alles", erklärt Pauline vorsichtig.

Der Heilige Vater begreift, was sie damit ausdrücken will, und gesteht zu: „Wir wollen Unserer Tochter aus Lyon Bedenkzeit gönnen. Wenn sie bei Uns erscheint, oder ... Wir wiederkommen, wird sie gewisslich besser vorbereitet sein."

In der Tat sind Paulines Wünsche und Bitten bei seinem zweiten Besuch in Santissima Trinità dei Monti genauer überlegt, bedächtiger, präziser, obwohl die Leidende ihn diesmal in ihrem Bett liegend empfangen muss, weil sich ihr Zustand durch die Aufregungen der ihr überraschend widerfahrenen einzigartigen Ehrung verschlechterte. Nun gibt sie auch freimütig zu, dass Rom erst die vorletzte Reisestation sein sollte und ihre Absicht danach gehe, Anfang August am Fest der heiligen Philomena an deren Grab in Mugnano zu beten und, falls es Gottes Wille sei, dort die Genesung von ihrem Leiden zu erbitten.

„Vielleicht ist Rom für Sie die letzte Reisestation vor Ihrem Heimgang", gibt ihr Papst Gregor zu bedenken. „In diesem Fall müssen Sie für Uns beten, wenn Sie im Himmel sind ..."

„Ja. Gern verspreche ich das, Heiligster Vater", versetzt Pauline Jaricot, fügt jedoch gleich hinzu:

„Wenn ich aber nach meiner Rückkehr aus Mugnano zu Fuß in den Vatikan gehen könnte, würde dann Eure Heiligkeit geruhen, die Anerkennung des Kultes der Märtyrin Philomena unverzüglich in die Hand zu nehmen?"

„Gewisslich, meine Tochter! Dann läge ein Wunder erster Ordnung vor", bestätigt der Papst freundlich. Jedoch zu Mutter Barat gewendet, sagt er auf Italienisch:

Pare uscire dal sepolcro. Non ritornerà. Sie scheint aus dem Grabe zu kommen. Sie wird nicht wiederkehren!"

Pauline Jaricot versteht diese nicht für sie bestimmten Worte und lächelt dem Stellvertreter Christi zuversichtlich zu. Der segnet sie und weist dann vor ihr Kardinal Lambruschini an:

„Wir empfehlen Ihnen Unsere liebe Tochter. Bewilligen Sie ihr alle nur möglichen Ablässe und Vergünstigungen!"

Nach diesem zweiten Papstbesuch konzentriert Fräulein Jaricot alle ihre Wünsche, Bitten, Hoffnungen und Erwartungen auf den Besuch des Grabes der heiligen Philomena in Mugnano.

21. Die heilige Philomena
wirkt ein Wunder

Anfang August verlässt Pauline mit ihren Begleitern die Ewige Stadt, ohne sie einmal richtig besichtigen zu können. Im Vorüberfahren bemerkt die Kranke das antike Tor der Porta San Sebastiano mit den beiden Türmen. Dahinter fahren die Reisenden auf holprigen Steinen der Appia Antica am Kirchlein „Domine quo vadis" und an der Basilika San Sebastiano vorbei. Als die Umrisse des mächtigen Grabmals der Cecilia Metella auftauchen, fängt es zu dämmern an. In der Campagna erhebt sich alsbald der Mond über die Albanerberge und erhellt den Weg, während sich die Kutsche entlang der Pinienallee auf der Via Appia in Richtung Neapel bewegt. Die Nacht und die Nähe des Meeres mildern die mörderische Hitze. Die Gruppe reist daher auch nur bis kurz nach Tagesgrauen. Danach legen sie eine Rast ein, damit sich die Leidende in einem dunklen Zimmer tagsüber ausruhen kann. Am dritten Morgen erreicht Pauline mit ihren Reisebegleitern endlich Mugnano.

Sie beziehen eine einfache Herberge. Die Neugier des Wirtes über die aus weiter Ferne angereisten Gäste ist groß: Also verrät Paulines Diener Claude, dass seine Herrin aus Frankreich stammt und die Gründerin des „Werkes der Glaubensverbreitung" und des „Lebendigen Rosenkranzes" ist.

Die frohe Kunde läuft innerhalb der nächsten Stunde im ganzen Orte um. Als die „Signora francese" in einem Lehnstuhl zum Grab der heiligen Philomena gebracht wird, umdrängen sie die Pilger von allen Seiten. Der Andrang ist groß, weil viele anlässlich des Namenstags der Märtyrin zusammenströmen. Ein jeder will die Fremde sehen und beobachten, wie sie die volkstümliche Heilige anfleht. Kaum dass man den Stuhl neben dem Reliquienschrein niedergestellt hat, beginnt ein lebhaft lautes Beten. Zuerst sind einige Paternoster und Ave Maria zu hören. Einige Pilger rufen persönliche Stoßgebete dazwischen. Sie haben Mitleid mit Pauline, die sehr bleich und stark geschwächt ist.

„Mia cara Philomena! Du musst dieser Person helfen, weil sie von soweit herkommt!" fleht ein Mütterchen.

„Sie hat dem lieben Gott und der Madonna so große Dienste geleistet! Hilf ihr jetzt du!" ruft ein junges, fülliges Weibsbild.

„Weil sie zu dir Vertrauen hat, bleibt dir nichts anderes übrig!" erklärt eine lebhafte Neapolitanerin brüsk. Dazu kreischen einige Bambini: „Heilige Philomena, bitte für sie!" und schier die ganze Schar betet es nach. Nicht etwa einmal; zehnmal, zwanzigmal, unzählige Male.

Pauline Jaricot wird schwindelig von dem Geschrei. Sie schaut sich hilflos um. Eine Frau, die neben ihr steht, ruft entsetzt: „Santa Madonna! Sie stirbt schon!"

Darauf murren einige Männer: „Hörst du das, Philomena?" „Hör uns, Philomena!" flüstern die Kinder.

Ein lebhafter, schwarzäugiger Mann, der ganz unglaublich nach Fischen riecht, boxt sich nach vorne, schlägt auf das Grab und schreit: „Wenn du sie nicht gesund machst, beten wir nicht mehr zu dir!"

Die Kranke glaubt, das nicht aushalten zu können. Mit einigen hilflosen Gesten bettelt sie um Ruhe. Das stachelt aber das Volk nur noch mehr auf. „Siehst du nicht, wie sie bittet?" grollt ein langer Kerl. „Hilf ihr, sonst kannst du dich zum Teufel scheren. Kein Hund schaut dich mehr an!" „Hilf ihr!" brüllen andere mit ganzer Lungenkraft.

Da kann sich endlich Abbé Rousselon etwas bemerkbar machen. Weil er ein Priester ist, hört man ihn an. In einem wunderlichen Gemisch von Italienisch, Französisch und Latein beschwört er die Menge, etwas leiser zu beten, damit die *„Signora francese"* auch beten könne. Das bewirkt immerhin, dass aus dem Volksgeschrei nunmehr ein Volksgemurmel wird. Dabei vermag Fräulein Jaricot sich endlich Gott und der heiligen Philomena anzuempfehlen. Dann lässt sie sich in ihre Herberge zurücktragen.

Am nächsten Morgen ist der Wirbel kaum geringer. Gerade, dass man der Kranken zum Empfang der heiligen Kommunion ein wenig Platz macht. Unmittelbar danach fühlt Fräulein Jaricot derart furchtbare Schmerzen im ganzen Körper, dass sie zu sterben vermeint. Ihr Herz pocht heftig, zum Zerspringen. Eine große Atemnot quält sie unbeschreiblich. Schließlich fällt die Kranke in Ohnmacht.

Als sie zusammensinkt, entsteht ein unbeschreiblicher Tumult. Jedoch Pauline vernimmt die tobende Menge nicht mehr. Frauen schreien um Hilfe. Männer wettern. Überall hört man Schmährufe gegen die heilige

Philomena. Inzwischen flößt irgendjemand der Kranken Wein ein. Da schlägt sie wiederum die Augen auf und heftet ihren Blick mit außerordentlichem Vertrauen auf den Sarkophag. In dem Moment glaubt sie eine Berührung zu verspüren, die derart schmerzt und gleichzeitig beglückend ist, sodass sie in Tränen ausbricht. Dabei fühlt Pauline eine wunderbare Wärme. Die bleichen Wangen färben sich rot. Sie spürt, dass sie geheilt ist. Aber sie wagt nicht, vor der wild erregten Menge diese Freude zu verkünden. Sie fürchtet, man würde sie vor Freude in Stücke reißen. Also schließt sie wieder die Augen und betet still und dankerfüllt.

Gegen Mittag verlaufen sich langsam die anderen Pilger. Nun steht sie auf und geht zu Fuß bis an die Kirchenpforte. Überglücklich folgen ihr Maria Melquiond und Abbé Rousselon. Claude trägt ihr den Lehnsessel nach. Die Freude ihrer Mitreisenden vergrößert sich noch mehr, als sie sogar bis zur Herberge gehen kann. Dann gönnt sie sich etwas Ruhe.

Doch die Kunde von ihrer Heilung verbreitet sich mit Windeseile. Der Pfarrer Don Francesco kommt und fragt nach ihr. Ihm muss sie Rede stehen. Kaum ist er weg, so läuten alle Kirchenglocken. Vor dem Hauseingang versammeln sich freudig erregte Menschengruppen. Sie werden zu Menschenmassen, immer dichter stehen sie nebeneinander, sodass Don Francesco kaum noch durch die Menge schreiten kann. Als er auf wunderbare Weise die Geheilte erreicht, beginnt er zunächst die Heilung zu überprüfen.

Pauline Jaricot muss sich vor ihm bewegen, muss gehen, sitzen, sich bücken, etwas vom Boden aufheben. Am nächsten Tag erscheint der Pfarrer schon beim Morgengrauen und nimmt die Genesene auf einen Ausflug mit. Sie spazieren entlang der Küste von Neapel. Pauline fühlt sich wie neugeboren und atmet ganz bewusst die frische Meeresluft ein. Ein Arzt wird hinzugezogen. Auch er soll überprüfen, ob tatsächlich eine unerklärliche Heilung eingetreten ist. Einige Tage werden die Untersuchungen wiederholt. Danach informiert der Arzt Don Francesco über den guten Zustand seiner Patientin. Und der gibt in seiner Kirche bekannt, dass man tatsächlich von einer wunderbaren Heilung sprechen kann. Das löst bei den anwesenden Gläubigen und Pilgern unbeschreiblich großen Jubel aus. Nun schreien sie in der Kirche: „Hoch, Philomena!" „Dank, Philomena!" „Es lebe die heilige Philomena!" *„Evviva la signora francese!"*

Die Erleichterung ist groß während der neuntägigen Dankandacht, die Fräulein Jaricot noch in Mugnano hält. Don Francesco hat bereits für eine Teilreliquie der Märtyrin eine lebensgroße Wachsfigur anfertigen und mit fürstlichen Kleidern versehen lassen. Freudig überreicht er Pauline diese „Prinzessin des Paradieses". Sie nimmt sie dankbar an und verstaut sie zwischen den Gepäcksstücken in der Kutsche. Überglücklich verabschiedet sich Pauline von Don Francesco. Sie nimmt den Rücksitz ein und fährt mit ihren Begleitern wieder Richtung Rom.

Die Abfahrt wird zu einem wahren Triumphzug: Die Menschen, die Pauline Jaricot in Mugnano todkrank erlebt hatten, winken ihr zum Abschied freudig zu. Der Postillion, dem bereits auf dem Hinweg beim Wechsel der Pferde die Todkranke besonders leid tat, schreit nun voll Begeisterung: „Ein Wunder!" „*Un miracolo!*" „Ein Wunder ist geschehen!" „*Evviva Santa Philomena!*" Seine Rufe locken Neugierige herbei. Der Wagen wird umdrängt, von Kindern mit Blumenkränzen geschmückt, bewundert, ja sogar ein Stück Weges begleitet.

Allmählich nähert sich die Reisegesellschaft wieder Rom. Auf der Höhe der Pontinischen Sümpfe passieren sie hinter Sezze ein Pinienwäldchen. Sobald sie vor den Toren Roms in die Gegend der Katakomben kommen, zieht Pauline die Vorhänge der Kutschenschläge zu. Sie will keine Aufmerksamkeit. Niemand soll sie erkennen. Denn sie will sofort zu Papst Gregor XVI. und ihn durch ihren unvorhergesehenen Besuch im Apostolischen Palast im Vatikan überraschen.

22. Im Triumphzug zurück nach Rom

Auf Rat von Abbé Rousselon fahren sie durch die Porta San Giovanni in die Ewige Stadt ein. Da lässt Pauline die Kutsche vor San Giovanni, der ersten Patriarchalkirche Roms – „Haupt und Mutter aller Kirchen" – anhalten. In der ehrwürdigen Lateranbasilika möchte sie Gott ihren ersten Dank in Rom darbringen. Sie besichtigt noch schnell nebenan die „Scala Santa" und den alten Lateranpalast, wo die Päpste bis ins späte Mittelalter residierten,

Wieder zurück im Wagen, zieht Pauline nun neugierig die Vorhänge hoch. Bisher hatte sie von Rom allein das Innere des Sacre-Coeur-Klosters erblickt. Jetzt kann sie sich kaum sattsehen an den vielen Kirchen und Palästen, die eine lange Geschichte bezeugen. Sie ist begeistert und wünscht sich, hier eine längere Zeit zu verbringen, um die vielen Monumente der Hauptstadt der Christenheit in Ruhe besichtigen zu können. Auf ihrem Fußmarsch zum Petersdom bewundert sie die vielen Plätze, vor allem die berühmte Piazza Navona mit dem „Vier-Flüsse-Brunnen" von Bernini, über dem ein Obelisk thront. Sie eilt über die Engelsbrücke zum Grab des heiligen Petrus und verbringt im Petersdom an der Confessio eine Zeit lang im Gebet. Anschließend lässt sie sich unter den Kolonnaden des Bernini zum Bronzetor, dem offiziellen Eingang des Apostolischen Palasts, begleiten. Dort nennt sie der Schweizergarde bescheiden ihren Namen, indem sie sich auf Kardinal Luigi Lambruschini beruft. Ein Hellebardier geleitet sie über die königliche Treppe, die Scala Regia, hinauf zur Sala Ducale, wo sie bereits der Kommandant der päpstlichen Ehrengarde erwartet. Der hält ihr entgegen, dass der Heilige Vater derzeit keine Audienz hält.

„Dann melden Sie Seiner Heiligkeit, dass die Lyonerin Pauline Jaricot wieder gesund aus Mugnano zurückkehren durfte und sich zu Fuß in den Vatikan begeben hat." Das ginge nicht so ohne weiteres, entgegnet der Oberst. Dazu müsse der Dienstweg eingehalten werden.

In diesem Augenblick kommt ein junger Monsignore vorüber. Er schaut die Besucherin entgeistert an und fragt:

„Sind Sie es wirklich, *Signorina Paolina Jaricot?*"

Es ist der Sekretär des Papstes, der während des ersten Besuchs Gregors XVI. in Santissima Trinità dei Monti Paulines Anliegen aufgezeichnet hatte.

Von da ab geht auf einmal alles ganz schnell: Pauline meint zu träumen, als vor ihren Augen der berühmte Damasushof, die Treppen hinauf zur Loggia und zu den Papstgemächern vorüberziehen. Die Wartezeit im päpstlichen Vorzimmer vergeht erstaunlich rasch. Dann öffnen sich die beiden Flügel einer großen Tür.

Pauline erblickt am Ende des mit rotem Seidendamast austapezierten Gemaches Gregor XVI., der auf einem goldenen Papstthron sitzt. Darüber ist das Papstemblem mit der Schlüsselübergabe Christi an den heiligen Petrus sichtbar. Die Lyonerin verbeugt sich dreimal mit einer Kniebeuge und küsst dem Nachfolger Petri die Füße.

„Ist das in Wahrheit Unsere liebe Tochter? Ist sie von den Toten zurückgekehrt oder hat die jungfräuliche Märtyrin sie wieder unter uns kommen lassen?" fragt Papst Gregor freudig und überrascht seinen Gast.

Pauline bestätigt lächelnd: „Heiliger Vater! Ich bin die arme Lyonerin, die Eure Heiligkeit sterbend sahen. Gott hatte mit ihr Mitleid, und die heilige Philomena war ihr gnädig ... Da sie mich dem Leben wiedergegeben hat, bitte ich um die Erlaubnis, ein Gelübde erfüllen und ihr eine Kapelle weihen zu dürfen!"

„Ja, meine Tochter! Wir sind damit gern einverstanden", antwortet der Papst. Danach wünscht er, selbst einen Eindruck von der Vollständigkeit ihrer Genesung zu gewinnen. Er fordert Pauline Jaricot auf, mit ihm zusammen durch die Räume des Apostolischen Palastes zu wandeln.

So geht ein lang gehegter Traum für Pauline Jaricot in Erfüllung. Sie darf zusammen mit dem Stellvertreter Christi auf Erden wie mit irgendeinem Zeitgenossen durch die Säle der vatikanischen Gemäldegalerie und der Bibliothek spazieren, die Galerie der antiken Statuen und Büsten bestaunen. Sie überqueren gemeinsam den Cortile del Belvedere, bewundern im Oberstock die Stanzen von Raffael und kehren schließlich über die Loggien zurück in die Papstgemächer. Während des Spaziergangs erzählt sie dem Oberhaupt der katholischen Kirche von den beiden Werken, die aufgrund ihrer Inspiration entstanden sind und den Schwierigkeiten, die sie während der letzten Jahre erfahren hat. Dabei muss sie genau darauf achten, dass sie nicht dem Papst den Rücken zuwendet, obwohl Gregor XVI. sie mehrmals auffordert, schneller zu gehen. Er tut das mit dem ausdrücklichen Hinweis, er wolle sicher sein, dass er einen lebendigen Menschen und nicht eine Erscheinung aus der anderen Welt vor Augen habe. Als der Zeremonienmeister trotzdem zur Einhaltung der vorgeschriebenen Etikette mahnt, lacht der Papst und meint väterlich und voller Güte:

„Va bene, va bene! L'ho voluto io. Altre eccezioni ha fatto per lei il Signore! – Lassen Sie es gut sein! Ich wollte es so. Der Herr hat für sie noch ganz andere Ausnahmen gemacht."

Sodann verlangt Papst Gregor, dass sie ein Jahr lang in Rom verweilen möge, damit die Dauerhaftigkeit des Wunders an Ort und Stelle geprüft werden könne.

Das Jahr ist zweifellos das glücklichste, das Fräulein Jaricot bisher verlebte. Die nunmehr Sechsunddreißigjährige erfreut sich glänzender Gesundheit. Jeden Tag nimmt sie an Kräften zu. Der Herr der Christenheit und Souverän des Kirchenstaates erweist sich ihr persönlich so gewogen, wie seit Jahrhunderten kein Papst je einer Frau. Die Schönheiten der Ewigen Stadt, ihre gewaltigen geschichtlichen Erinnerungen und Ausgrabungen, Kirchen, Kunstschätze und Katakomben liegen vor ihr. Ein jeder Tag verrät und offenbart ihr neue Herrlichkeiten. Wo immer sie erscheint, begegnet man der Gründerin des „Werkes der Glaubensverbreitung" und des „Lebendigen Rosenkranzes" mit Achtung und Verehrung. Erst recht als ihr wichtigster Protektor und einflussreichster Gönner Lambruschini das Amt des Kardinal-Staatssekretärs zusammen mit der Leitung der Schlüsselministerien erhält und nun in Kirchenstaat und Kirche die rechte Hand Papst Gregors und damit einer der ganz Mächtigen Europas wird.

Diese einzigartigen äußeren Privilegien, die der Millionärin von Lyon in Rom zugute kommen, werden noch dazu gekrönt durch einen wahren Strom an Gnaden, in dem Gott selbst seine treue Dienerin ganz an sich zieht.

23. Die heilige Philomena
kommt nach Lyon

Begreiflich, dass Pauline Jaricot im Frühjahr 1836 nur ungern von Rom Abschied nimmt. Als sie jedoch schließlich mit ihren Reisegefährten und der Reliquie der heiligen Philomena bei der vormaligen Konzilsstadt Vienne das Rhônetal erreicht, empfindet sie doch wieder eine starke Sehnsucht nach ihrer Heimat. Einige Stunden später steht sie auf der Maulbeerbaum-Terrasse von Maison Lorette und überschaut voll Herzensfreude die Vaterstadt. Dabei stellt sie hochbeglückt fest: „Ich habe jetzt ein doppeltes Daheim: Rom und Lyon."

Ähnlich ergeht es dem aus Paris heimkehrenden jungen Doktor der Rechtswissenschaften, Frederic Ozanam. Seine beiden geistigen Brennpunkte sind jedoch die Metropole an der Seine und die Zweiflüssestadt Lyon. Paris wird für ihn immer die Wiege der ersten „Vinzenz-Konferenzen" und Sitz des nunmehr dort errichteten Generalrates sein. In seiner Vaterstadt hingegen leben die Eltern, Brüder und Freunde. Auch hier warten auf ihn viele Aufgaben seiner „Vinzenz-Arbeit". Denn man hat ihn, ehe er noch heimkam, zum Präsidenten der neuen Lyoner Konferenz gewählt. Die Caritas-Arbeit der jungen Leute erfährt gerade hier große Widerstände. Man nennt sie „verworrene Köpfe" in Laienkreisen, die sich etwas auf ihre Frömmigkeit einbilden. Man vermutet, dass die Jugendlichen in Paris verdächtigen Einflüssen ausgesetzt waren, die nun die bereits bestehenden Caritaswerke kompromittieren könnten. Nur Mutter Ozanam fürchtet das nicht.

Um diesen geistigen Angriffen den Wind aus dem Segel zu nehmen, empfiehlt sie ihrem Sohn, das reiche Fräulein Jaricot im Haus Lorette aufzusuchen. Die Gründerin zahlreicher Liebeswerke, die selbst die Liebe ihres Nächsten geradezu heroisch ausübt, soll ihre Meinung über die „Vinzenz-Konferenzen" äußern. Ihr lauterer Sinn steht außer Zweifel. Ihr Ansehen ist, seit sie gesund aus Rom zurückgekommen ist, enorm gewachsen. Kaum einer würde es wagen, sich mit einer Frau zu entzweien, für die der mächtige Kardinal-Staatssekretär und selbst der Papst hohe

Verehrung hegt. Man nennt die bereits international bekannte Wohltäterin die „Mutter der Mission" oder „Mutter des Rosenkranzes". Ihr Wort besitzt Gewicht und Geltung.

Obwohl Pauline Jaricot zur Zeit stark mit dem Bau der Philomena-Kapelle und einer weltweit ausgedehnten Korrespondenz beschäftigt ist, spricht sie sich sofort lobend und hochbegeistert für die „Vinzenz-Konferenzen" aus. Und diese Anerkennung lässt die Kritiker verstummen. Zum Dank für ihre Unterstützung nimmt Doktor Frederic Ozanam an den Einweihungsfeierlichkeiten der neuen Kapelle gemeinsam mit seiner Mutter teil. Doch tragen beide Trauerkleidung. Denn kurz zuvor stirbt Vater Ozanam durch einen Unfall beim Besuch der Armen.

Die neue Philomena-Kapelle befindet sich in la Montée Saint Barthélemy, direkt auf dem Grundstück von Maison Lorette neben der Einfahrt in den Hof. So kann jedermann sie jederzeit besuchen, ohne das Haus der Schwestern betreten zu müssen. Die Bauform entspricht der Wallfahrtskirche in Mugnano. Über dem Altar befindet sich die aus Italien mitgebrachte Großreliquie der sogenannten „Prinzessin des Paradieses".

Trotz allen Eifers und der Dankbarkeit gegenüber dieser neuen Heiligen ist die Philomena-Kapelle in Lyon nicht die erste dieser Art in Frankreich. Auch der Pfarrer von Ars reagiert sofort auf die Gutheißung des Kultes der heiligen Märtyrin Philomena durch Papst Gregor XVI. und lässt in der Pfarrkirche von Ars die erste Philomena-Kapelle errichten.

Er braucht freilich die von ihm seit langem hochverehrte Heilige nötiger als sonst jemand. Sie war ihm immer schon wirksamer Beistand und Anwalt seiner Bitten vor Gottes Thron. Jetzt hilft sie dem heiligen Seelsorger, die Werke, die Gottes Gnade durch ihn selbst verrichtet, klug zu tarnen. Was sich nunmehr in Ars alles an auffallenden Gnadenerweisen zuträgt, wird von Jean Vianney der Fürbitthilfe der heiligen Philomena zugeschrieben. Und es ereignet sich nicht wenig.

Deshalb nimmt auch der Pilgerstrom nach Ars ständig zu. Schon sind allwöchentlich einige regelmäßige Postwagenkutschen in das abgelegene Dorf Dômbes unterwegs. Alsbald werden die ersten Eisenbahnlinien von Lyon-Saint Etienne und Paris-Saint Germain – die künftige Nord-Süd-Verbindung von Paris über Lyon bis nach Marseille – geplant. Und in

Lyon denkt man darüber nach, aus der Zweiflüssestadt täglich Postwagen nach Ars zu senden.

Auch Frederic Ozanam, der kurz nach dem unerwarteten Tod der heißgeliebten Mutter den Pfarrer von Ars aufsucht, um Klarheit über seine Berufung zu gewinnen, wünscht sich die rasche Entstehung einer solchen Eisenbahn-Verbindung nach Ars. Der neuernannte Professor für Handelsrecht an der eben errichteten Handelshochschule von Lyon hätte wegen dieser Unklarheit gerne auch Fräulein Jaricot aufgesucht. Denn diese Frau strahlt eine merkwürdige Kraft aus. Viele meinen, dass Gott sie häufig Blicke in die Zukunft tun lässt, obwohl sie selbst niemals den geringsten Anlass dazu gibt. Allein dem Kardinal-Staatssekretär Lambruschini gesteht sie, was sie schauen darf. Und auch Papst Gregor, den sie im Jahre 1839 nochmals in Rom aufsucht, wagt sie einige ihrer Visionen und Warnungen kundzutun. Da sie jedoch gerade nicht in Lyon weilt, sieht sich Professor Ozanam genötigt, die weite Reise nach Ars auf sich zu nehmen und statt ihrer den heiligmäßigen Pfarrer von Ars um einen Lebensrat zu bitten.

Der Cure d'Ars empfiehlt ihm das Gleiche wie sein ehemaliger Lehrer Abbé Noirot. Sein Rat lautet: „Nicht Priesterstand noch Ordensstand, sondern baldige Eheschließung! Diese Zeit braucht nicht nur gute Priester. Auch fromme Laien, die in der Welt leben, sind vonnöten, um die großen neuen Herausforderungen des Jahrhunderts zu meistern."

Auch Pauline ist sich der neuen Herausforderungen bewusst, denn Gott selbst verrät es ihr im Gebet. Und auch im Umgang mit den Menschen, die sie aufsuchen, gewinnt sie viele praktische Erkenntnisse. Nach ihrer Rückkehr aus der Ewigen Stadt kommen viele, die Rat und Hilfe bei ihr suchen. Und noch mehr, sie nennen ihren Namen gewissermaßen als letzten Rettungsanker; nicht nur diejenigen, die sie persönlich kennen, sondern auch andere, die sie noch nie zuvor gesehen haben.

24. Ein Bankier in Not

Auch der angesehene Bankier Jean Pierre Allioud braucht im Sommer 1841 Hilfe von Pauline Jaricot, als der Großindustrielle Gustave Perre in Grenoble wieder einen Kredit bei ihm nehmen will.

„Diesmal ist es völlig unmöglich! Nicht nur im Augenblick, sondern leider auch in Zukunft!" bedauert der Bankier. „Wir möchten vielmehr die 180.000 Francs, die Sie seit 1836 von uns erhalten haben, kündigen."

„Das geht nicht", wehrt sich Perre. „Ich habe mit Ihren Krediten Liegenschaften und Industrien angekauft. Für ihren weiteren Ausbau benötige ich dringend weitere Betriebskredite, damit sie einen höheren Ertrag einbringen."

„Die müssen Sie anderswo suchen. – Wir werden höchstwahrscheinlich unser Unternehmen liquidieren müssen", gesteht der Bankmann. „Daher ist jeder Außenstand für uns jetzt wichtig ..."

„Oh là là!" stutzt der Großindustrielle und meint so beiläufig: „Machen Sie doch mit Ihren Gläubigern statt dessen ein Arrangement."

Allioud zuckt ein wenig hilflos die Achseln und sagt: „Das würde unsern Ruf als Bank und auch meine eigene Zukunft ruinieren."

„Dann wenden Sie sich doch an das reiche Fräulein Jaricot! Im Jahr 1835 hatten Sie ihr geholfen. Jetzt ist sie an der Reihe. Eine Hand wäscht die andere. – Und wenn Sie wirklich liquidieren müssen, so lassen Sie die Forderung, die Ihre Bank an mich hat, auf Sie persönlich übertragen. Damit ist jedem von uns beiden geholfen. Ich brauche die Kredite nicht gleich zurückzuzahlen. Und Sie werden von mir später entsprechend entschädigt. Das sage ich als Mann von Ehre!" schließt Gustave Perre feierlich.

Allioud überlegt lange. Danach beschließt er, den Rat des Kommittenten zu befolgen. Daher schickt er gegen Ende 1841 seine Schwägerin zu Pauline mit der Bitte um Hilfe. Sie überbringt dem reichen Fräulein Jaricot die traurige Nachricht, dass sich der Bankier und fromme Rosenkranz-Vorsteher des Departements Isère, Jean Pierre Allioud, durch Fehlspekulationen seiner Kompagnons gezwungen sieht, in Insolvenz zu gehen. Sie ist vor allem auch um den guten Ruf ihres Schwagers besorgt, dessen Konkurs im ganzen Departement viel Staub aufwirbelt. Um die Gläubiger seines Bankhauses wenigstens einigermaßen beruhigen zu können, muss auch sein Wohnhaus verkauft werden. Dadurch verliert Allioud mit seiner Familie nicht nur sein gesamtes Vermögen, sondern wird auch noch obdachlos. Dabei ist seine Tochter Jenny erst zwölf Jahre alt. Pauline Jaricot ist tief bestürzt und empfindet großen Schmerz, sowohl wegen des öffentlichen Ärgernisses als auch weil sie ihren langjährigen Mitarbeiter sehr schätzt. Also bietet sie sofort an, das Kind zu sich zu nehmen. Dabei denkt sie flüchtig daran, vielleicht später einmal in Jenny Allioud eine neue „Tochter Mariens" zu gewinnen.

Anfang des Jahres 1842 treffen die Eltern mit der kleinen Jenny im Haus Lorette ein. Weil sich das Mädchen unendlich schwer von ihren Eltern trennen kann, verschafft Pauline der Familie eine Wohnung in der Stadt und möbliert sie auf ihre Kosten. Danach bringt sie Madame Allioud und ihre Schwester im Handelshaus „Perrin &. Jaricot" in der Rue Neuve unter und verpflegt Herrn Allioud und Jenny bei sich tagsüber. Als kleine Gegenleistung für so viel Wohltaten steht der vormalige Departement-Vorsteher des „Lebendigen Rosenkranzes" im Haus Lorette für diese bereits weltumspannende Gemeinschaft als Sekretär zur Unterstützung von Maria Melquiond und Abbé Rousselon zur Verfügung.

Die Alliouds sind nicht die einzigen Bedürftigen, denen Pauline in jenen Tagen hilft. Viel häufiger erscheinen Missionare aus aller Welt bei der „Mutter der Mission", wie man sie mittlerweile allgemein bezeichnet. Keiner von ihnen verlässt Maison Lorette ohne tatkräftige Hilfe erhalten zu haben. Es finden sich auch viele Priester ein, die oftmals in schwierigen Seelenangelegenheiten einen Rat bei Pauline Jaricot einholen. Schließlich gibt es Besucher, die beides brauchen: Rat und Tat.

Ein solcher ist Bischof Charles de Forbin-Janson, der im Jahre 1842 das reiche Fräulein Jaricot in Lyon aufsucht, um ihr ein spezielles Anliegen vorzutragen. Der frühere Bischof von Nancy ist von sehr weit angereist: Papst Gregor XVI. hat ihn mit der Missionsarbeit in Nordamerika betraut, seitdem er nach der Juli-Revolution von 1830 seinen Bischofssitz in Frankreich aufgrund seiner monarchistischen Überzeugung verlor. Schon seit längerem beschäftigt ihn die Sorge um das Heil jener Kinder in den Missionsländern, die Jesus Christus noch nicht kennengelernt haben. Er ist überzeugt, dass unzählige von ihnen, vor allem die vielen Waisenkinder, vollkommen schutzlos und allein gelassen sind und deshalb dringend seine Hilfe brauchen. Für sie Kinderheime zu gründen und ihnen den Glauben zu vermitteln, erscheint ihm als vordringliche Notwendigkeit. Zuerst stattet er dem „Werk der Glaubensverbreitung" in Lyon einen Besuch ab, doch die neuen Verantwortlichen zeigen kein Interesse an seinem Vorhaben. Daraufhin begibt er sich zur Maison Lorette, wo er tiefbesorgt die Situation dieser armen Kinder Pauline darlegt.

Er befürchtet jedoch, dass auch das Fräulein Jaricot, mit der ihn eine langjährige Freundschaft verbindet, nicht helfen kann. Ihr Blick ist starr in unbekannte Ferne gerichtet. Der Bischof ahnt nicht, dass sie mit Gott in ihrem Herzen spricht. Auf einmal wird sie lebhaft und feurig, wie immer, wenn sie eine Sache stark bewegt.

„Um die Nöte der Kinder zu verstehen, eignen sich am besten andere Kinder!", kommt ihr in den Sinn. Ehe Bischof Forbin voll erfasst, was Pauline damit sagen will, fährt sie begeistert fort: „Man müsste die Kinder hier in Europa für ihre nicht getauften kleinen Brüder und Schwestern in den Missionsländern interessieren und sie aneifern, für sie zu beten und etwas aufzuopfern. Am besten ... unter dem Patronat des Jesuskindes. Vereinigen Sie doch die Kinder in einem ‚Kindheit-Jesu-Verein'! Wenn jedes Kind monatlich nur einen Sou opfert und spendet, dann kann damit vielen Kindern in Afrika und Asien geholfen werden."

„Und woher sollen da zum Beispiel die Kinder armer Leute das Geld nehmen? Wird das nicht ein Verein, der nur den Reichen zugänglich ist?" fragt Bischof Forbin-Janson ein wenig skeptisch.

„Kinder haben genug Ideen und Phantasien, um kleine Almosen herbeizuschaffen: sie verzichten auf ein Geschenk, auf ein paar Süßigkeiten, oder sie verrichten einen kleinen Dienst, der etwas Geld einbringt, um dieses Geld dann für andere Kinder zu spenden. Und wenn's nur ein kleines Opfer ist, das sie für arme Kinder in der Mission bringen! Andererseits könnten sogar die Ärmsten unter ihnen in diesem Werk mitwirken, indem sie wertlos erscheinende, ja selbst weggeworfene Dinge sammeln und als Gebrauchtwaren verkaufen. Mit dem Taschengeld, dass sie dadurch erhalten, könnten sie wieder anderen notleidenden Kindern helfen." Das leuchtet dem Bischof ein. Er ist begeistert von der Idee und überzeugt, dass solche Aktionen nicht nur reiche Gnaden erwirken, sondern auch den Charakter der Kleinen bilden: „Die Kinder lernen dadurch unmerklich, Gutes zu tun und mit dem Geld auf richtige Weise umzugehen. Außerdem erkennen sie dadurch, dass die gesamte Menschheit eine Familie ist, bei der nicht Hautfarbe und Rasse, nicht Reichtum oder Armut, Intelligenz oder Einfalt wichtig ist, sondern allein die Tatsache, dass wir alle Kinder Gottes sind," sinniert er ergänzend über die einfallsreichen Gedanken von Pauline.

Nach der erfolgreichen Gründung dieses Kindermissionswerkes hält das Fräulein Jaricot wieder nach weiteren jungen Frauen Ausschau, die sich zu den „Filles de Marie" hingezogen fühlen. Da kommt an einem Morgen ein junges Mädchen, anscheinend ländlicher Herkunft, in die Maison Lorette und will sie sprechen.

„Sie haben einen Wunsch, mein liebes Kind?" fragt die inzwischen weit über die Grenzen Frankreichs berühmt gewordene Frau, die sogar Priester und Bischöfe zu beraten pflegt.

„Ich bringe einen Brief und soll auf Antwort warten", erklärt das Mädchen und übergibt ihr einen recht armseligen Zettel. Pauline nimmt es und liest erstaunt: „Mademoiselle Jaricot, ich schicke Ihnen eine Seele, welche Gott für sich selbst und sicherlich auch für Sie geschaffen hat. Die allerseligste Jungfrau hat sie bisher vor allem Übel bewahrt. Nunmehr mögen Sie sie weiterbewahren und sie Jesus und Maria immer mehr lieben lehren. Vianney, Pfarrer von Ars."

Da steht sie auf, umarmt die Kleine liebevoll und verheißt ihr:

„Sei mir willkommen, liebe Tochter! Ich will dir eine gute Mutter werden."

Mit diesen Worten nimmt sie die dreiundzwanzigjährige Francoise-Marie Dubouis aus Belmont im Departement Loire in die Gemeinschaft der „Filles de Marie" auf.

Einige Monate hernach besucht der Pfarrer von Ars Maison Lorette.

„Wie sind Sie mit Françoise-Marie zufrieden?" erkundigt er sich gleich nach der Begrüßung.

„Mon Père, Sie haben mir mit ihr ein richtiges Geschenk gemacht. Ich halte sie schon jetzt für eine der hoffnungsvollsten Töchter Mariens'."

„Sie wird der Stab sein, der Sie stützt, wenn Sie ihn brauchen", erklärt Abbé Jean Vianney.

„Meinen Sie, wenn ich alt bin?" forscht Fräulein Jaricot. Jedoch der Pfarrer von Ars antwortet darauf nicht. Da stellt sie ihm eine andere Frage.

Für sie, die – ebenso wie die „Töchter Mariens" – die Evangelischen Räte Armut, Keuschheit und Gehorsam zu beachten bestrebt sei, gebe es hinsichtlich der Armut noch eine ungelöste Schwierigkeit. Sie sehe wohl ein, dass sie ihr großes Vermögen weiterbehalten müsse, um es, je nach den Zeiterfordernissen und dem Willen Gottes, wohltätigen Zwecken zuzuwenden. Denn wenn sie es auf einmal weggäbe, so gingen höchstwahrscheinlich auch die Erträgnisse der Zinsen verloren. Sie selber versuche allerdings so zu leben, als ob sie nichts besäße.

Der Cure d'Ars schaut sie scharf an und stellt die Gegenfrage: „Tun Sie das nicht?"

„Gewiss, was Kleidung, Nahrung und persönliche Bedürfnisse anbelangt", versichert ihm Pauline. „Nur mit der Wohnung stimmt es nicht. Sowohl ich, wie die „Filles de Marie" wohnen in einem schlossartigen Gebäude, das von meinen Angehörigen beinahe fürstlich eingerichtet wurde."

„Auch Ihr Schlafzimmer?"

„Das ist freilich ganz einfach."

„Dann sind die Sorgen, die Sie hegen, unnötig. Die jetzige Situation kann leicht dazu beitragen, Sie tief zu demütigen. Sie können arm sein, ohne den Anschein der Armut zu erwecken und ohne von der Welt die Ehre zu empfangen, die man der freiwilligen Armut zollt."

Nach diesen Worten erhebt sich Pfarrer Vianney sofort. Es sieht beinahe so aus, als wolle er weiteren Fragen bewusst ausweichen. Er sagt, er müsse noch seinen Beichtvater, Pater Leonard, im Kapuzinerkloster jenseits der beiden Flüsse, aufsuchen. Er empfiehlt sich hastig und geht.

Pauline Jaricot überlegt lange, was Abbé Vianney ihr mit diesen Andeutungen mitteilen wollte. War es, wie schon so oft, ein Hinweis, eine Warnung, eine Prophetie oder nur ein Rat, den sie erbeten hatte? Steht eine radikale Änderung in ihrem Leben bevor oder darf sie mit weiteren Werken der Kirche dienen?

Weil sie das Tiefgründige seiner Worte nicht richtig deuten kann, empfiehlt sie sich einfach vertrauensvoll in den Willen Gottes.

25. Der Traum von einer Himmelsbank

Ein Reisewagen fährt von Ars über Trevoux durch kleine Dörfer, auf Landstraßen entlang in den Süden. Das laute Holpern der Räder auf den großen Steinen wird vom hellen Zirpen der Grillen übertönt. Der Duft der Heumahd steigt aus den Wiesen und macht die Pferde unruhig. Es dämmert schon.

Als Fräulein Jaricot zusammen mit Françoise-Marie Dubouis das Saône-Tal erreicht, fällt die Nacht ein. Sie ist sehr schwül und die Dunkelheit zwingt dazu, den Trab der Rosse zu zügeln. Leuchtkäfer ziehen am Kutschenschlag vorüber. Eines verirrt sich über den Fond des offenen Gefährtes und kreist um die Köpfe der Reisenden. Ihr Leuchten irritiert und weckt Pauline Jaricot aus dem Halbschlaf.

Langsam verblasst die Erinnerung an die letzten Tage: an Dômbes, das schlichte Dorf, in dem es von Wallfahrern nur so wimmelt, die vielen Pilger, die in langen Reihen vor der Kirchenpforte ausharren. Der Kinderlärm im Waisenhaus der „Providence" kurz nach dem Essen, das lustige Gedränge rund um den gütigen Priester, der kaum dazukommt, seine Tasse Milch zu trinken, verebbt. Auch ihr inneres Bild von Pfarrer Vianney, wie er gealtert, müde und leicht vorgeneigt, vor ihr stand, verfließt langsam. Nur jene wenigen Worte, die er zu ihr sprach, sind noch gegenwärtig.

„Ja, ja. Das Sozialwerk für die Arbeiter ist recht!" fand er, nachdem sie ihm ihre neuen Gründungsabsichten darlegte. „Nur halten Sie dabei die Augen offen!" Und seine leicht erhobene Hand weckte den Anschein, als ob er die Idee segnen wollte. Hingegen mochte er sich über ihren großen Plan einer „Himmelsbank" nicht äußern. Das zu entscheiden, sei nicht Sache des Priesters, doch er fügte noch einen Rat hinzu: „Wo immer Menschen Himmlisches mit Irdischem verknüpfen und fürs Reich Gottes arbeiten, ist eine reine Absicht nötig. Nicht nur bei demjenigen, der Gottes Auftrag empfängt und ausführt, sondern auch bei all jenen, die daran mitwirken."

Sie wird sich also darüber mit Monsieur Allioud beraten müssen, sinniert Pauline in der Kutsche vor sich hin. „Er war selbst Bankier und ist doch ein wirklich frommer Katholik", denkt sie sich, während sie noch viele offene Fragen zu diesem neuen Plan plagen.

Dann bemerkt sie einen schmalen, silbrig schillernden Streifen auf dem Wasser der Saône, der immer breiter wird. Bald danach schaut der Vollmond über die Hügel und leuchtet der Kutsche den Weg. Nach einem langen Schweigen wendet sich Pauline mit großer Herzlichkeit ihrer Begleiterin zu:

„Ich bin so froh, Francoise-Marie, dass du mit mir gefahren bist! Ohne deine Ortskenntnisse und die Idee, den Curé d'Ars beim Essen in der „Providence" zu treffen, stünde ich jetzt sicher noch in der Menschenschlange vor dem Kirchentor. Vermutlich wäre ich nicht einmal bis zu der Philomena-Kapelle vorgedrungen. Und ihn selbst hätte ich heute kaum erreichen können."

„O, meine Mutter! Es ist doch meine Pflicht, Ihnen auf jede Art dienlich zu sein", wehrt die Begleiterin bescheiden ab. „Der Abbé Vianney hat Sie gewiss gut beraten ..."

Pauline hört aus diesen Worten des jungen Mädchens eine unausgesprochene Frage heraus. Und da sie ihrer Begleiterin gerne ihr Herz öffnet, fängt sie gleich zu reden an:

„Seit der Lyoner Arbeiterrevolte von 1834 sinne ich nach einer Lösung, um der Mittellosigkeit der arbeitenden Klasse abzuhelfen. Dass sich die Unzufriedenheit immer mehr unter den Massen ausbreitet, ist begreiflich. Es scheint mir, dass man dem Arbeiter zuerst seine Menschenwürde zurückgeben und ihn von der unwürdigen Ausbeutung einer schlecht bezahlten Tätigkeit befreien müsste. Schließlich sollte man den armen Familien eine gute Wohnung bereitstellen. Das alles wäre nur möglich, wenn man die großen Unternehmen gewinnen könnte, gerechte Löhne zu zahlen, freundliche Arbeiterwohnungen zu errichten und sie dabei auch Angebote für die Freizeit und den Besuch von Gottesdiensten schaffen würden. Eine Beteiligung am Gewinn des Unternehmens müsste die Arbeiter noch mehr motivieren und sie und ihre Familien zufriedenstellen. Nach so einem Sozialwerk schreit, so meine ich, unsere Zeit. Gebühren doch dem Arbeiter genau dieselben Rechte wie jedem anderen Berufsstand. Außerdem bin ich überzeugt, dass die Arbeiterklasse, genauso wie die Bauern, in Zukunft eine immer wichtigere Rolle spielen werden." Francois-Marie Dubouis nickt und begreift sofort, was die Leiterin der „Töchter Mariens" ihr deutlich zu machen versucht. „Gott selbst verpflichtet uns zu sozialer Gerechtigkeit", setzt Pauline ihr lautes Denken fort. „Er ist es, der die Menschen zu Erfindungen der Technik fähig macht und so das Aufkommen eines Maschinenzeitalters zulässt. Das muss zwangsläufig irgendwann zu einem Zeitalter der Arbeiterschaft führen. Wie die große Revolution in unserem Land dem Bürgerstand zu seiner derzeit dominierenden Stellung verhalf, so weisen auch die jüngsten sozialen Erhebungen darauf hin, dass in der Zukunft dem Arbeiterstand eine größere Rolle zufällt. Sogar die komplizierteste Maschine braucht neben dem Geist ihres Erfinders auch Arbeiterhände, die sie bauen und bedienen können. Uns Christen ist es auferlegt, dem neuen Stand die Rechte zuzubilligen, deren er zur Entfaltung bedarf. Wenn man sie ihm nicht gleich vom Anfang an gibt, zwingt man ihn, sie sich zu erkämpfen. Das haben die Lyoner Arbeiter-Aufstände von 1831 und 1834 klar gezeigt. Sie waren uns eine blutige Lehre."

Françoise-Marie folgt den Ausführungen ihrer geistlichen Mutter mit voller Aufmerksamkeit. Die Tochter eines Baumwollwebers aus Belmont begreift sofort, was Fräulein Jaricot bewegt. Kennt sie doch die Kümmernis und Sorgen der Arbeiter gut, vor allem auch aus der eigenen Familie. Zur Zeit des Aufstands der Seidenweber von 1834 war sie sechzehn Jahre alt und verstand gut, worum es den Arbeitern ging. Sie sah, wie der Vater aus der Ferne leidenschaftlich den Verlauf der Revolte miterlebte und die Niederschlagung durch den Herzog von Orléans zutiefst beklagte. Dass hier die reiche Fabrikantentochter und Millionärin selbst für die Bedürfnisse der Arbeiter wie ihresgleichen eintrat, erfreut sie.

„Das ist sehr schön, dass Sie uns helfen wollen!" sagt Françoise-Marie beglückt. „Aber wie lässt sich das bewerkstelligen?"

„Mit Gottes Hilfe wird sich eine Lösung für diese Herausforderungen finden", antwortet Fräulein Jaricot mit großer Zuversicht.

Die Pferdekutsche nähert sich allmählich den Vororten von Lyon. Der Mond steht über den Häusern, und die Hügel um die Stadt der Seidenweber sind mit Lichtpünktchen übersät. Wie eine riesige Versammlung von

Leuchtkäfern sieht es aus. Auch unten am Flussufer flimmern Lichter ganz vorne in den Dörfern und weiter hinten aus den Vorstädten.

„Siehst du diese Lichter?", fragt Pauline ihre junge Freundin. „Wo sie leuchten, wird noch zu später Stunde gearbeitet, sogar bis um zehn Uhr abends noch. Ist das nicht Sklaverei? In allen diesen Häusern stehen Webstühle, wo fleißige Canuts schaffen. Ihnen ein Licht der Hoffnung zu bringen und sie von einer überaus harten Fronarbeit zu befreien, ist das nicht die neue Aufgabe, die uns Gott stellt? Wäre es nicht wunderbar, wenn dieses Licht gerade von Lyon aus in andere Städte und Länder ausstrahlen könnte?"

„Aber es wäre nicht mehr das erste Licht aus Lyon", entgegnet die junge „Tochter Mariens".

„Du denkst an Frederic Ozanam und seine ‚Vinzenz-Konferenzen'. Ja, das ist wahrlich ein Licht der Nächstenliebe."

„Und auch an das ‚Werk der Glaubensverbreitung', das für viele zu einem ‚Licht des Glaubens' geworden ist", ergänzt Françoise-Marie.

„Ja, siehst du: Das genügt aber nicht. Das ‚Werk der Glaubensverbreitung' wurde für die Mission in anderen Ländern der Welt, gemäß dem Missionsauftrag des Herrn, geschaffen. Die Christenheit in Europa benötigt aber in unseren Tagen auch noch ein Werk, das den Glauben der Menschen am Leben erhält, um nicht durch wachsenden Unglauben einem neuen Heidentum zu verfallen. Dieses Werk müsste in drei Teilen aufgebaut werden. Der erste Teil umfasst eine Liga des Gebetes und des Opfers, mit der die Gläubigen den vielen Schmähungen, Lästerungen und dem Hass entgegentreten. Dieser spirituelle Teil konkretisiert sich bereits im ‚Lebendigen Rosenkranz'. Der zweite Teil wird erst gegründet. Der dritte hingegen stellt das Sozialwerk für die Arbeiter dar."

Das reiche Fräulein Jaricot verrät ihrer Begleiterin nicht, worin dieser zweite Teil ihres Großprojektes bestehen soll. Jedoch am Folgetag berät sie sich darüber in Maison Lorette mit ihrem Sekretär, dem vormaligen Bankier Allioud aus Grenoble.

„Ich sehe eine furchtbare Gefahr auf uns zukommen, die eine weitere Ausbreitung des Gottesreiches verhindern wird", beginnt sie besorgt ihre Ausführungen und bedauert dabei die „Anhäufung von Geld und anderen Reichtümern in den Händen gottloser Menschen und Vereinigungen."

Damit würde die Macht in den Besitz von Wenigen gelangen. „Es besteht die Gefahr des Machtmissbrauchs zum Schaden aller. Im Augenblick leiden darunter hauptsächlich die Arbeiter. Doch wenn dieser Zustand noch länger dauert, wird er in gleicher Weise zur Unterjochung der Bauern und des Bürgertums führen. Denn das Geld korrumpiert die Mächtigen. Es gibt ihnen die Möglichkeit, die Entsittlichung der Massen voranzutreiben, entgegen christlichen Prinzipien. Die guten Christen werden dann aus Geldmangel nicht imstande sein, sich dagegen zu wehren. Ein Mittel zur Abwendung dieser Gefahr wäre meiner Ansicht nach ein Zusammenschluss der überschüssigen Finanzkraft reicher Christen unserer Tage. Wenn jeder wohlhabende Gläubige 10.000 Francs zur Bildung eines Fonds hergäbe, der dem Heiligen Vater zur Verfügung stünde, so könnten aus den Zinsen eines Riesenkapitals alle katholischen Vereine und Werke der Nächstenliebe zinsfreie Darlehen erhalten. Diese Darlehen müsste man nur in kleinen Raten zurückzahlen. denn sie würden zur Erhöhung dieses kirchlichen Vermögens beitragen. Was sagen Sie zu der Idee einer solchen ‚Himmelsbank'?“

„Sie ist bestechend!“ findet Monsieur Allioud. „Nur fragt sich, wie die Riesenkapitalien anzulegen wären?“.

„Das frage ich mich selber. Es scheint mir nicht ratsam, sie Bankhäusern zu übergeben. Einerseits, weil auf diese Weise das Geld auch weltlichen Zwecken dienen würde und man nicht kontrollieren könnte, welchen Zwecken. Andererseits wegen der finanziellen Unsicherheit. Ich möchte Sie nicht kränken, Monsieur Allioud, aber Sie sagen es selbst! Gehen nicht gerade in unseren Tagen immer mehr große Banken in Konkurs? Ich denke jetzt nur an ein paar sehr bekannte: an Benoit Coste und die Brüder Balleydier hier in Lyon oder an Lafitte in Paris. Daher erwäge ich eher Käufe von Grundstücken und Industrien ... Was meinen Sie?“

„Wenn ich Sie recht verstehe, wollen Sie auf eine Sicherung des Geldes durch Hypotheken aufbauen? Das muss genau durchdacht und überlegt werden, weil sich die Hypotheken höchstwahrscheinlich nicht allein auf Frankreich beschränken werden. Es bedarf einiger Zeit, sich einen Überblick von internationalen wirtschaftlichen Möglichkeiten zu verschaffen.“

Das leuchtet dem reichen Fräulein Jaricot wohl ein. Nach einer kurzen Überlegung schlägt sie vor: „Vielleicht sollte man doch, wie bei den anderen Werken, in einem kleinen Rahmen anfangen, das heißt: Zunächst in unserer Heimat und mit jenen Voraussetzungen, die Frankreich bietet." Der ehemalige Bankier verspricht, auch das genauer zu prüfen.

Pauline gewinnt den Eindruck, dass Allioud der Plan zusagt und er ihn keinesfalls als bloßes Luftschloss einer phantasiebegabten Frau ansieht. Sie hofft, dass dieser Plan realisierbar ist, wenn ein erfahrener Bankmann wie Allioud ihn nicht vorweg gleich ablehnt. Mehr wollte sie im Augenblick nicht wissen. Der richtige Moment zum Handeln wird sich noch finden, ist sie überzeugt.

In der Tat: Jean Pierre Allioud betrachtet die Idee der „Himmelsbank" nicht als ein Phantasiegebilde einer frommen Betschwester. Ganz im Gegenteil! Die Idee ist gewaltig und entspricht durchaus dem Weitblick dieser international bekannten Frau. Wenn sie für einen Menschen auf der Welt durchführbar ist, dann für Pauline Jaricot, ist der Bankier überzeugt. Weiß doch ein jeder, dass der Papst sie hochschätzt und dass hinter ihr auch der mächtige Kardinal-Staatssekretärs Luigi Lambruschini steht. Deshalb berauscht es ihn geradezu, dass Pauline Jaricot sich, wie sie eingangs erwähnte, damit zuerst an ihn, den kleinen, in Konkurs geratenen Bankteilhaber aus Grenoble, wendet. Soll das am Ende heißen, dass sie ihm bei ihrem Plan auch eine Rolle zugedacht hat? Zumal sie in einem kleineren Rahmen in Frankreich anzufangen gedenkt. Ganz anders läge die Situation, wenn sie, wie er im ersten Moment dachte, die Sache mit Lambruschini in Rom vom Kirchenstaat aus in die Wege leiten würde. Da hätte niemand einen Allioud nötig. So aber scheint ihm eine neue Position zu winken. Er ist erst 40 Jahre alt, hat aber doch bereits Erfahrungen gesammelt. Kurzum, die Welt sieht jetzt mit einem Schlag für den in Konkurs geratenen Bankier wieder hoffnungsvoll aus. „Es ist bloß wichtig, dass ich das reiche Fräulein Jaricot richtig berate. Das übrige ergibt sich dann sicherlich von selbst, aus ihrer wahrhaft christlichen Gesinnung heraus," sinniert Allioud vor sich hin.

26. Ein Großindustrieller will helfen

Nach reiflichen Überlegungen glaubt Herr Allioud, einen Anfang des zu beschreitenden Weges zu sehen. Doch will er sich vorher sorgfältig vergewissern, ob dieser Weg auch wirklich gangbar ist. Deshalb erbittet er sich von Fräulein Jaricot, ihn für eine wichtige Geschäftsreise freizustellen.

Sie führt ihn die Rhône abwärts in die Gegend von Avignon. Nicht die Papstresidenz des Mittelalters ist das Ziel der Reise, sondern ein Hüttenwerk im Departement Vaucluse bei der Stadt Apt. Das Industriegelände gehört Herrn Perre, dem ehemaligen Kommittenten seines Bankhauses, der ihm noch 180.000 Francs schuldet. Die Fahrt in die Provence verfolgt zwei Zwecke. Einerseits will er seine Forderung einmahnen, dabei jedoch gleichzeitig die Güter Perres besichtigen und überprüfen, ob sie als Hypothekarsicherung für den Anfang von Fräulein Jaricots „Himmelsbank-Projekt" in Frage kommen. Weil vier Augen mehr als bloß zwei sehen, nimmt er auch seine Frau mit. Sie soll während der geschäftlichen Gespräche spazieren gehen und unverfänglich die Meinung der Bewohner der Umgebung über Gustave Perre und sein Ansehen als Grundbesitzer und Mensch ausforschen.

Der Großindustrielle empfängt das Ehepaar Allioud in seinem Herrenhaus am Ufer des Coulan-Flusses. Der erste Eindruck von der Gegend, dem eleganten Haus und dem Hüttenwerk ist überzeugend. Vier Hochöfen sind auf dem riesigen Fabrikgelände am Fuße eines Hügels, den eine Wallfahrtskirche krönt, in Betrieb. Es wimmelt von fleißigen Arbeitern auf dem Gelände, die mit einer Pferdebahn aus dem nahen Eisenerz-Tagebau Erzmaterial für die Verhüttung hervorholen. Unweit davon besichtigen sie ein stattliches Bürogebäude, in dem zahlreiche Angestellte tätig sind. Das Herrenhaus nebenan ist vornehm eingerichtet.

Doch im Arbeitszimmer von Herrn Perre folgt dann die Enttäuschung. Er könne derzeit nicht bezahlen, bedauert der Großindustrielle und reicht dem Gläubiger ein amtliches Papier.

„Wie? Was? Sie sind auch im Konkurs?" entsetzt sich Allioud.

„Leider", bestätigt Perre. „Sie wissen ja aus eigener Erfahrung: Das kann auch einem angesehenen, anständigen Geschäftsmann widerfahren. Sie danken es Ihren Gesellschaftern, ich meinen Bankverbindungen. Bekanntlich haben außer Ihrem Haus noch die Brüder Balleydier in Lyon und in Paris Lafitte die Zahlungen eingestellt. Wenn man nie den Kredit erhält, den man zu Neuanschaffungen und Ausbau braucht, und dennoch eifrig anschafft und produziert, tritt einmal zwangsläufig der Tag ein, wo man selbst nicht mehr weiter kann. Sie müssen warten, bis ich diesen Tiefpunkt wieder überwinde, oder – noch besser – mir helfen, damit es schneller geht."

„Helfen? Wie denn?" fragt der Exbankier konsterniert.

„Nun, durch das reiche Fräulein Jaricot, bei der Sie jetzt die Stelle des Geheimsekretärs bekleiden. Wenn mir die bekannte Millionärin von Lyon einen genügend großen Aufbaukredit gewährt, kommt ein jeder von uns beiden zu seinem Teil."

„Ich weiß nicht, ob ich das Fräulein Jaricot dazu bewegen kann", sagt Allioud vorsichtig. „Sie wird doch Sicherheiten wollen ..."

„Sie kennen meine Liegenschaften bisher nur aus den Plänen und Papieren. Schauen Sie sich während der nächsten Tage alles an. Dann werden Sie verstehen, dass ein seriöser und christlich denkender Geldgeber, wenn er die Güter billig durch eine Versteigerung erwirbt, leicht noch für einen zusätzlichen Betriebskredit gedeckt ist. Freilich, ich betone: ein seriöser, christlicher Geldgeber, kein Halsabschneider, wie die Brüder Balleydier! Die haben einen Strafantrag gegen mich gestellt, damit sie, wenn ich unschuldig in Haft bin, das Ganze um ein Butterbrot einstecken können. In wessen Hände dann am Ende durch ihren eigenen Konkurs alles kommt, weiß nur Gott. Dann werden höchstwahrscheinlich die Arbeiter wie Sklaven schamlos ausgebeutet, die Wälder abgeholzt und die Erzvorkommen durch Raubbau ruiniert. Ich aber könnte zusammen mit dem frommen Fräulein Jaricot unendlich viel Gutes wirken; zur Ehre Gottes und zum Heil der Menschen ..." Das leuchtet Allioud noch mehr ein, als Perre vermutet. Kennt er doch auch den Plan der „Himmelsbank". Er sagt zwar nichts davon, sondern sieht sich die Liegenschaften sorgfältig an.

Herr Perre führt ihn und seine Frau tagelang in seinem riesengroßen Besitz herum; vom Hüttenwerk in Rustrel bis zum Eisenerz-Tagebau von

Lure, dann in das Lure-Gebirge, das sich bis zum Durance-Tal hinzieht und neben anderen ausbeutungsfähigen Erzlagern Tonabbaustätten mit Ziegelwerk und Töpferwaren-Erzeugung und Kaolingruben zur Porzellanherstellung enthält. Von dort durchqueren sie riesige Wälder von Godanne und Sebastiani, die früher zur Grafschaft Sault gehörten. Ein anderer Ausflug geht zur Bastide des Bruyas, den Schmieden von Livron und den Hochöfen von Velleron, die derzeit stillgelegt sind. Auf der vierten Exkursion zeigt ihnen Gustave Perre noch die Erzbergwerke von Villars, die Mühlen von Bouvène und das Gut Fuconit. Der Eindruck, den das riesige Areal all dieser Liegenschaften vermittelt, ist überwältigend. Dass Perre sie im Laufe der Jahre seit 1837 wirklich erworben hat, weiß Allioud aus den von seinem Schuldner seinerzeit bei den Kreditansuchen vorgelegten Papieren.

Die Güter scheinen in der Tat zur Sicherung der ersten Kapitalien der „Himmelsbank" geeignet. Es stellt sich bloß die Frage, ob das nicht im Geschäftsleben stehende reiche Fräulein Jaricot die richtigen Leute für die Ausbeute der Bodenschätze und Führung der Fabriken finden wird. Hingegen traut Allioud Gustave Perre die Leitung eines solchen Besitzes schon deshalb zu, weil er doch sonst nicht alle diese vielen Industrien angekauft hätte. Außerdem galt er in Grenoble allgemein als angesehener Ingenieur und als Erfinder. Allioud fragt sich vielmehr, ob er Pauline Jaricot als Mensch zusagen würde.

In der Zwischenzeit hat sich auch Madame Jeanne Allioud ein Bild über die Situation der Angestellten dieses großen Betriebes gemacht. Die Tatsache, dass alle Arbeiter ihren Chef loben, weil er sie gut entlohnt und menschlich behandelt, spräche für Perre, meint die Frau des Ex-Bankiers. Er gelte auch als gottesfürchtig, weil er die kleine Wallfahrtskirche Notre Dame des Anges renovieren ließ. Doch ihr Mann ist sich nicht sicher, ob sich damit der unbehagliche Eindruck vom Bankrott und einer längeren Gefängnisstrafe aufwiegen lässt. Deshalb beschließt er, über die Sache in Maison Lorette zunächst zu schweigen. Sie wird ja doch erst nach Perres Rückkehr aus der Haft spruchreif. „Vielleicht findet die Gründerin des ‚Lebendigen Rosenkranzes' von sich aus einen anderen Weg für ihre „Himmelsbank" und bietet mir dort eine Stellung an. Das wäre doch sicher einfacher" sagt der ehemalige Bankier zu sich.

So gehen nach der Rückkehr des Ehepaares Allioud einige Wochen in Maison Lorette in der bisher gewohnten Weise dahin.

Mitte Oktober zieht Fräulein Jaricot den Sekretär einmal in ein persönliches Gespräch. Sie fragt ihn, ob der Umstand, dass er seine Gläubiger nicht voll befriedigen konnte, ihn nicht bedrücke. Nach ihrer Meinung müsse es ein schweres Unglück sein, sich in Schulden zu wissen.

Er habe keinen Menschen betrogen und daher niemand mit Wissen und Willen geschädigt, antwortet der ehemalige Bankier. Deswegen rechne er damit, wieder in die Lage zu kommen, die Schulden abzuzahlen und ein freier Mann zu werden. Mehr sagt er nicht. Er hüllt sich ganz bewusst in Schweigen und hofft, von Fräulein Jaricot jetzt eine Anstellung bei ihrem „Himmelsbank-Vorhaben" angetragen zu bekommen. Doch nichts dergleichen geschieht. Im Gegenteil, Pauline forscht ihn weiter aus, ob er schon einen Weg zur Schuldentilgung wisse. Da denkt er, dass das eine Vorbedingung für die neue Stelle sein soll, und versetzt: „Ja." Nun will das Fräulein darüber Näheres erfahren. Da redet er, ganz unbestimmt, von einem Freund im Süden, der „an der Spitze großer Liegenschaften stünde" und versprach, zu helfen. Das weckt noch mehr Interesse bei dem reichen Fräulein Jaricot und zwingt ihn, noch mehr und genauere Angaben über diesen mysteriösen „Freund" zu machen. Er nennt die Grafschaft Sault, erwähnt zuerst den Forstbetrieb und berichtet nach und nach auch von den Industrien und Bergwerken. Dabei wird Paulines Interesse sichtlich größer. Sie staunt über den Umfang der von Allioud erwähnten Güter. Sollte das gar am Ende das Gelände sein, auf dem sich ihr Arbeiter-Sozialprojekt ausführen ließe?, durchzuckt sie der Gedanke. Gleichzeitig sagt sie sich, derart gewaltige Liegenschaften könnten die beste Sicherheit für die geplante „Himmelsbank" darstellen, für die sich schon die ersten Einleger meldeten. Die in Montpellier beheimatete Marquise von Gremian bot ihr vor wenigen Tagen 180.000 Francs an, und der Großgrundbesitzer Blaise Aurran im Departement Var wollte ihr 100.000 Francs geben. Da ließe sich sogar die „Himmelsbank" mit dem „Arbeiter-Sozialwerk" günstig verbinden. Sie beginnt zu träumen und fragt hastig, von dieser Verschmelzungsidee ganz berauscht:

„Wo liegen diese Güter?"

„Im Departement Vaucluse, ganz in der Nähe der Stadt Apt, in Richtung Forcalquier, nahe der Straße nach Marseille", antwortet Allioud präzise.

„Wie heißt Ihr Freund?"

„Gustave Perre."

„Was ist er von Beruf?"

„Ursprünglich Ingenieur und Gutsverwalter, besonders Gießereifachmann und technischer Erfinder, Großindustrieller und Kaufmann, ungefähr 40 Jahre alt, erfahren und geschickt, begabt, mit einem wahrhaft stählernen Gehirn.

„Wann könnte man ihn treffen und sprechen?" fragt Pauline zuletzt.

Doch diese Frage lässt sich nicht leicht beantworten. Denn der von Allioud voreilig als „Freund" bezeichnete Gustave Perre muss wegen seines Konkurses schon demnächst eine Haft absitzen. Diese Tatsache verschweigt der ehemalige Bankmann. Er will nicht lügen. Da bleibt ihm allein der Ausweg der Umschreibung. Perre habe im Moment „verschiedene wichtige Verpflichtungen", die ihn gegenwärtig unabkömmlich machten, zieht sich Allioud aus der Affäre.

Da sagt Pauline Jaricot offen und ehrlich, dass ihr die angegebenen Liegenschaften ebenso als Sicherung des „Himmelsbank"-Vermögens wie als Gelände zur Verwirklichung eines von ihr geplanten Arbeiter-Sozialwerkes geeignet erscheinen. Sie bittet Allioud, Herrn Perre sofort zu schreiben und ihn ins Haus Lorette einzuladen, sobald ihm eine Reise in den Norden möglich wäre. „Vielleicht hat ja die göttliche Vorsehung unser Gespräch möglich gemacht", sinniert Pauline weiter, während Allioud sich an den Schreibtisch setzt, um Perre sofort zu schreiben.

Ende Oktober trifft eine Antwort von Gustave Perre ein. Sein Brief ist am 20. Oktober 1844 datiert. Aus der Anfrage von Fräulein Jaricot schließt Perre erfreut, dass die reiche Dame aus Lyon ihm jene Kapitalien verschaffen könne, die zum Ausbau der Industrien, Abbau der Erze mit modernen Methoden und zur erfolgreichen Ausbeutung der Liegenschaften nötig seien. Er nennt als Wert der Güter den Betrag von 7,000.000 Francs und spricht die Hoffnung aus, dass der von ihr zur Ehre Gottes geplante Betrieb gelingen möge. Besonders schätze er den Wald von Lure, bemerkt er so nebenbei. Denn dort befinde sich das aus dem 4. Jahrhundert stammende Marienheiligtum „Unserer Lieben Frau von Lure", die er immer als Beschützerin seiner Waldungen angesehen habe. Daher sei es nur sinngemäß, wenn deren Bäume für den Schiffbau zugunsten der Missionen verwendet würden. Er schließt mit dem Versprechen, seine Ankunft rechtzeitig bekanntzugeben und versichert, dass er sich gern an Maison Lorette wenden werde, weil dies ein Haus Mariens sei. In einem Nachwort bittet er um vorläufige Diskretion und um Gebete für ein gutes Gelingen.

Dieser Brief bestärkt Pauline Jaricot in ihrer Überzeugung, nunmehr die richtige Basis für ihr Arbeiter-Sozialwerk und die „Himmelsbank" gefunden zu haben. Dem Inhalt nach scheint Perre der Bedingung zu entsprechen, die Pfarrer Vianney in Ars erwähnt hatte: jener der reinen Absicht aller mit diesem Werk in Verbindung Stehenden. Bei Allioud, dem frommen Rosenkranz-Vorsteher, gibt es keinen Zweifel. Dasselbe glaubt sie von sich selbst annehmen zu dürfen. Sie wartet also nur noch auf den Besuch von Perre.

Doch der bleibt Monate hindurch aus. Auch jede Nachricht von ihm fehlt. Pauline findet das ein wenig sonderbar. Sie fragt mehrmals nach und drängt Herrn Allioud, über seinen Verbleib nachzuforschen. Da meint Allioud, jetzt doch Farbe bekennen zu müssen. Er teilt ihr mit, dass Gustave Perre sich gegenwärtig in Haft befinde. Als Grund dafür erwähnt er die Mitteilung Perres im Hüttenwerk Rustrel. Feinde und Gegner wollten seine Liegenschaften billig erwerben und hätten ihn durch allerlei Mittel zu diesem Zweck aktionsunfähig gemacht.

„Sind seine Gegner Feinde der Kirche?" erkundigt sich Pauline.

Das wisse er nicht, sagt Allioud wahrheitsgemäß. Er kenne nur den Namen der Lyoner Bankleute Brüder Balleydier in diesem Zusammenhang.

„Oh lala!" ruft Fräulein Jaricot überrascht.

„Die sollen doch der Hauptloge von Lyon angehören. Ja freilich, dann! ...“

Sie gibt sofort Herrn Allioud den Auftrag, alle zu Perres Befreiung nötigen Schritte in die Wege zu leiten. Sie ist auch prinzipiell bereit, dafür eine Kaution von 5.000 Francs auf sich zu nehmen. Nur wolle sie vorher noch eingehende Erkundigungen über Gustave Perre einholen. Um Irrtum, Täuschung oder sonstige falsche Auskünfte zu vermeiden, wünscht sie das Urteil eines Priesters, der gut informiert ist. Als solcher wird ihr der

Marianistenpater Ricart aus Perres Heimat genannt. Von jenem Priester empfängt sie Anfang August des Jahres 1845 folgendes Schreiben:

„Mademoiselle, ich habe von meinem guten Freund Gustave Perre soeben einen Brief erhalten, in dem er die Aufmerksamkeit erwähnt, die Sie ihm entgegenbringen." Ricart schreibt auch vom Einblick, den sie auf die Abwicklung von Perres Geschäften gewinnen möchte. „Ich zweifle nicht an Ihrer Aufrichtigkeit, gut begründet durch Ihre vielen Verdienste. Wenn Sie mir die Frage über Gustave Perre und seine Familie stellen, so fürchten Sie nicht, dass ich zu viel des Lobes sage. Er ist ohne Sorge vor Gericht erschienen, denn der einzige Tadel, den man ihm erteilen könnte, ist, ein zu gutes Herz zu haben. Er war zur Erfüllung seiner Pflichten bereit. Aber diejenigen, die ihm mehr versprachen, als sie tun konnten, haben ihn in der Stunde, da er ihre Unterstützung gebraucht hätte, verlassen." Sie hätten ihn sogar daran gehindert, seine Pflichten zu erfüllen, schreibt der befreundete Geistliche und fügt noch eine Empfehlung hinzu: „Ich wiederhole: ermutigen Sie die Personen, die in der Lage und gewillt sind, Herrn Perre Kapitalien zur Verfügung zu stellen und sich mit ihm zu vergesellschaften! Denn es gibt nichts zu fürchten. Ricart, Priester."

Nach Empfang dieser befriedigenden Auskunft leistet Pauline Jaricot sofort die Kaution von 5.000 Francs. Perre wird auf freien Fuß gesetzt, trifft acht Tage vor Maria-Himmelfahrt in Lyon ein und erscheint in Begleitung von Herrn Allioud bei Pauline.

Er präsentiert sich als ein mittelgroßer, dunkelhaariger Südfranzose mit kleinem Schnurrbart und winzigem Kinnbärtchen und wirkt auf den ersten Blick charmant in seinem Auftreten. Er spricht nicht viel, doch was er sagt, scheint wirklich aus dem Herzen zu kommen. Er scheint sichtlich bewegt, als er Paulines Hand küsst und ihr mit ein paar innigen Worten dafür dankt, dass sie ihn den Schlingen seiner Feinde entrissen habe. Dann wartet er bescheiden auf ihre Fragen und Wünsche.

Im näheren Gespräch stellt sich heraus, dass Allioud nur einen Teil der Möglichkeiten, die seine Güter für das neue Sozialwerk bieten, erwähnt hatte. Neben dem besten Schiffbauholz könnte vor allem auch ein von ihm erfundenes Verfahren billigster Herstellung von Gussstahlplatten den Missionen dienen. Aus diesen Bauelementen ließen sich schnell und preisgünstig kleine Missionskapellen herstellen, die man mit Statuen und Reliefs der Ton– und Kaolinvorkommen von Lure ausstatten könnte. Perre beteuert auch, die vergangene Zeit im Gefängnis habe in ihm die Absicht reifen lassen, künftig sein ganzes technisches, industrielles und kaufmännisches Bemühen zur Ehre Gottes einzusetzen. Deshalb begrüße er das ihm eben erst von Allioud bekanntgegebene „Arbeiter-Sozialwerk" aufs wärmste.

„Wenn Sie diesen Plan ausführen, verwirklichen Sie meinen insgeheimen Lebenstraum", äußert er begeistert. „Ohne Zweifel hat mich Gottes Vorsehung hierhergeführt, damit ich Ihnen diese Gelegenheit anbiete. Beeilen Sie sich, alle möglichen Erkundigungen einzuholen! Sobald ich meine Feinde los geworden bin, werde auch ich mich voll und ganz dem Wohl der Arbeiter widmen." Abschließend bittet Perre, für die Familie Allioud das Haus Nazareth mieten zu dürfen, damit sie nicht mehr so gedrängt wohnen müssen. Danach verabschiedet sich der Großgrundbesitzer höflich.

Gustave Perre hinterlässt einen durchaus guten Eindruck auf Pauline Jaricot. Auch seine Fürsorge für Allioud und seine Familie bestärkt sie. Gekrönt wird dieser Eindruck noch durch die Meinung der „Töchter Mariens", die Perre allmorgendlich in der alten Fourvière-Kapelle an der Kommunionbank sehen. Eine solche Frömmigkeit würde man bei den Männern ihrer gottlosen Zeit außerordentlich selten sehen.

Während Perre eine kurze Reise nach Paris macht, erscheinen in Maison Lorette Abbé Ricart und ein Gerichtsbeamter aus Apt. Der Priester bestätigt bei einem Mittagessen mit Fräulein Jaricot und ihrem Hauskaplan Abbé Rousselan seine brieflichen Mitteilungen. Und der Gerichtsbeamte weist an Hand eines Versteigerungsediktes über das Hüttenwerk Rustrel vom 20. September den Umfang und Wert der Güter von Gustave Perre nach. Bald nachdem die Gäste abgereist sind, kehrt Perre nach Lyon zurück. Nun stellt sich die Frage, wer bei der Zwangsversteigerung die Liegenschaften erstehen soll.

Pauline Jaricot möchte selbst kaufen. Perre wendet nichts dagegen ein. Einige Tage später bringt er schonend die Frage vor, ob Fräulein Jaricot auch Ausbau und Betrieb der ungeheuren Liegenschaften mit Eigenkapital bestreiten wolle. Pauline sagt sofort, das käme nicht in Frage. Sie rechne dazu mit den Einlagen der „Himmelsbank" und denkt dabei an die wohlhabenden Spender Marquise Gremian und Monsieur Aurran.

„Wenn Sie die Eigentümerin der Güter sind, dann werden alle diese Einleger Ihre Gläubiger", erklärt ihr Perre.

Das Wort „Gläubiger" klingt offensichtlich ungut in den Ohren des reichen Fräuleins Jaricot. Es weckt sofort Erinnerungen an die althergebrachten Grundsätze ihrer Eltern und Geschwister. Die trachteten jeweils, so schnell wie möglich ihre Lieferanten zu bezahlen. Auch die vor elfeinhalb Jahren verstorbene Sophie Perrin huldigte diesem Grundsatz. Es war bisher der Stolz der Jaricots und jener Firmen, die ihren Namen trugen, wohl einen Kredit zu gewähren, jedoch niemals selbst Kredite in Anspruch zu nehmen. Nur sie ging notgedrungen von diesem ungeschriebenen Gesetze ab, als sie auf ihrer Romreise die Kaufsumme für das Heimsuchungskloster bei Allioud ausborgte. Und jetzt sollen alle Einleger der „Himmelsbank" ihre Gläubiger werden? Das sagt ihr gar nicht zu. Dagegen wehrt sich der uneingestandene Familienstolz. So fragt sie ganz betreten:

„Gibt es denn keinen anderen Weg?"

„Oh doch", versichert Perre. „Den bei derartigen Geschäften allgemein üblichen. Sie brauchen nur eine Gesellschaft gründen und allen späteren Geldgebern Anteile davon überlassen. Dann müssen Sie sich nie mit einem Schuldschein ihnen gegenüber verpflichten. Und für das Geld dieser Personen haften nicht Sie, sondern die Liegenschaften, die dann Gesellschaftsvermögen sind. So handeln viele kluge Unternehmer."

Die Lösung scheint Pauline Jaricot sympathisch. Es fragt sich bloß, wer ganz zu Anfang neben ihr Gesellschafter sein soll. Da deutet Perre diskret an, dass man auf diese Weise Herrn Allioud behilflich sein könnte, durch einen Anteil am Gesellschaftsgewinn der eigenen Schulden alsbald ledig zu werden. Allioud hat dagegen keinen Einwand, weil er darin die Einlösung von Perres Versprechen, ihn für die Forderung von 180.000 Francs schadlos zu halten, sieht. Und Fräulein Jaricot fühlt sich dem ehemaligen Bankier verbunden, weil er durch den Hinweis auf die riesigen Güter Perres die Gründung und Sicherung der „Himmelsbank" und gleichzeitig das Sozialwerk für die Arbeiter ermöglicht. So stimmt sie gerne zu und bittet Gustave Perre, einen Vertragsentwurf vorzubereiten.

Am 8. September ist es soweit. Perre kommt frühmorgens ins Haus Lorette, empfängt neben Pauline Jaricot die heilige Kommunion und legt nach dem Frühstück den Entwurf vor. Pauline studiert den Vertrag.

„Warum führen Sie anstatt Herrn Allioud Madame Jeanne Salamand, verehelichte Allioud als Gesellschafterin an?" forscht sie.

Solange sich Herr Allioud noch im Konkurs befinde, könne er nicht als Vertragspartner aufscheinen, klärt Perre auf. Das leuchtet ihr ein.

„Wie kommen Sie dazu, außer den Liegenschaften, die am 20. September auf dem Weg einer Versteigerung erstanden werden sollen, noch Ihre übrigen Güter in die Gesellschaft einzubringen?" fragt Pauline weiter. Perre meint dazu, es sollte doch das Sozialwerk auf alle Unternehmungen ausgedehnt werden. Auch das erscheint erstrebenswert.

„Nur müssten dann gerechterweise, auch Sie, Herr Perre, Gesellschafter werden", erwägt das reiche Fräulein Jaricot.

Das ginge bei ihm ebenso wenig wie bei Allioud, bemerkt der Ingenieur. Aber auch hier fände sich ein Ausweg. Er habe vor, am heutigen Marienfest um die Hand der sechzehnjährigen Jenny Allioud anzuhalten. Wenn er ihr und der Eltern Ja-Wort empfinge, könne an seiner statt Jenny Allioud, später verehelichte Perre, Gesellschafterin werden.

Allioud ist recht überrascht über die Pläne einer Eheschließung mit seiner Tochter. Wohl weiß er, dass seine Jenny, seit sie im Haus Nazareth gemeinsam wohnen, den charmanten Perre bewundert. Doch hielt er das bisher für eine typische Jungmädchenschwärmerei. Für ihn als Vater fragt sich nun, ob es empfehlenswert scheint, seine Tochter und damit auch sich selbst mit Perre so eng zu verbinden. Er überlegt kurz und findet schließlich, dass er diese Frage durchaus bejahen könne. Wenn Perre auch gegenwärtig Gemeinschuldner ist, so stehe doch seine Sanierung unmittelbar bevor. Außerdem deute die offensichtliche Religiosität des Mannes seiner Meinung nach auf einen edlen Charakter. Eine etwaige zu große Dosis Wagemut des Großindustriellen könne von einem klugen Schwiegervater weit eher eingedämmt werden als von einem bloßen Bekannten. Allmählich gewinnt er die Überzeugung, dass eine Verschwägerung mit Perre sogar eine erheblich höhere Sicherheit für Fräulein Jaricot und künftige Geldgeber darstelle.

Darum nimmt Herr Allioud die um seine Tochter werbende Hand an. Auch Pauline Jaricot hält die Eheschließung für eine gute Idee.

Nach diesem Intermezzo stellt sich die nächste Frage: Soll die Gesellschaft den Namen Jaricot tragen? Pauline glaubt, das aus Demut ablehnen zu müssen. Auch ihre bisherigen Gründungen trugen nicht ihren Namen. Warum soll das beim Sozialwerk anders sein? Doch ihre Ablehnung bereitet den beiden Herren Schwierigkeiten. Denn die Namen von Allioud und Perre haben zu diesem Zeitpunkt in der Geschäftswelt keinen guten Ruf. Da findet wiederum der kluge Ingenieur eine Lösung. Beim Riesenumfang des Hüttenwerkes braucht es neben ihm, dem technischen Direktor, noch einen kaufmännischen. Da könnte doch die Gesellschaft dessen Namen tragen. Er habe sich bereits nach dem richtigen Mann umgeschaut und kenne ihn seit langem. Sein Name ist Georg Paul Mayer.

Nun geht es nur mehr um die Höhe des Gesellschaftskapitals. Perre schlägt 500.000 Francs mit Steigerungsmöglichkeit auf das Dreifache vor. Zuletzt empfiehlt er die Fixierung einiger Nebenpunkte, die Fräulein Jaricot nicht mehr so wichtig erscheinen. So geht es bei diesen Punkten darum, dass Frau Allioud als stellvertretende Geschäftsführerin bestellt wird, dass Mayer beauftragt wird, das Hüttenwerk Rustrel bei der Versteigerung am 20. September für die Gesellschaft zu erstehen, weiters eine Ermächtigung an Perre, zur Ausbeutung der Liegenschaften eine Aktiengesellschaft zu gründen, sowie das Zugeständnis von Vorzugsgewinnen an Allioud und Perre und ihre Vorentnahme aus der Gesellschaftskasse.

Pauline billigt das gern zu, damit die beiden Kridatare sich alsbald ihrer Schulden entledigen können. Denn dass die ganze Transaktion auch diesem Nebenzweck dienen soll, erscheint ihr selbstverständlich. Da die Berechnungen von Perre einen jährlichen Reingewinn von 25–30 Prozent vorsehen, kann davon durchaus etwas für ein derartiges Hilfswerk aufgewendet werden. Gleichsam als Dank für dieses christliche Entgegenkommen, wird nur ein einziges Vertragsstück ausgefertigt, unterschrieben und dem Fräulein Jaricot ausgehändigt. Damit erscheint das gegenseitige Vertrauen am besten ausgedrückt. Pauline übergibt dann Madame Allioud vorläufig 30.000 Francs als Kaution für die Versteigerung. Sie tut dies mit voller Überzeugung und deutet es als ein „Zeichen des

Himmels", dass das Geburtsfest der Gottesmutter am 8. September mit der Geburtsstunde des Arbeiter-Sozialwerkes zusammenfällt.

Danach vergehen einige Wochen, bis der Kauf des Hüttenwerkes vollzogen und rechtskräftig wird. Ende Oktober erhält der kaufmännische Leiter Mayer aus Deutschland eine Nachricht, dass sein schwer erkrankter Vater nach ihm verlange. Der juristisch vorzüglich informierte Perre nimmt das sofort zum Anlass, die Firma „G. P. Mayer & Co" durch einen Notariatsakt in eine Aktiengesellschaft umzuwandeln und Monsieur Mayer vor dem Notar beurkunden zu lassen, dass er persönlich an dieser Firma keine Rechte besitze und bei dem Liegenschaftskauf nur als Beauftragter gehandelt habe. Das sei notwendig, damit bei einem etwaigen Todesfall Mayers im Ausland nicht etwa dessen unmündiges Kind an seiner Stelle Rechte geltend machen könne, erklärt er. Pauline Jaricot meint aus diesem Vorkommnis zu erkennen, wie sehr Herr Perre bedacht ist, ihre Sicherheit als Hauptgeldgeberin in jeder Situation im Auge zu behalten. Ganz ohne Zweifel scheint er in jeder Hinsicht der richtige Mann für die ihm übertragene Aufgabe zu sein.

Pauline fühlt sich gedrängt, das nicht allein in Worten anzuerkennen. Deshalb vererbt sie ihm anlässlich der Vermählung mit Jenny Allioud die gleiche Mitgift von 1.200 Francs, die ihre eigene Mutter in die Ehe mitgebracht hatte. Ihr scheint, dass sich Perre dadurch noch zu größerem Arbeitseifer verpflichtet fühlt. Denn er verzichtet auf Flitterwochen und reist gleich nach der Hochzeit nach Paris, um dort sein neues Gussstahlverfahren patentieren zu lassen. Für die Zeit seiner Abwesenheit weist er die Angestellten von Rustrel an, alle möglichen Vorkommnisse dem Fräulein Jaricot zu melden, und bittet diese, die Mitteilungen an ihn weiterzuleiten.

Das ist für die seit einigen Monaten kränkelnde Pauline eine schwere Belastung. Gerade jetzt, wo alle „Rosenkranz"-Korrespondenz von ihr allein zu leisten ist. Denn Allioud und Abbé Rousselon sind nunmehr mit den Vorarbeiten für das Sozialwerk und die „Himmelsbank" beschäftigt. Maria Melquiond reist zur Marquise Gremian nach Montpellier, um deren erste Einlage vertraglich abzuschließen und entgegenzunehmen. Allerdings will Perre vorläufig nur 10.000 Francs davon in die Aktiengesellschaft „G. P. Mayer & Co" einzahlen. Das Fräulein Jaricot muss daher manche

Nachtstunde opfern und tagsüber auch die Zeiten, die sie normalerweise dem Gebet widmet. Sie glaubt aber, das verantworten zu können. Soll doch von der sich anbahnenden Arbeiterkolonie Rustrel oder – wie man es lieber nennt – von Notre Dame des Anges ein neues Apostolat den Anfang nehmen: ein Werk, das den Gefahren des Jahrhunderts entgegenwirken wird. Das darf man sicher auch als Gottesdienst bezeichnen, sagt sie sich. Man müsse doch jede Mühe auf sich nehmen. Sie fühlt sich besonders beflügelt, als sie aus den Briefen von Rustrel erfährt, dass schon der erste Hochofen gesegnet wurde und vor dem Anstich steht. Gleichzeitig meldet ihr Perre aus Paris, dass er dort einige tüchtige, ihm wohlbekannte Männer für den Betrieb der anderen Industrien, der Hochöfen und Schmieden von Velleron und Liveron sowie der Mühlen gefunden habe. Die Namen dieser neuen Direktoren sind Rippert, Maquis und Van Houten.

Nach Gustave Perres Rückkehr aus Paris wird im Frühjahr 1846 zur Verwertung der anderen Industrien eine neue Aktiengesellschaft unter dem Namen „Societé des Forges de Sainte-Anne d'Apt" gegründet und mit der Firma „G. P. Mayer" vereinigt. Da sich herumspricht, dass dabei das reiche Fräulein Jaricot beteiligt ist, gehen die Aktien gut ab und bringen alsbald 182.000 Francs Aktienkapital ein.

Pauline Jaricot nimmt daher an, dass die Gusseisenproduktion auf allen Hochöfen bereits im Gange ist. Freilich muss Perre während des Sommers die restlichen drei Monate seiner Haft verbüßen. Aber die neuen Direktoren können indessen Verhüttung und Verkauf fortführen, beruhigt er Pauline. Im Herbst begännen die Holzschlägerungen in den Waldungen, und nächstes Jahr würde der Bau der ersten Werkswohnungen fertiggestellt sein.

27. Das geplante
Arbeitersozialwerk scheitert

Trotz aller umsichtigen Vorsorge seitens Gustave Perre, gibt es gegen Ende Juni eine unliebsame Überraschung. Georg Paul Mayer kehrt aus Deutschland zurück und protestiert gegen die Verschmelzung der Firma, die doch seinen Namen trägt, mit der erst neugegründeten Aktiengesellschaft. Gar als er hört, dass deren Direktoren weit höheres Gehalt beziehen als er selbst, empört er sich noch mehr. Er macht gegen Madame Allioud und Jenny Perre Betrugsanzeigen und klagt auf Ungültigkeitserklärung des Notariatsaktes vom vergangenen Herbst. Pauline Jaricot erschrickt, als sie die Klage zugestellt erhält. Dass das gerade jetzt passiert, wo Perre sich noch in Haft befindet, ist sehr peinlich.

„Sie müssen einen Advokaten nehmen, meine Mutter!" rät ihr Françoise-Marie Dubouis, „einen erfahrenen, berühmten Anwalt von gutem Ruf." Und da Pauline noch zu zögern scheint, fügt sie hinzu: „Ich glaube, meine Mutter, dass wir von etwas sehr Traurigem bedroht sind ... Was mich betrifft: Ich würde eher einem Straßenräuber vertrauen als diesem Gustave Perre."

„Was fällt dir ein?", entsetzt sich Fräulein Jaricot. „Das ist doch Argwohn. Ja, mehr noch: ein frevelhaftes Urteil!"

Françoise-Marie entgegnet daraufhin kurz und bündig: „Wenn er sich völlig unbeobachtet glaubt, besitzt er den Blick eines echten Fuchses ..."

„Und seine Frömmigkeit?"

„Die halte ich für pure Heuchelei und ihn für einen Hochstapler."

Pauline Jaricot schüttelt missbilligend den Kopf und will dergleichen böse Worte nicht mehr hören. Aber den Rat, die Sache einem Advokaten zu übergeben, befolgt sie doch. Trotz ihrer angeschwollenen Beine geht sie zusammen mit Françoise-Marie auf den Place du Gouvernement und sucht dort Monsieur Dattas, den emeritierten Professor der juridischen Fakultät in Paris auf. Dem legt sie die Verträge und Gerichtspapiere vor und fragt ihn um seine Meinung. Der Advokat rät vorerst zu einer Bucheinsicht bei den Aktiengesellschaften und will Pauline zu sich bitten,

wenn sie vorgenommen ist. Bei dieser zweiten Konferenz geht er mit Fräulein Jaricot den Gesellschaftsvertrag vom 8. September 1845 Punkt für Punkt durch und lässt sich von seiner Klientin zu jedem Paragraphen ihre Absicht mitteilen. „Diesen Privatvertrag hätten Sie nur mit ihrem Vater oder dem heiligmäßigen Abbé Phileas abschließen dürfen, niemals jedoch mit einem Fremden!", lautet sein Urteil.

„Ich hab doch Gustave Perre wie einen Bruder betrachtet und behandelt", gibt Pauline offen zu. „Und Sie sind dabei dem schlauesten und übelsten Betrüger in die Hände gefallen", stellt sie der Jurist vor vollendete Tatsachen. „Der Kerl hat jedes Wort und jede Handlung peinlich genau bedacht und außerdem Sie, Mademoiselle, derart gut gekannt, dass er Sie unversehens dazu brachte, selber das vorzuschlagen, was er beabsichtigte. Ein derart abgefeimter Schurke, Betrüger und Hochstapler ist mir in meiner ganzen Praxis noch nicht begegnet."

Pauline-Marie erschrickt bei den ernsten Worten des Professors. „Aber die sorgsam eingeholten Auskünfte sprachen doch zu seinen Gunsten, Sogar ein angesehener Abgeordneter vom Departement Gard empfahl ihn mir", versucht sie sich zu rechtfertigen.

„Sämtliche Referenzen beruhten teils auf raffinierter Täuschung der Auskunftspersonen, teils werden sie sich noch als skrupellose Bestechungen herausstellen", versichert Monsieur Dattas.

„Ist also die Bucheinsicht ungünstig ausgefallen?" fragt die Klientin zitternd.

„Ungünstig? Nein. Verheerend! Die Aktiengesellschaft ‚Société des Forges de Sainte Anne d'Apt' weist schon sechs Monate nach ihrer Gründung einen Verlust von 20.000 Francs aus, obwohl ihr Aktienkapital 182.000 Francs betrug. Und ‚G. P. Mayer & Co' nach einem Jahr unter der Generaldirektion von Gustave Perre einige hunderttausende Francs. Von all den Geldern, die Sie und andere Aktionäre in die Aktiengesellschaft investiert haben, blieben nur 9.000 Francs in Waren übrig und knappe 600 Francs an Bargeld in Rustrel in der Kasse. Dazu kommt die noch unerfüllte Zahlungsverpflichtung aus dem Kaufpreis für die Liegenschaften, den Perre noch nicht entrichtet hat. Der Liegenschaftserwerb bei der Versteigerung erfolgte – wie alle anderen Ankäufe Perres – allein durch den Erlag der vorgeschriebenen Versteigerungskaution, also durch Zahlung von nur einem Bruchteil des wahren Preises."

Die ernsten Worte wirken wie Schläge auf das seit einigen Monaten durch Überanstrengung erkrankte Herz Paulines. Das alles ist zu viel für die Geschwächte, sie wird ganz blass und sackt ohnmächtig zusammen.

Françoise-Marie gerät in große Sorge um ihre spirituelle Mutter und sagt ein wenig vorwurfsvoll zum Advokaten: „Sie müssen mit mehr Vorsicht sprechen, Herr Professor! Das kranke Herz unserer Mutter verträgt nicht so viel Schmerz auf einmal …"

Professor Dattas entschuldigt sich und zuckt mit den Achseln. „Furchtbares lässt sich leider kaum behutsam vorbringen", bedauert er und verrät: „Mademoiselle Jaricot wird ihr Herz kräftigen müssen, damit es das, was in den nächsten Monaten passiert, ertragen kann. Denn dieser Perre hat einen üblen Handel aus Frömmigkeit und Schurkerei zusammengemischt."

Pauline Jaricot schlägt kurz die Augen auf. Ein ungeheurer Schmerz erfüllt sie, als sie die Worte des Advokaten hört. „Welch schreckliches Erwachen", flüstert sie bebend.

Dann reißt sie sich zusammen und gibt sorgfältig Auskunft über die Summen, die in Perres Hände fielen. Von ihr aus sind es rund 150.000 Francs. Dazu gesellen sich die 10.000 Francs der Marquise von Gremian, die 182.000 der Aktionäre der zweiten Gesellschaft und rund 500.000 an Aktienzahlungen für „G. P. Mayer". Gottlob, das lässt sich für sie noch verschmerzen und verkraften. Nur den Kaufpreis der Liegenschaften und das vergeudete Betriebskapital wird man künftig aus den Einlagen der „Himmelsbank" aufbringen müssen. Nach diesem finanziellen Überschlag hört sich das reiche Fräulein Jaricot ruhig die rechtlichen Darlegungen des Advokaten an. Der macht ihr klar, dass in den durchaus unbedeutend anmutenden Beifügungen zu den Verträgen die ärgsten Fußangeln verborgen sind. Denn die Ermächtigung zur Aktiengesellschafts-Gründung brachte Herrn Perre einige hunderttausend Francs als Beute und könnte ihn zu der dadurch erlaubten Wiederholung seines Raubzugs reizen. Das Zugeständnis auf Vorentnahmen künftiger Gewinne sei aber der gefährlichste der Punkte. Er sanktioniere schon im Voraus sämtliche Unterschlagungen des überschlauen Betrügers und mache ihn strafrechtlich unantastbar. Um sich vor weiterem Schaden aus diesen wahrhaft ruinösen Vertragsbestimmungen zu schützen, rät Advokat Dattas zu unverzüglich einzubringenden Nichtigkeitsklagen hinsichtlich beider Verträge.

„Jeder Verzug kann weitere Summen kosten. Wenn nicht durch den glücklicherweise eingesperrten Perre, so doch durch von ihm anbefohlene betrügerische Machinationen seiner ergebenen Kreaturen, Familie Allioud, Georg Paul Mayer, Rippert, Maquis, Van Houten."

„Sie zählen auch Herrn Allioud zu den Betrügern?" entsetzt sich Fräulein Jaricot.

„Natürlich, weil er jetzt Schwiegervater des Haupt-Hochstaplers ist: Was er vorher war, interessiert mich nicht. Sie müssen ihn und seine ganze Sippe sofort aus Nazareth und Apt entfernen. Sie müssen! Begreifen Sie, Mademoiselle? Sonst kann ich Ihr Mandat nicht annehmen. – Perre wird ja höchstwahrscheinlich kaum einen Mietzins für Haus Nazareth bezahlt haben."

So ist es in der Tat. Weder an Fräulein Perrin, der seit dem Tod ihrer Mutter Sophie Perrin Haus Nazareth gehört, noch an ihre Mieterin Fräulein Tournus, von der man den Besitz in Untermiete nahm, wurde Mietzins entrichtet.

Paulines Herz blutet bei dieser harten Maßnahme der Delogierung, die ihre Nichte als Hauseigentümerin für sie vornimmt. Es ist dieselbe Nichte, die seinerzeit die Revolutionsnächte im Zisternen-Stollen miterlebte, und seither als Schwester Philomene unter den „Töchtern Mariens" weilt.

28. Schmerzvolles Erwachen

Der Schmerz der schwer Betrogenen ist uferlos. Nur eines hält sie aufrecht: Sie muss aus diesem Riesenangriff teuflischer Bosheit, inkarniert in Gustave Perre, das Sozialwerk der Arbeiter retten! Der nächste Weg dazu ist ihre Bitte an die Marquise von Gremian um Leistung ihrer restlichen Einlage und die Aufnahme der Verbindung mit dem hochangesehenen Großgrundbesitzer Blaise Aurran, der sich zu dem Erlage von weiteren 100.000 Francs und einem Kompaniegeschäft mit Fräulein Jaricot zum Fortbetrieb des Hüttenwerkes und Anfang der Arbeiterkolonie erbötig macht. Vermögen und Frömmigkeit des neuen Partners steht außer Zweifel! Auch bei der alten Marquise von Gremian. Mit diesen beiden bekannten Eiferern der Nächstenliebe kann der gewaltige Fehlschlag wieder überwunden werden. Jedwedes Gotteswerk muss ja mit teuflischen Angriffen rechnen, sagt sich Pauline Jaricot. Auch ihre anderen Gründungen erlitten sie. Doch Gottes Kraft ist stärker. Jetzt sind ihr auch die Ratschläge des heiligmäßigen Pfarrers von Ars vollkommen klar. Sie hat beim Sozialwerk die Augen viel zu wenig offen gehalten und außerdem das „Himmelsbank-Unternehmen" mit Menschen durchführen wollen, denen die reine Absicht mangelte. Die Fehler dürfen sich nicht wiederholen. Das nimmt sie sich fest vor.

Kaum hat sich Fräulein Jaricot auf diese neue Linie festgelegt, so merkt sie, dass die bittere Vergangenheit keineswegs überwunden ist, denn nun beginnen die Prozesse sie in Atem zu halten. So sehr, dass zwei bedeutsame Vorkommnisse davor unwichtig werden: der Tod ihres erlauchten Gönners auf Petri Stuhl, Gregors XVI., sowie die neue Papstwahl, bei der Kardinal-Staatssekretär Luigi Lambruschini im letzten Wahlgang seinem schärfsten Gegner unterliegt, der als Nachfolger Gregors den Namen Pius IX. annimmt.

Anfangs erscheint es allerdings, als ob die eingeleiteten Gerichtsverfahren schnell vorübergingen. Denn Mayer hat bereits nach wenigen Wochen ein Urteil in Händen, das ihn aus jeglicher Verbindlichkeit der zwei Aktiengesellschaften befreit. Perre greift in den Prozess nicht ein.

So wird er rasch entschieden. Den Umstand weiß das in Rechtsangelegenheiten nicht erfahrene Fräulein Jaricot nicht richtig einzuschätzen. Sie denkt, bei ihren Klagen werde es ebenso sein. Aus diesem Traum erfolgt ein trauriges Erwachen.

Ihr Advokat hat beide Klagen vor dem Handelsgerichtshof in Lyon erhoben. Aus ihr ganz uneinsichtigen Gründen wird die Klage gegen die „Societé des Forges de Sainte Anne d'Apt" wegen sogenannter Unzuständigkeit dieses Gerichtes abgewiesen. Pauline hält das gegen sie gerichtete Urteil entsetzt in Händen und muss zum ersten Mal in ihrem Leben die gegnerischen Advokaten und die Gerichtskosten bezahlen.

„Was nun?" fragt sie Monsieur Dattas verstört. Der lässt sich von dem Fehlschlag nicht beirren und meint :

„Wir werden jetzt die Klage beim Zivilgericht einbringen."

Einige Wochen später erfolgt die zweite bittere Überraschung. In dem Prozess gegen Madame Allioud und Jenny Perre wegen Ungültigkeitserklärung des Vertrages vom 8. September 1844 wird eine öffentliche Verhandlung anberaumt. Dergleichen hat sich in den beiden anderen Verfahren nicht ereignet. Der Advokat macht der noch unerfahrenen Klientin klar, dass zweifellos Herr Perre als Zeuge auftreten werde. Das heißt, dass seiner Aussage von allem Anfang an ein höheres Maß von Glaubwürdigkeit zustehe als ihren Ausführungen. Sie gelte nämlich als Partei, das heißt, als jemand, der ohne weiteres zu seinem Vorteil lügen könne. Wenn etwa Perre gar noch vereidigt würde und einen Meineid leistete, was man bei ihm befürchten müsse, so sei das eine böse Sache.

Diese Mitteilung stürzt Fräulein Jaricot in eine unbeschreibliche Verwirrung. Wo bleibt Gerechtigkeit, wo Recht, wenn man den Aussagen eines Hochstaplers mehr Glauben zubilligt als denen einer gottverbundenen Seele? Mit dieser Frage ringt sie in schlaflosen Nächten in ihrer Hauskapelle im Gebet. Weil keine Offenbarung sie erhellt und auch Abbé Rousselon ihr nicht helfen kann, bleibt nur der Weg, den Monsieur Dattas anriet: Bei der Verhandlung einen besseren Eindruck als Perre zu machen. Da man sich mit dem scheinheiligen Heuchler in Worten und Gebärden niemals erfolgreich messen kann, gilt es gewichtige Taten zu setzen.

Dattas hat sie darüber aufgeklärt, dass sie nach günstigem Ausgang beider Nichtigkeitsverfahren niemand verhalten könne, den von Perre irregeführten Aktionären ihre Einlagen zu erstatten. Die Aktionäre dürften sich dann nur an Perres Vermögen schadlos halten. Das hieße praktisch, dass alle diese Leute ihr Geld einbüßten. Auf ihre Frage, ob sie nicht im Gewissen verpflichtet sei, die Aktionäre zu entschädigen, antwortete Abbé Rousselon, diese Verpflichtung bestünde nicht. Sie wollte ja niemand schädigen und wusste nicht, wie sehr mit ihrem Namen Missbrauch getrieben wurde. Das klang beruhigend und tröstete doch nicht.

Denn eines blieb ihr sonnenklar: Allein durch ihren Namen, den ehrlichen, in aller Welt hochangesehenen Namen Jaricot, ließen sich viele arglose Gutgläubige zur Aktienzeichnung verleiten. Und all diese sollten nun ihr Geld verlieren? Nur wenige Reiche, dagegen zahllose kleine Leute setzten volles Vertrauen auf den Namen Jaricot. Ist es nicht ein Gebot der Ehre, sie zu entschädigen? Ist es nicht pure Schuldigkeit, den Namen, den auch ihre Angehörigen tragen, makellos, tadelsfrei erhalten zu müssen? Liegt schließlich hier nicht außerdem die Möglichkeit vor, durch eine höchst gerechte Tat dem äußeren Schein des Hochstaplers entgegenzuwirken?

Die Überlegungen quälen Pauline Jaricot noch in der Nacht vor der Verhandlung. Sie bittet vor dem Tabernakel um Erleuchtung, Sie ruft die Mutter vom guten Rat um Hilfe. Jedoch kein Wort, kein Zeichen gibt ihr einen Hinweis. Da meint sie, dass sie selbst das Nötige vorkehren müsse. Sie sucht am Morgen des 26. November 1846, zwei Stunden vor dem Anfang der Verhandlungen, einen Notar auf und heißt ihn, eine Urkunde zu verfassen, in der sie sich aus eigenem Antrieb zur Schadloshaltung aller Aktionäre beider Gesellschaften verpflichtet.

Dann tritt sie im Gerichtssaal ruhig Perre gegenüber. Der sagt ganz offensichtlich gegen sie aus und ist bestrebt, den besseren Eindruck zu erwecken. Mit Biedermannsgebärden, Frömmigkeit und Hinweis auf ein unverschuldetes Unglück umgarnt er Richter und Beisitzer.

Hernach wird Mademoiselle Pauline-Marie Jaricot zur Aussage gerufen. Perre nimmt inzwischen unter dem Publikum Platz. Pauline schildert alle Vorkommnisse wahrheitsgetreu. Am Ende ihrer Rede legt sie den zwei Stunden vorher errichteten Notariatsakt auf den Richter-Tisch und sagt nicht ohne Stolz:

„Allein und ohne die Hilfe von irgendeiner Seite habe ich Vorsorge getroffen für alle Notwendigkeiten der Ehre und des Rechtes.“

Der Vorsitzende liest die übergebene Urkunde durch. Dann schaut er Fräulein Jaricot durchdringend an und fragt:

„Wissen Sie auch, dass Sie damit ohne Notwendigkeit eine Verpflichtung von einer halben Million eingehen?“

Pauline antwortet mit heller Stimme, fest und sicher: „Ja!“

Da wiederholt der Richter seine Lesung laut und deutlich, für alle Anwesenden klar vernehmlich. Der Eindruck seiner Worte ist unbeschreiblich. Die Beisitzer erheben sich hochachtungsvoll, wie wenn ein Urteil verkündet würde. Monsieur Dattas springt überrascht auf. Der Gegenanwalt rauft sein Haar, und Perre senkt tief beschämt den Kopf. Nur die Beklagten, Madame Allioud und Jenny Perre, begreifen nicht recht, was da vorgeht. Jedoch sämtliche Anwesende sind voll uneingeschränkten Lobes und ehrlicher Bewunderung. Ein zufällig vorbeigekommener und nur aus Neugier in den Saal getretener fremder Rechtsanwalt namens Duquaire sagt halblaut:

„Das kann allein das reiche Fräulein Jaricot!“ Inzwischen hat sich auch der Richter erhoben. Er schließt jetzt die Verhandlung. Nach einer ganz kurzen Beratung des Senates wird die schriftliche Bekanntgabe des Urteils verheißen. Monsieur Dattas tritt zu Pauline und versichert:

„Sie haben den Prozess gewonnen. Das kann man jetzt schon sagen, obwohl das Urteil noch nicht vorliegt. Aber der Preis ist hoch!“

An diese Worte denkt Pauline oftmals in den folgenden Monaten und Jahren.

Das erste Mal muss sie Anfang 1847 daran denken, als ihre Gegner nach Empfang des Urteils, das wirklich zu Paulines Gunsten spricht, dagegen Berufung an den Königlichen Gerichtshof in Lyon einlegen. Denn diese Unverschämtheit trifft sie wie ein Blitz aus heiterem Himmel. Nun läuft der schon gewonnene Prozess vor einem anderen Forum weiter. Und sein Ausgang ist wieder ungewiss. Ganz ähnlich geht es bei der zweiten Klage zu. Auch hier behält Pauline Jaricot zwar Recht, aber es bleibt die Frage offen, ob sie den Freunden Perres, Rippert, Marquis und Van Houten als ehemaligen Direktoren eine Abfertigung von 50.000 Francs bezahlen soll. Darüber muss ein Schiedsgerichtsprozess entscheiden.

Im Sommer 1847 fragt sie sich erneut, ob ihre freiwillige Verpflichtung nicht doch etwas vorschnell war. Denn sie gewinnt zwar auch das sogenannte Berufungsverfahren, jedoch schon 14 Tage später erheben Frau Allioud und ihre Tochter, das heißt, in Wirklichkeit Herr Perre, dagegen die Revision an den obersten Kassationsgerichtshof in Paris. Diese Gemeinheit empfindet Fräulein Jaricot wie einen Dolchstich. Außerdem werden die Gerichtskosten in den gewonnenen Prozessen ihr aufgelastet, weil Jeanne Allioud und Jenny Perre ohne Vermögen sind; ihr, der Gewinnerin! Das kostet neben der bitteren Enttäuschung nicht wenig Geld.

All das erscheint Pauline noch erträglich, weil sie begründet hofft, vom Hüttenwerk alsbald Einnahmen zu erhalten und dort endlich das Arbeiter-Sozialwerk verwirklichen zu können.

Herr Blaise Aurran hat, teils mit eigenem Kapital, teils mit den Geldern der Marquise von Gremian, die Arbeit aufgenommen. Am 27. April schloss er mit Fräulein Jaricot einen Vertrag auf Halbpart. Seit Mai des Jahres 1847 rauchen in Rustrel die Schlote und sind die Hochöfen in Tätigkeit. Jedoch nicht lange. Bereits zu Sommerende findet Herr Aurran, dass der Betrieb des Hüttenwerkes ein Verlustgeschäft sei. Er legt die gesamte Erzeugung still und entlässt sämtliche Arbeiter. Alle Hochöfen werden ausgeblasen.

Als diese Schreckensnachricht in Maison Lorette eintrifft, weint Fräulein Jaricot stundenlang über diesen Fehlschlag in der Hauskapelle. Am ärgsten trifft sie die dadurch bewirkte Arbeitslosigkeit von fast 2.000 Menschen an jenem Ort, wo doch ein Sozialwerk aufzubauen ihre Absicht war. Dass Blaise Aurran, obwohl Halbpart-Gesellschafter, sein ganzes Geld und alle Auslagen zurückverlangt und dass die alte Marquise, von ihren künftigen Erben stark beeinflusst, ebenso wie er, mit Klage droht, erscheint Pauline als bittere Draufgabe zu dem Elend.

Denn diese neuen ungerechten Forderungen beginnen ihre materiellen Möglichkeiten langsam zu erschöpfen. Sie hat bisher bezahlt und immer wieder bezahlt, als ob ihr riesiges Vermögen nicht verbraucht werden könne. Nun merkt sie mit Erschrecken, dass es auch zur Neige gehen kann. Die ihr bevorstehenden neuen Gerichtsverfahren gegen Gremian und Aurran werden mehr Geld verschlingen als die bisherigen. Soviel hat sie in sechs Prozessen bereits Erfahrungen gesammelt. Und davor zittert sie zum ersten Mal in ihrem Leben. Sooft die Glocke am Hauseingang schellt, erwartet sie die Klagezustellung. Sooft Maria Melquiond oder Françoise-Marie Dubouis zu ihr ins Zimmer treten, bangt sie vor einem neuen Schlag.

Das Böseste von allem ist, dass sich auch ihr Kredit allmählich zu erschöpfen droht. Es hat sich schon herumgesprochen, dass sie in schwierige Rechtsstreite verwickelt wurde. Seitdem will sich niemand mehr für die „Himmelsbank" interessieren. Wenn aber dieser Plan endgültig scheitert, dann wird zugleich das Arbeiter-Sozialwerk undurchführbar. Die Sorge quält sie unaufhörlich.

Längst spürt sie, dass ihr Leben nicht mehr eine ständige Gottverbundenheit zulässt, was für sie beinah drei Jahrzehnte lang eine Selbstverständlichkeit war. Sie steht jetzt noch mehr im Strudel des Weltlebens als während der Zeit der ärgsten Gottferne. Fast jeder Tag erfordert schwierige Entscheidungen, Besprechungen, geschäftliche Erwägungen, Korrespondenzen, sodass sie oft das Rosenkranzgebet in die Nachtstunden verlegen muss. Ihr lebenslang ganz fremd gebliebene Dinge bewegen sie und rauben den letzten Rest ihrer Energie, mit der sie ihrer Seele wieder Besinnung und Aufschwung verleihen wollte. Wenn sie nicht wüsste, dass die Allerheiligste Dreifaltigkeit in ihrer Seele wohnt, und nicht verstünde, jedes weltliche Geschäft gleichsam vor Gottes Augen zu verrichten, so ginge sie im wilden Wirbel der Ereignisse auch ihrer Seelenruhe vollständig verlustig.

Nach Wochen halb verzweifelten Bemühens, das „Himmelsbank-Projekt" doch noch irgendwie in Frankreich durchführen zu können, begreift sie, dass sie es nicht nur mit den falschen Menschen, sondern auch am falschen Ort begonnen hat. Von Rom, vom Kirchenstaat aus hätte es gestartet werden müssen, zu einer Zeit, da noch Papst Gregor lebte und Lambruschini Kardinal-Staatssekretär war. Der Fehler lässt sich jetzt nicht mehr gutmachen. Denn Kardinal Luigi Lambruschini verlor inzwischen sein hohes Amt. Und Papst Pius IX. kennt sie nicht. Doch Hilfe könnte vielleicht doch von dort zu hoffen sein; Hilfe, die Rettung bringt! Der Kardinal findet sicherlich Menschen, die für eine so große Sache Herz besitzen. Darum sendet sie die kluge Maria Melquiond zu ihm.

Wieder vergehen viele bitterschwere Wochen scheinbar ergebnislos. Erst vor dem Weihnachtsfest zeigt sich ein Hoffnungsstrahl. Er geht auf wie der Stern der Weisen. Und ebenso sehnsuchtsvoll hofft Fräulein Jaricot auf ihn. Maria Melquiond berichtet, der in Rom lebende Fürst Odescalchi wäre bereit, gegen Hypothekensicherung für das geplante Sozialwerk drei Millionen Francs zehn Jahre lang zu leihen. Pauline bittet überglücklich Abbé Rousselon, eine Dankandacht abzuhalten, und stimmt mit den „Töchtern Mariens" ein jubelndes Te Deum an. Nun glaubt sie, sicher sein zu dürfen, dass nach drei Jahren schmerzlichster Enttäuschungen, Verluste und Zusammenbrüche das aufkommende Jahr 1848 das Jahr der Wende sein wird.

Sobald der Winter weicht, will sie Rustrel aufsuchen und endlich selbst an Ort und Stelle nach dem Rechten sehen. Bereits im Februar stellen sich dieser Absicht schwere Hindernisse entgegen.

Die Klage von Aurran trifft ein, und die Machthaber der Marquise von Gremian lassen sich nur dadurch von einem sehr kostspieligen Gerichtsverfahren abbringen, dass Fräulein Jaricot ihnen freiwillig einige Hypotheken einräumt. Darunter auf ausdrückliches Begehren von Monsieur Bru, der die Marquise vertritt, auf Maison Lorette.

Kaum hat Pauline dadurch ein wenig Rückenfreiheit, so droht bereits das nächste Verhängnis. Während sie sich zusammen mit Françoise-Marie schon in den Reisevorbereitungen für die geplante Fahrt befindet, lässt eine Schreckenskunde sie erstarren. In Paris bricht eine Revolte gegen König Louis Philipp aus. Der Funke zündet, und die Revolution verbreitet sich wie ein Lauffeuer in anderen Städten. Ende Februar ziehen auch durch Lyon Gruppen von Protestierern übelster Sorte. Sie tragen rote Jakobinermützen und grölen die Marseillaise. Da ist an keine Abreise zu denken. Denn schon nach wenigen Stunden hört man von Plünderungen und schweren Übergriffen. Wenn es auch diesmal nicht zu Straßenkämpfen kommt, weil sich das Militär mit den Aufständischen verbrüdert, so sieht die Lage trotzdem recht bedrohlich aus.

Nachdem die königstreuen Anhänger aus Stadt und Departements-Verwaltung vertrieben worden sind, versuchen ihre Nachfolger, den Mob von all zu groben Ausschreitungen abzuhalten. Das Mittel, dass sie dabei anwenden, bekommt auch Pauline Jaricot zu spüren.

Bereits am 28. Februar erscheint vor Haus Lorette eine wilde Rotte, die den Bewohnerinnen durch ihren bloßen Anblick Schrecken einjagt. Der rotbemützte Anführer entfaltet großartig ein Dokument und fängt zu lesen an.

In diesem Moment stockt fast allen „Töchtern Mariens" der Herzschlag. Die meisten meinen schon ihr Todesurteil oder doch den Haftbefehl vernehmen zu müssen. Allein Pauline-Marie bleibt ruhig. Da sie der Herr bereits dreimal bei Revolutionen am Leben ließ, so muss sie dankbar sein, wenn er nunmehr ihr Opfer annimmt, sagt sie sich. Jedoch ans Leben geht es auch diesmal nicht; nur ans Vermögen. Denn der zerlumpte Kerl liest vor:

„Mandat des Revolutions-Ausschusses von Lyon! Zur Minderung der Arbeitslosigkeit sind öffentliche Arbeiten sofort in Angriff zu nehmen und an öffentlichen ‚National-Bauplätzen' durchzuführen. Die bisherigen Eigentümer solcher Liegenschaften, die zu National-Bauplätzen erklärt werden, haben den arbeitswilligen Bürgern und Bürgerinnen ungehindert Zutritt zu gewähren, ihre Arbeiten in jeder Weise zu unterstützen und für ausreichende Verpflegung zu sorgen. Das Haus der Bürgerin Pauline Jaricot ‚Maison Lorette' auf dem Montée Saint Barthelemy wird zum National-Bauplatz erklärt. Lyon, am 28. Februar 1848. Der Revolutions-Ausschuss."

„Gut, Bürger ...", beginnt Pauline zu antworten.

„Triboullet", ergänzt der Mann, gleichsam als Vorstellung.

„Ich heiße Sie willkommen, Bürger Triboullet", fährt Fräulein Jaricot fort. „Was wollen Sie hier machen? Hier sind doch keine Möglichkeiten für einen Bauplatz oder gar zum Bauen."

„Ich bin ein Zimmermeister", erklärt der Jakobiner.

„Wir werden alle schlagreifen, brauchbaren Bäume aus dem Park abholzen und zersägen." Da merkt Pauline, dass wirklich ein Opfer von ihr gefordert wird. Zu der Belastung mit der hohen Hypothek, die schmerzte, soll nun noch die Zerstörung ihres Lieblingsaufenthaltes, des Parks auf den Terrassen und am Hügelhang, dazu kommen. Weil ein Aufbegehren oder gar Verhindern dieser Tat unmöglich ist, nimmt sie das Mandat des Revolutionsausschusses zur Kenntnis. Von da ab haust die üble Rotte in ihrem Haus und im Park. Man muss die Kerle überall gewähren lassen, zusehen, wie sie auch die letzten Vorräte aufstöbern, froh sein, dass sie wenigstens die Kapelle nicht betreten und entweihen, und dass die mitgebrachten losen Weiber ein Schutz gegen böse persönliche Belästigungen sind.

Auf Anordnung von Fräulein Jaricot ziehen sich alle „Filles de Marie" in die neben der Kapelle gelegene Bibliothek zurück und stellen alle darunterliegenden Hausräume den Eindringlingen gänzlich zur Verfügung. Da Abbé Rousselon im gleichen Oberstock wohnt, bleibt die Gemeinschaft dort beisammen. Gebet und heiliges Opfer vereint sie mehr denn je. Auch wenn ein Stockwerk tiefer Gegröle, Geschrei und Johlen dominiert, und Saufgelage bis gegen Mitternacht andauern.

29. Zu bitterer Armut verurteilt

Ende März ist alles abgeholzt. Die letzten Bäume sind zersägt und weggeführt. Der Bürger Triboullet stellt Bürgerin Pauline Jaricot auf ihre Bitte eine Quittung über Unterkunft und Unterhalt der Seinen aus und entfernt sich allmählich wieder mit der Rotte. Zurück bleibt ein zerstörter Park, ein schmutziges Haus, zerbrochener Hausrat und eine ausgeraubte Vorratskammer.

Ehe das Haus wieder einigermaßen hergerichtet und aufgeräumt ist, flattern schon wieder blaue Blätter herein: die arg gefürchteten Gerichtsbeschlüsse. Diesmal enthalten sie die Klage des Barons von Carayon-Latour, dem die Grafschaft von Sault mitsamt dem Hüttenwerk Rustrel vormals gehörte. Weil er nie einen Kaufpreis überantwortet erhielt – weder von Gustave Perres Vorgänger, noch von ihm selbst –, will er jetzt seine Güter zurückbekommen. Das Gericht spricht sie ihm sehr schnell zu. Dagegen nützt kein Widerstand. Gleichzeitig empfängt Pauline, wie zum Hohn, die Schiedsgerichtsentscheidung mit dem Titel einer „liquidierenden Eigentümerin der Aktiengesellschaft Societé des Forges de Sainte Anne d'Apt". Außerdem klagt jetzt die Mieterin von Nazareth, Fräulein Tournus, den von Perre nicht bezahlten Mietzins bei ihr ein, weil der Mietvertrag zugunsten der Familie Allioud von Perre im Namen dieser Aktiengesellschaft abgeschlossen wurde. Als nun Pauline ihre Nichte bittet, wenigstens diese Sache als Eigentümerin von Nazareth für sie zu regeln, wirft Schwester Philomena ihr das weiße Häubchen vor die Füße und erklärt, sie wolle nicht mehr länger zu den „Töchtern Mariens" zählen.

„Ich habe Angst vor diesem Haus, wo man so Schreckliches erlebt", sagt sie ganz offen, „und Angst, auch in Ihr Schicksal, Tante, mitverwickelt zu werden. Ich weiß es noch wie heute, dass Sie während der Revolution von 1834 unten im Zisterne-Stollen Ihr Leben und Ihr sämtliches Vermögen Gott zum Opfer angeboten haben. Jetzt nimmt der Herr Sie offensichtlich beim Wort. Ich aber will nicht noch vertrieben werden und vielleicht betteln gehen müssen."

Die Flucht der Nichte bricht Pauline fast das Herz. Sie ist besonders bitter, weil Schwester Philomena sich vor allen anderen „Töchtern Mariens" von ihrer Tante lossagt. Außerdem ist sie die einzige Blutsverwandte, die nach dem 1844 erfolgten Tod der Lieblingsschwester Sophie Perrin ihr verblieben war. Wird dieses Beispiel Nachahmung finden?, fragt sie sich bedrückt von einem Gefühl der Verlassenheit. Kann man jungen Menschen gram sein, wenn sie nach derart vielen schweren Schlägen an keine Besserung zu glauben vermögen? Pauline glaubt dennoch daran. Sie glaubt unerschütterlich an Gottes Hilfe und hofft auf den Erhalt der drei Millionen des Fürsten Odescalchi.

Ein neuer Hoffnungsschimmer erscheint am Firmament, als sie endlich doch noch nach Rustrel fahren kann. Dort setzt sie Herrn Dubouis, den Bruder von Françoise-Marie, als neuen Generaldirektor ein. Sie nimmt die entlassenen Arbeiter wieder auf und lässt durch sie in ihrer Gegenwart einen Hochofen-Anstich durchführen. Sie überzeugt sich selbst von dem Gelingen der gemachten Güsse, von der Vortrefflichkeit des Materials, aus dem sie zwei Reliefs prägen lässt, die das Göttliche Herz Jesu und das Unbefleckte Herz Mariens darstellen. Dann unternimmt sie mit bewunderungswürdiger Energie zwei Schritte, die ihr für die nächste Zeit die nötige Rückenfreiheit sichern. Sie trifft in der Kapelle Notre Dame des Anges auf dem Hügel über dem Hüttenwerk mit Blaise Aurran zusammen, um sich mit dem Prozessgegner, der doch ein guter Katholik ist, zu versöhnen. Die Unterredung beginnt sie damit, dass sie ihm verspricht, die Briefe und Verträge, die seine Halbpart-Beteiligung enthalten, bei Gericht nicht vorzulegen. Dadurch erweckt sie Gewissensbisse in dem Mann, der sich selbst mehrfach als ihr „Kompagnon für Lebenszeit" bezeichnet hat. Er gibt sein Einverständnis zu einer Schiedsgerichtsentscheidung zweier Priester, für die jede Partei den Schiedsrichter der anderen bezeichnen soll. Außerdem weiß Pauline den Vertreter des Barons von Carayon-Latour zu einem Zahlungs– und Übergabeaufschub hinsichtlich Rustrel auf die Dauer eines Jahres zu bewegen.

All das erreicht sie trotz heftiger Herzbeschwerden, trotz zweifelsfreier Wassersucht und wunder Beine. Es ist fast eine übermenschliche Anstrengung, mit der sie alles unternimmt, was ihrerseits geschehen kann, um das Arbeiter-Sozialwerk zu retten. Umso mehr trifft sie nach ihrer Heimkehr der ärgste Fehlschlag.

Im November 1848 wird die Revolution durch Giuseppe Mazzini und den Freischärler Garibaldi bis in den Kirchenstaat hineingetragen. Nach der Erstürmung des Quirinalspalastes ist Pius IX. ein Gefangener. Fürst Odescalchi und Kardinal Luigi Lambruschini bringen sich schon früher in Sicherheit. Dem Heiligen Vater gelingt später die Flucht nach Gaeta. Als größtes Übel erweist sich für Pauline der Umstand, dass Fürst Odescalchi, mittlerweile auch all seiner Güter beraubt, nicht mehr seine Zusage auf drei Millionen Francs Kredit aufrechterhalten kann. Da nun auch diese letzten Stützen und Hilfsmöglichkeiten wegfallen, glaubt Pauline Jaricot, nunmehr den Boden unter ihren Füßen zu verlieren. Gar als sie beinah unaufhörlich Aktiengläubiger aus der freiwilligen Zahlungsverpflichtung vom 26. November 1846 bedrängen und auf Betreiben der Marquise von Gremian die Zwangsversteigerung vom Haus Lorette ausgeschrieben wird. Damit scheint fast alles vernichtet und der letzte Hoffnungsschimmer bricht zusammen. Es bleibt allein die Hoffnung wider alle Hoffnung. Von nun an hofft Pauline, wie die Heiligen hoffen.

Jedoch die meisten der „Töchter Mariens" können dem Heroismus ihrer Mutter nicht mehr folgen. Auch Abbé Rousselon ist nicht ganz einverstanden und spricht das unverhohlen aus.

„So hoffen dürfen Menschen, die an einem sogenannten Schicksalsschlag unschuldig sind", meint er. „Sie hingegen, Mademoiselle Jaricot, haben durch Ihre, Ihnen von keinem Menschen aufgedrängte freiwillige Zahlungserklärung vom 26. November 1846 alles verdorben. Ich habe Ihnen klargemacht, dass Sie dazu nicht im Gewissen verpflichtet sind. Sie aber handelten gegen den Rat Ihres Beichtvaters. Und das Motiv des Handelns war purer Stolz: die Sorge um den Ruf des Namens Jaricot. Darum mussten die Fehlschläge kommen, damit Sie seine Nichtigkeit einsehen. Auch trotz Ihrer Verpflichtung und trotz aller schier verzweifelten Bemühungen ist jetzt der Klang des Namens Jaricot in der Geschäftswelt ruiniert. Sie haben Ihr Vermögen verloren und viele Gläubiger, die fest auf die Verpflichtung bauten, enttäuscht. Sie dürfen sich jetzt nicht an einem außerordentlichen Gottvertrauen berauschen und untätig bleiben! Sie müssen selbst unternehmen, was Sie noch unternehmen können!"

Was unternommen werden soll, sagt Abbé Rousselon der von der Wucht seiner Vorwürfe tieferschütterten Pauline jedoch keineswegs. Sie muss darum in vielen Stunden vor dem Tabernakel und in zahllosen schlaflos und tränenreich durchwachten Nächten ringen.

Als sie meint, endlich einen gangbaren Weg gefunden zu haben, scheint er verwegen und unsicher, weshalb der Hauskaplan davon abrät. Da sich inzwischen durch die Wahl des Prinzen Louis Napoleon zum Präsidenten der neuen Republik wenigstens in Frankreich die Lage wieder beruhigt hat, will Fräulein Jaricot noch einen Priesterrat einholen.

Es ist nicht Pfarrer Vianney, an den sie denkt. Denn der empfahl ihr seinerseits bereits das Richtige: Reinheit der Absicht aller Handelnden. Sie selber hat durch ihre überflüssige Erklärung dagegen gefehlt, begreift sie nun. Sie will nach La Rochelle, wo der Vorgänger ihres Bruders Phileas als Krankenhausseelsorger im Hôtel-Dieu jetzt Bischof ist. Exzellenz Villecourt kennt sie aus ihren Jugendtagen im väterlichen Haus. Auf dem Weg hin kann sie Marquise Gremian aufsuchen und um Versteigerungsaufschub für Maison Lorette bitten.

Bischof Clemens Villecourt von La Rochelle empfängt Pauline mit hochachtungsvoller Freundlichkeit. Er lässt sich alle Stationen ihres Kreuzweges schildern und hört mit Anteilnahme zu. Nach der Beendigung ihres Berichtes schweigt er und betet um Erleuchtung zum Heiligen Geist. Dann sagt er ernst:

„Abbé Rousselon hat recht. Sie durften die freiwillige Zahlungsverpflichtung damals nicht eingehen. Denn Ihr Vermögen sollte doch der Sicherung des Arbeiter-Sozialwerkes dienen. Mit dieser vorschnellen Handlung haben Sie von sich aus das Sozialwerk aufs Spiel gesetzt."

Kummer, Sorgen und Schmerz schlafloser Nächte sind Pauline ins Antlitz gezeichnet. Die Fünfzigjährige senkt tief beschämt das Haupt und versetzt leise: „Ja. Es ist wahr."

Dabei bemerkt Bischof Villecourt, wie sehr das Haar der Dulderin bereits ergraut ist. Die harten Worte, die er aussprach, tun ihm leid. Doch hielt er sich zu einer rückhaltlosen Darlegung der Wahrheit verpflichtet. Nun will er raten, helfen, aufbauen. Auch das wird schmerzlich sein. Doch gibt es keinen anderen Weg. Wenn der nicht Rettung bringt, dann fällt das Sozialwerk endgültig.

„Mit Gottes Hilfe schenkten Sie vor Jahren der Christenheit zwei große Werke", beginnt er gütig auf sie einzureden. „Sie haben seinerzeit großmütig darauf verzichtet, als Gründerin des „Werkes der Glaubensverbreitung" genannt und anerkannt zu werden. Jetzt ist der Augenblick gekommen, wo Sie diesen Anspruch geltend machen dürfen und auch müssen. Sobald man im Zentralrat von Paris bestätigt, dass die Gründung durch Sie erfolgte, gewinnen Sie die Möglichkeit, sämtliche Mitglieder in aller Welt um eine kleine Abgabe und Beisteuer zu bitten. Sie können dann aus beiden bereits lebenden ein drittes Werk, das vorläufig noch ungeborene Sozialwerk der Arbeiter ins Leben rufen."

Auf diesen Vorschlag antwortet Fräulein Jaricot nichts. Sie senkt das Haupt noch tiefer.

„Ich weiß, es fällt in Ihrer augenblicklichen bedrängten Lage doppelt schwer, so einen Anspruch aufzugreifen und auszuwerten", fährt Villecourt fort. „Es wird Demütigungen kosten und viel Mühe."

„Davor schrecke ich nicht zurück", versetzt Pauline Jaricot und hebt den Blick. „Ich war nur deshalb so betroffen, weil es derselbe Ausweg ist, den auch ich fand. Nur hielt ich ihn für eine Täuschung, obwohl ihn Abbé Rousselon nicht zu verwerfen schien. Dann dachte ich daran, nur eine Bitte an die Rosenkranz-Mitglieder vorzubringen ..."

Davon rät Villecourt aber heftig ab, weil dazu die Genehmigung des Heiligen Stuhles nötig wäre, jedoch nicht so schnell zu erhalten sei. Er segnet Fräulein Jaricot und die von ihm vorgeschlagene Initiative. Dann macht sie sich zusammen mit Françoise-Marie und einer jungen Rosenkranzverehrerin aus Saintes, namens Julia Maurin, auf nach Paris.

Der Weg, den sie damit beschreitet, ist steil, dornig und steinig. Zudem erweist er sich auch als ein Umweg. Denn gleich der erste Ansturm misslingt.

Sie kennt den derzeitigen Präsidenten des Generalrates vom „Werk der Glaubensverbreitung", Monsieur Berard de Glajeux, aus Lyon und rechnet deshalb mit einem freundlichen Empfang. Der Präsident kommt ihr mit ausgesprochener Hochachtung und Freundschaft entgegen. Es scheint, dass er von ihrem harten Schicksal noch nichts weiß. Als sie ihm ihr Unglück schildet, scheint er nicht abgeneigt, ihr persönlich helfen zu wollen. Pauline weiß jedoch, dass seine Möglichkeiten nicht groß sind. Als sie jedoch ihr Hauptanliegen vorbringt, wird er sichtlich verlegen.

„Mademoiselle Jaricot! Ich werde in den nächsten Tagen den ‚Conseil Central' zu einer außerordentlichen Sitzung einberufen und Ihr Ersuchen dabei zur Sprache bringen", sagt er höflich. „Jedoch auf die Beschlüsse des Zentralrates steht mir kaum eine Einflussnahme zu. Ich bin unter Gleichen nur der erste. Und meine Stimme gilt nicht mehr als jene aller anderen ... Kommen Sie, bitte, in einer Woche wieder! Dann kann ich Ihnen mitteilen, wie der ‚Conseil Central' entschieden hat." Das klingt nicht übermäßig hoffnungsvoll.

Fünf Tage später versammelt sich der Zentralrat des „Werkes der Glaubensverbreitung". Der Präsident macht die Ratsmitglieder mit der Bitte von Fräulein Jaricot vertraut und zwar ganz objektiv, korrekt, ohne sie abzulehnen oder zu empfehlen.

Sofort nach ihm meldet sich ein bekannter Advokat zu Wort.

„Messieurs", beginnt er lebhaft auszuführen, „bevor Sie sich persönlich zu dem Ansuchen von Mademoiselle Jaricot äußern, hören Sie bitte die Rechtsmeinung eines erfahrenen Juristen! Sie lautet: Gegen die Bitte des Fräuleins Jaricot erheben sich drei gewichtige Bedenken. Zwei vom Standpunkt des ‚Werkes der Glaubensverbreitung' und eines aus der Situation der Bittstellerin selbst.

Ad 1.) In den Statuten ist keine Möglichkeit zu einem solchen außerordentlichen Hilfswerk vorgesehen, aus welchem Titel immer es erfolgen mag. Statutenwidrig handeln, ist dem Zentralrat unmöglich. Er würde sich dadurch einer Verschleuderung von anvertrauten Geldern schuldig machen, weil sie in diesem Fall nicht Missionszwecken zugute kämen. Ein jedes Ratsmitglied könnte für eine solche Handlung persönlich zur Verantwortung und Schadensgutmachung herangezogen werden.

Ad 2.) Einer Statutenänderung – ganz abgesehen davon, dass sie kaum die erforderliche Stimmenanzahl erreichen würde – muss widerraten werden. – Heute spricht Fräulein Jaricot den Titel einer Gründerin des Werkes an, den sie – nebenbei bemerkt – seit 1822 nicht beantragt hat. Morgen kann Monsieur Benoit Coste kommen oder ein anderer Herr des seinerzeitigen Gründungskomitees, ihn gleichfalls geltend machen und daraus ähnliche Rechte ableiten. Ich habe ganz mit Vorbedacht den

Namen von Monsieur Benoit Coste genannt, weil dieser Herr sich seit dem Millionenbankrott seiner Lyoner Firma in einer ganz ähnlichen Lage wie Fräulein Jaricot befindet. Wenn man einmal Ausnahmen statuiert, öffnet man gleichartigen Petitionen Tür und Tor.

Ad 3.) Vielleicht das wesentlichste aller drei Bedenken, das der Situation des vormals reichen Fräuleins Jaricot entspringt!

Wenn die ersten zwei zwar formaliter hieb – und stichfest sind, so könnte man dagegen die Pflicht der Nächstenliebe ins Treffen führen. Man könnte sagen, das angeführte Sozialwerk diene der Kirche, diene der Zukunft. Beim dritten wird auch das unmöglich. Pauline Jaricot befindet sich nach den Darlegungen unseres Herrn Präsidenten zweifellos in *statu cridae*. Das heißt: Die Forderungen ihrer Gläubiger sind weitaus höher als ihr eigenes, einmal beträchtlich groß gewesenes Vermögen. Es würden demnach alle etwaigen Zahlungen, die Fräulein Jaricot im Fall der Anerkennung eines Titels aus der Gründung oder Mitbegründung zuflössen, unweigerlich sofort von ihren Gläubigern mit vollem Recht in Anspruch genommen werden. Sei es von einzelnen, die Pfändungen vornehmen, oder im Falle eines öffentlichen Bankrottes durch die sogenannte Konkursmasse. Die von den Mitgliedern des ‚Werkes der Glaubensverbreitung‘ durch Fräulein Jaricot erbetenen Zahlungen kämen daher niemals – ich bitte das entsprechend zu bedenken! – dem öffentlichen kirchlichen Zweck eines Arbeiter-Sozialwerkes zugute. Höchstens, wenn vorher alle Schulden der Kredatarin von uns völlig bezahlt wären. Ergänzend möchte ich noch auf den ungeheuren kirchlichen Skandal hinweisen, der daraus entstünde, wenn Leistungen der Mitglieder von Gläubigern des Fräuleins Jaricot in Exekution gezogen würden. Das könnte zur berechtigten völligen Diffamierung des ‚Werkes der Glaubensverbreitung‘ führen und so zum moralischen und faktischen Ruin des größten Missionshilfswerkes der Kirche.“

Nachdem der Advokat diese Darlegungen beendet hat, fragt Präsident Glajeux, ob noch jemand etwas zur Sache vorzubringen wünsche. Doch niemand meldet sich zu Wort. Daraufhin wird bei einer Abstimmung die Bitte von Fräulein Jaricot allgemeinen abgelehnt. Das Resultat der Abstimmung ihr mitzuteilen, ist die höchst unangenehme Pflicht des Präsidenten. Als Fräulein Jaricot bei ihm erscheint, hält er es nicht für angebracht, ihr die Entscheidung des Zentralrates genauestens zu erklären. Er denkt: Wenn sie ihre Rechtssituation nicht kennt, versteht sie die Beschlussbegründung kaum. Ist sie ihr aber klar, dann sieht es aus, als ob sie auf unlauterem Wege die Befriedigung ihrer persönlichen Gläubiger anstrebte. In diesem Fall erübrigt sich jegliche Rücksichtnahme.

„Warum versetzten Sie sich selbst in die Notwendigkeit, die Mildtätigkeit Ihrer Mitmenschen anrufen zu müssen? Sie wissen doch, dass damit oftmals Missbrauch getrieben wird …", fügt Präsident Glajeux vorsichtig hinzu, nachdem er ihr die Ablehnung des Zentralrates mitgeteilt hat.

Pauline Jaricot antwortet darauf nichts. Sie grüßt mit einer schweigenden Verbeugung und verlässt sogleich das Haus. Julia Maurin, die sie begleitet hat, merkt, wie sie zittert und nur mit größter Mühe ihre Tränen zurückhält. Als sie kurz danach auf der gegenüberliegenden Straßenseite die Kirche Saint Sulpice bemerken, sagt Fräulein Jaricot:

„Lasst uns zu Jesus gehen! … Was ich soeben hören musste, war sehr hart … . Aber es kommt, wie alles, was uns trifft, von Gott. Vergessen wir das nicht und wiederholen wir unser Fiat!"

30. Ein treuer Freund

Körperlich geschwächt durch den Schmerz, den man ihrem kranken Herzen zugefügt hat, verlässt sie eine halbe Stunde später seelisch getröstet wieder das Gotteshaus. Vor dem Ausgang stößt sie mit einem eleganten Herrn beinahe zusammen. Der blonde Bart, das nackenlange Haupthaar, die hellen Augen des Dreißigers scheinen ihr bekannt. Auch er bleibt stehen und zieht höflich den Hut.

„Sie hier, Mademoiselle Jaricot?" begrüßt er die Landsmännin.

„Ich könnte mich ebenso verwundern, Doktor Frederic Ozanam", erwidert Pauline-Marie.

„Nicht so sehr", widerspricht der Gründer der „Vinzenz-Konferenzen". „Da ich seit fast acht Jahren Professor für ausländische Literaturgeschichte an der Sorbonne bin, ist es nicht schwer, mich in Paris im Umkreis des Quartier Latin zu treffen."

Auf die Anfrage Paulines nach seinem Wohlergehen, erzählt er mit großer Zufriedenheit von seiner Vermählung mit Amelie Soulacroix, der Tochter seines Rektors an der Akademie in Lyon. Er erwähnt auch sein „süßes Töchterlein von sieben Jahren" und zählt ein „trautes Heim" und einen ihm zusagenden Lehrstuhl sein eigen. Der Unterricht an der Sorbonne biete ihm die Möglichkeit, der vielfach geistig irregeleiteten akademischen Jugend den Weg zu Gott zu weisen. Mittlerweile würden auch seine verschiedenen Bücher in der Öffentlichkeit guten Anklang finden. Und seine Freizeit gehöre, wie seit eh und je, dem „Vinzenz-Verein", in dem er Vizepräsident des Generalrates sein dürfe. „Die Caritas-Vereinigung ist schon auf über 10.000 Mitglieder angewachsen. In Frankreich allein gibt es bereits 500 „Vinzenz-Konferenzen". Und auch in Deutschland sind bereits in den Städten München, Koblenz, Köln, Aachen, Bonn und Breslau solche Vereine vorhanden", zählt Professor Ozanam stolz die lange Liste der „Vinzenz-Konferenzen" auf. Auch in Österreich und in der Schweiz würden sich neue „Konferenzen" anbahnen.

„Mit einem Wort: Der Segen Gottes ruht auf Ihrem Werk", erwidert Pauline Jaricot erfreut.

„Bei Ihren Gründungen steht es doch nicht anders", versichert der junge Professor verbindlich. „Wenn ich bloß an das ,Werk der Glaubensverbreitung' denke, dem ich seit meiner Jugend angehöre ..."

Da sieht er mit Erstaunen, dass in Paulines Augen Tränen treten. Besorgt, sie unbewusst gekränkt zu haben, hält er inne. Jedoch die schwer Gekränkte beherrscht sich schnell und schildert ihm mit knappen Worten die wichtigsten Ereignisse der letzten Jahre und Stunden.

„Das kann nicht sein!" wehrt sich Professor Ozanam. „Man muss Sie doch als Gründerin anerkennen. Ich selber habe zweimal in den ,Annalen' über die Gründungsgeschichte geschrieben; noch in Lyon und 1843 hier in Paris. An den letzten Bericht erinnere ich mich beinahe wörtlich. Es hieß darin etwa:

,Im Jahre 1819 erhielt eine Dame in Lyon, die ihr ganzes Leben in frommen Werken zugebracht hat und uns daher an jene Jungfrauen aus der Apostelzeit erinnert, von ihrem Bruder, der im Seminar Saint Sulpice studierte, einen rührenden Brief, in welchem er die Armut der Anstalt für Auswärtige Missionen schilderte und bat, derselben durch Gründung einer Hilfsgesellschaft regelmäßige Einkünfte zuzuwenden. Die fromme Dame verfolgte den Gedanken und gründete im Jahre 1820 eine Gesellschaft, in der wöchentlich ein Sou für das Missionsseminar erlegt wurde. Die letzten sechs Monate dieses Jahres hindurch trug die Gründerin allein die ganze Last des mühseligen Unternehmens ...'

Das kann heute noch jedermann im Rechnungsausweis für das Jahr 1842 in den *Annales d'Oeuvre de la propagation de la Foi* nachlesen. Man hat es damals ohne Widerspruch gebilligt und gedruckt. Es heute zu bestreiten, erscheint mir undenkbar."

Paulines trauriger Blick wird bei den Worten von Frederic Ozanam wieder heller und zuversichtlich. Sie drückt dem jungen Landsmann überglücklich beide Hände und versichert ihm:

„Gott lohne Ihnen das reichlich und segne dafür Ihre ,Vinzenz-Konferenzen', lieber Doktor Ozanam! Nun kann ich wieder freier atmen! Seit ich das weiß, belebt mich wieder neue Hoffnung. Vielleicht gelingt es doch noch, das Sozialwerk für die Arbeiter zu schaffen!"

Auch der Professor wünscht ihr das von Herzen. Dann bittet er sie noch, ihn doch einmal an der Fakultät zu besuchen, und eilt zur Universität.

Jedoch kommt Pauline Jaricot nicht mehr dazu. Sie findet in ihrem Logement bei den Schwestern von Sacre Coeur in der Rue Varenne alarmierende Nachrichten von Rustrel vor. Die zwingen sie, ungesäumt auf jedem möglichen erlaubten Weg Geld herbeizuschaffen. Direktor Dubouis teilt ihr mit, das Hüttenwerk sei solang nicht rentabel zu führen, bis man die alten steinernen Hochöfen durch neue eiserne ersetzen könne. Er müsse, wie vor ihm Monsieur Aurran, das Werk stilllegen und die Arbeiter entlassen, weil sich die hohen Lohnsummen aus dem Betrieb niemals herauswirtschaften ließen.

Damit stirbt die Hoffnung, aus dem Unternehmen bei ehrlicher und fachgemäßer Leitung Erträgnisse zu erwirtschaften. Ist das nun der Schlag, der auch das Sozialwerk tödlich trifft?, fragt sich Pauline. Das zu glauben, widerstrebt ihr: Gott könne das nicht zulassen. Sie klammert sich daher an den letzten Strohhalm, den ihr Direktor Dubouis mit dem Hinweis auf den nötigen Umbau reicht. Wohl weiß sie nicht, wie hoch die Summen sind, die eine solche Renovierung der Hochöfen erfordert und wie viele Monate dazu benötigt werden. Die ihr vom früheren Besitzer zugestandene Wartezeit läuft schon in einem Halbjahr ab. Ebenso fehlt es gegenwärtig an Geld. Was aber tun, wenn das Arbeiter-Sozialwerk Wille Gottes ist? Für Gott ist kein Ding unmöglich. Da sie in einigen Visionen schauen durfte, wie sich die Welt gestalten wird, wenn man sich nicht der Arbeiterschaft annimmt, gibt es nur ein Ziel: Durch die Errichtung dieses Sozialwerkes soll eine schreckliche Entwicklung, wie sie sich in ihren Visionen darstellte, vermieden werden.

31. Als Bettlerin auf Reisen

Pauline entwirft eine Denkschrift, in der sie alle Fürsten und Regierenden um Hilfe zur Verwirklichung des Sozialwerkes aufruft. Weil sie selbst nicht genügend Kraft besitzt, durch halb Europa zu reisen, sendet sie Julia Maurin mit diesem Aufruf nach Österreich, wohin die französische Königsfamilie emigrierte. Julia Maurin wird vom jungen Kaiser Franz Josef empfangen, der sich das Anliegen des Fräulein Jaricot wohlwollend anhört. Danach reist Julia weiter nach Deutschland, zum König von Preußen, und schließlich bis nach England.

Sie zieht hingegen in Frankreich von Stadt zu Stadt, um bei den Mitgliedern des „Lebendigen Rosenkranzes" Spenden zu sammeln.

Die Summen, die auf solche Art zusammenkommen, sind nicht klein. Jedoch zum Umbau der Hochöfen reichen sie nicht aus. Nach der Rückkehr nach Lyon dienen sie hauptsächlich für die Befriedigung von jenen Gläubigern, die in der Zwischenzeit die in Lorette verbliebenen „Töchter Mariens" so bedrängen, dass alle bis auf drei auf Ratschlag von Abbé Rousselon das Haus verlassen und in einem Orden Zuflucht suchen. Pauline ist tief enttäuscht von dieser Entwicklung.

Ist diese Flucht ihrer „Töchter Mariens" ein Hinweis auf die Aussichtslosigkeit ihres Ansinnens?, fragt sich Pauline Jaricot. Fast scheint es so. Denn nun erhält sie endlich das Urteil des obersten Kassationsgerichtshofes in Paris, durch das der ganze, längst sinnlos gewordene Prozess gegen Madame Allioud und Jenny Perre wegen Nichtigkeitserklärung des Privatvertrages vom 8. September 1845 zwecks neuerlicher Erhebungen an den Gerichtshof von Grenoble verwiesen wird. Die Kosten des Verfahrens und der Advokaten verschlingen den Rest des mühsam in fünf Ländern zusammengebettelten Geldes.

Wieder ist es ein vernichtender Schlag. Durch ihn werde der Wille Gottes erkennbar, meint Abbé Rousselon. Beinahe ist Pauline geneigt, dies auch zu glauben. Denn der Prozess, den sie im Jahre 1846 durch ihre freiwillige Zahlungserklärung zugunsten der Aktiengläubiger gewinnen wollte, steht nun zum dritten Mal auf Messers Schneide.

Dagegen sprechen auch ein paar positive Zeichen für sie und ihr Anliegen. Sie war die erste, die für die Arbeiterschaft konkret eintreten wollte. Mittlerweile ist sie nicht mehr die einzige. Julia Maurin erlebt so Manches auf ihren Auslandsreisen. Von ihr erfährt Fräulein Jaricot, dass sich in Deutschland der Priester Adolf Kolping der sozialen Frage widmet und bereits ein ähnliches Werk für arme Gesellen gegründet hat. Außerdem erzählt ihr Julia begeistert von den Predigten des Mainzer Erzbischofs Emmanuel von Ketteler, der sich auf besondere Weise der Arbeiterschaft in Deutschland annimmt und mittlerweile als „Arbeiterbischof" bekannt ist. Positiv stimmt Pauline auch die Tatsache, dass nun auch der Kapuzinerpater Theodosius Florentini, gleich wie sie dereinst in Saint Vallier, in der Schweiz Fabrikheime zu gründen beginnt.

Nachdenklich stimmt sie hingegen, dass ein gewisser Mann aus Trier namens Karl Marx im Jahre 1848 ein „Kommunistisches Manifest" veröffentlich hat, in dem der Autor ein politisches Programm für die weltweite Befreiung des Proletariats aus der Unterdrückung präsentiert. Pauline muss dabei an ihre allererste Schreckensvision in Saint Nizier denken. Seither fühlt sie sich noch mehr getrieben und sammelt ihre letzten Kräfte, um die geschauten Zukunftsschrecken abzumildern oder wenn möglich aufzuhalten. Das Wissen um ähnliche Werke und Bemühungen andernorts gibt ihr die Kraft, zwei außerordentlich schwere Versuchungen zurückzuweisen.

Die erste Versuchung kommt direkt von Gustave Perre. Der hat die Stirn, noch einmal Haus Lorette aufzusuchen und der von ihm Geschädigten eine nicht unbeträchtliche Schadensgutmachung anzubieten. Er sagt dies jedoch mit der zynischen Bemerkung, dass sie aus Geldern stamme, die er anderen betrügerisch entlockte. Darauf antwortet Pauline eindeutig mit „Nein" und es bleibt auch dabei.

Die andere Versuchung wird von ihren Angehörigen an sie herangetragen. Neffen und Nichten Perrin, Chartron und Jaricot huldigen dem Grundsatz: „Alles für Tante Pauline – nichts für ihre Gläubiger!" Denn jede Geldzuwendung an Pauline würde unweigerlich von deren Gläubigern gepfändet werden. Das ist für sie als Unternehmer ein Standpunkt pflichtgemäßer Obsorge. Deshalb empfehlen sie, die noch vorhandenen Liegenschaften, die ohnehin mit Hypotheken überlastet sind, in einem öffentlichen Konkurs den Gläubigern zu überlassen. Dagegen wollen sie die Tante bis an ihr Lebensende im Kreise der Familie versorgen.

Doch damit wäre das Arbeiter-Sozialwerk wirklich endgültig gestorben. Und sie müsste auch ihre letzten treuen Helfer, Maria Melquiond, Françoise-Marie Dubouis, Sophie Germain, Julia Maurin und Abbé Rousselon, preisgeben. Der Hauskaplan besitzt zwar eigenes Vermögen. Doch ginge es bei ihm um seinen liebgewordenen, jahrzehntelangen Aufenthalt im Haus Lorette. Dagegen sind die letzten „Töchter Mariens" mittellos. Wohl leben sie schon jetzt hauptsächlich von der Arbeit ihrer Hände, da außer Gläubiger-Drohbriefen kein großer Briefverkehr mehr zu bearbeiten ist. Sie wohnen aber doch noch in Maison Lorette. Aus allen diesen wichtigen Erwägungen weist Fräulein Jaricot den Vorschlag ihrer Angehörigen ab. Kurz danach trifft das Urteil aus Grenoble ein. Nach den Enttäuschungen und hohen Kosten eines fünf Jahre währenden Verfahrens vor vier verschiedenen Gerichten, wird endlich der so verhängnisvoll gewordene Privatvertrag vom 8. September 1845 aufgehoben. Die Aktiengesellschaft „G. P. Mayer &. Co" und ihr Vermögen sollen liquidiert werden. Aber auch diese letzte, anscheinend günstige Entscheidung wirkt sich für Fräulein Jaricot letztendlich ungünstig aus. Herr Bru, der vom Gericht bestellte sogenannte Liquidator, ist ein mächtiger Vertrauter der Marquise von Gremian. Und der versetzt dem Sozialwerk der Arbeiter wirklich den Todesstoß. Denn er verkauft das Hüttenwerk Rustrel und alle anderen Güter um kaum ein Drittel ihres ursprünglichen Kaufpreises. Damit kann nicht einmal die volle Forderung der Frau Marquise gedeckt werden. Doch der bleibt noch die Hypothek auf Haus Lorette. Pauline Jaricot bleiben nur alle darüber hinausgehenden Schulden an ihre anderen Gläubiger, die sie nicht mehr zu befriedigen vermag.

Nun ist das reiche Fräulein Jaricot endgültig verarmt.

Ihr selbst bedeutet das nicht viel. Für sie persönlich war ihr Reichtum seit 1817 nicht mehr vorhanden. Aber dass der Verkauf der Liegenschaften das heißgeliebte und ersehnte Arbeiter-Sozialwerk unmöglich macht, diese Erkenntnis drückt Pauline Marie zu Boden. Sie hat nicht mehr die Kraft, den Willen Gottes zu bejahen. Denn vor ihr schlängelt sich die Versuchung wie eine grelle Flamme hinauf, und wie eine Feuerschrift brennt sich die Frage in ihre Seele:

„Warum? ... Warum hat Gott das alles zugelassen?"

32. Ein Heiliger spendet Trost

Während das verarmte Fräulein Jaricot in ihrer Hauskapelle betet, zermartert vom Zweifel, befindet sich in der Kapelle der heiligen Philomena nahe des Hauseingangs ein ähnlich unschlüssiger Beter. Er ringt um Klarheit, bevor er in Lyon seinen Beichtvater Père Leonard aufsucht, um ihm zum wiederholten Male seine Herzensbitte vorzutragen: Er hofft, alsbald seine ihn zermürbenden Verpflichtungen der Seelsorge aufgeben zu können, um sich in die Grande Chartreuse bei Grenoble zurückzuziehen und Kartäuser werden zu dürfen.

Françoise-Marie, die im Vorübergehen einige Augenblicke in die Philomena-Kapelle tritt, sieht und erkennt den Beter. Da eilt sie zu Pauline Jaricot hinauf. Sie stört die vor dem Tabernakel Betende durch eine kräftige Berührung an der Schulter und sagt halblaut:

„Der Pfarrer von Ars!"

Pauline starrt sie entgeistert an. Da erklärt sie noch deutlicher: „Der Pfarrer Vianney betet vor der Reliquie der heiligen Philomena."

Das rüttelt Fräulein Jaricot jäh auf. Sie begreift, dass Gott ihr diesen begnadeten Priester zum Trost schickt und eilt, so schnell es ihr krankes Herz und die angeschwollene Beine erlauben, der jüngeren Schwester nach. Eben erhebt sich Abbé Vianney, als sie sich dem Philomena-Altar nähert.

Er erkennt Pauline und umfasst die ihm entgegengestreckte Rechte mit beiden Händen. Sie braucht ihm ihre Not nicht zu klagen. Wie immer weiß er bereits, was sie quält.

„Oh meine Schwester!" sagt er gütig. „Gott hat diese große Prüfung zugelassen ... ."

Unter dem Blick der blauen Augen wird Paulines Herz wieder ruhig. Ihr Wille beugt sich dem Willen Gottes.

„Ihr Glaube hat das alles angenommen. – Sie werden erst im Himmel die gute Absicht unseres Meisters verstehen, auch wenn Er sich gegenwärtig als streng erweist. Dort wird Er Ihnen das Warum erklären. Wir aber werden Ihm dann mit ganzem Herzen unseren Dank sagen."

Während er diese Worte ausspricht, merkt er, dass sie auch für ihn gelten. Er wird wohl seinem Beichtvater, dem Kapuzinerpater Leonard, die Absicht seines Kommens eingestehen und einbekennen, dass ihn der riesige Andrang vieler tausender Sünder vor seinem Beichtstuhl oft ermüdet. Doch er weiß bereits, was ihm sein Beichtvater wieder sagen wird: „Sie sind Pfarrer geworden, mein Sohn – Sie müssen Pfarrer bleiben!" Deshalb antwortet er jetzt schon Gott ergeben in seinem Herzen mit einem „Danke!"

Er drückt die Hand Paulines noch einmal und geht. Sie vermag nunmehr den unerforschlichen dunklen Willen Gottes aus tiefstem Herzensgrunde zu bejahen.

Auch, als es immer schwerer wird, weil sie viele Gläubiger nicht mehr zufrieden stellen kann. Böswillige drängen und quälen sie unentwegt. Da sie nicht zahlen kann, verleumden sie Pauline. Sie verbreiten das Gerücht, das reiche Fräulein Jaricot besitze immer noch verborgene Schätze und große Vermögen, die sie allen verheimliche. Nicht nur durch den „Lebendigen Rosenkranz", wie es schon früher hieß, sondern noch mehr bei ihren Liegenschaftskäufen und geschäftlichen Spekulationen sei sie immer auf ihre ständige Bereicherung bedacht gewesen. Dass sie allein an Gnaden reich geworden ist, vermögen sie nicht richtig zu verstehen. Was Gustave Perre und seinen Mitarbeitern angelastet wurde, sei nur Paulines Schuld, erhebt sich von dieser Seite her eine gehässige Flüsterpropaganda. Sie habe sich nach außen den Anschein gegeben, als teile sie Almosen aus, und sich in Wirklichkeit bereichert, indem sie arme Leute um ihr Letztes brachte.

33. Gedemütigt und verachtet

Wenn man Pauline-Marie irgendwo in den Straßen von Lyon erkennt, zeigen Vorübergehende mit Fingern auf die Armgewordene und flüstern: „Das ist das reiche Fräulein Jaricot, die geizige, verlogene Millionärin, die ihre Gläubiger schädigt und aussaugt!".

Ein Bettler auf der Escalier Chazeaux, den sie Jahre hindurch bei jedem Weg über diese Stiege reich beschenkte, beschimpft sie jetzt in gleicher Weise, weil sie oft nicht einmal mehr einen Sou hat, um ihn in seinen Hut zu werfen. Der neue Erzbischof von Lyon, Kardinal Bonald, erfährt von diesem Gerücht. Es dringt in andere Diözesen, erfasst Mitglieder des „Werkes der Glaubensverbreitung", Anhänger des „Lebendigen Rosenkranzes", besonders solche, die bei Paulines und Julia Maurins vergangenen Reisen reichliche Gaben für den Umbau der Hochöfen stifteten. Diese Meinung dringt bis nach Rom. Da Kardinal Luigi Lambruschini stirbt und niemand mehr für Fräulein Jaricot eintritt, dringt die Verleumdung bis zu den Ohren des Heiligen Vaters. Und überall wird sie geglaubt.

Dabei ist Pauline einzig bestrebt, soviel von ihren Gläubigern noch zufrieden zu stimmen, als sich auf irgendeine Weise durchführen lässt. Wenn treu gebliebene Freunde hin und wieder der Mittellosen ein Almosen spenden, bringt Francoise Marie das Geld, das sich durch äußerste Sparmaßnahmen erübrigen lässt, heimlich den kleinen Aktienbesitzern. Man nährt sich in Maison Lorette von Brotsuppe und selbstgezogenem Gemüse, heizt nicht mehr ein und brennt als einziges Licht im Hause nur die Ewige Lampe vor dem Tabernakel.

Als am 8. Dezember 1854 der längst wieder nach Rom zurückgekehrte Papst Pius IX. das Dogma von der Unbefleckten Empfängnis Mariens feierlich verkündet, verwandelt sich Lyon anlässlich dieses einzigartigen Ereignisses in ein gewaltiges Lichtermeer. Aus allen Fenstern leuchten brennende Kerzen. Allein Maison Lorette, das über seinem Eingang seit mehr als 20 Jahren die vormals viel gelästerte und angefochtene Inschrift trägt: „Maria ist ohne Sünde empfangen", bleibt dunkel. Weil nicht genügend Geld für die Kerzen vorhanden ist, legt das Fräulein Jaricot ein unscheinbares Dokument als Huldigung zu den Füßen der Marienstatue. Es trägt die Worte:

„Armenpflege von Lyon.

Ich, Unterzeichneter, Verwalter des 11. Unterstützungskomitees, bescheinige die Armut der Pauline Jaricot, wohnhaft Montée Saint Barthelemy Nr.50, die auf der Armenliste steht und Unterstützungen erhält. Lyon, 26. Februar 1853. Gonin, Pfarrer zu Saint Just, Vizepräsident des 11. Unterstützungskomitees."

Pauline hatte gehofft, dass sich ein Projekt zugunsten ihrer kleinen Gläubiger bis zum Festtage verwirklichen ließe und ihr dadurch die Teilnahme am Festakt möglich wäre.

In einer ihrer vielen schlaflosen Nächte drängte sich der Gedanke auf, im Anschluss an die Chazeaux-Stiege aus der Stadt durch den Park von Lorette einen allgemein zugänglichen Fußsteig anzulegen und ihn gegen eine Maut von einem Sou als Abkürzungsweg zur Wallfahrtskirche Fourvière bereitzustellen. Der Rhône-Präfekt gab dazu bereits die Genehmigung. Ein mildtätiger Architekt versprach, die Arbeit um Gotteslohn zu übernehmen. Jedoch konnte er sie nicht mehr rechtzeitig beginnen. Man muss sie auf das Folgejahr verschieben. Dann wird unter dem Wendeltreppentürmchen auf der Straße ein Pförtchen ausgebrochen, von dem aus man die Turmtreppe erreicht und bis zur höheren Terrasse benützen kann. Von dort führt ohnehin ein Serpentinenweg nach Nazareth. Es braucht nur dicht daneben die obere Parkmauer durchbrochen werden. Dann liegt der sehr verkürzte Zugang zur Fourvière-Kapelle frei. Am 8. Dezember 1855 ist es soweit. Der neue, von Pauline Jaricot als „Philomena-Steig" benannte Fußweg wird viel begangen und trägt in kurzer Zeit nicht weniger als 14.000 Francs ein.

Jedoch kommt davon nicht ein Sou den kleinen Gläubigern, die er zufrieden stellen sollte, zugute. Die Hypothekargläubiger von Maison Lorette sprechen den Erlös des Steiges als Ertrag der Liegenschaft für sich an. Sie beschlagnahmen die Gelder und setzen einen eigenen Mautbeamten zur Entgegennahme ein. So bleibt auch diese Maßnahme praktisch ergebnislos. Was durch die Wegbenützung eingeht, wird lediglich zur Abstattung von Zinsen und Kosten der Hypotheken verwendet. Der Schuldenstand verringert sich nicht im Geringsten.

Der Nachbar des Grundstückes erfährt durch den am Tor klebenden Exekutions-Beschluss davon. Da sagt er sich: „Wenn Mademoiselle Jaricot vom ‚Philomenasteig' ohnehin keinen Nutzen hat, kann auch ich einen Abkürzungsweg errichten." Weil aber das letzte Wegstück davon am oberen Mauerende über Grund und Boden von Maison Lorette führen müsste, bietet er seiner Nachbarin für ihre Zustimmung die Hälfte des Ertrages an. Pauline Jaricot ist nicht genügend rechtskundig, um zu erkennen, dass dieser Vorschlag ihr wirklich als ein Geschenk zugutekommen würde. Sie lehnt daher das Angebot ab.

Am selben Tag wird ihr eine Kränkung zugefügt, die sie für alle klugen Überlegungen blind macht. Man hat ihr mitgeteilt, dass Papst Pius IX. sich voll Entrüstung über ihre heuchlerische Haltung und ihren vorgeblich betrügerischen Bankrott äußerte, weil dadurch die kirchliche Caritastätigkeit vor nichtgläubigen Menschen in Misskredit gerate und das Vorgehen einer derart international als wohltätig bekannten Christin überall Ärgernis errege. Bei dieser Nachricht bricht Pauline weinend zusammen.

„Oh, man verachte mich!" schluchzt sie. „Oh, man beschuldige mich, wie man nur will! Wenn alle mich verraten und verlassen, nehme ich es aus Liebe zu Jesus an und für das Heil der Seelen! Dass aber auch das Oberhaupt der Kirche, die ich immer liebte und verehrte, an mir zweifelt: Das ist nicht mehr auszuhalten!"

34. Wieder auf dem Weg nach Rom

Nicht nur wegen der Kränkung weint sie bittere Tränen. Die schlechte Meinung des Heiligen Vaters über ihre Person zerstört auch den Plan, mit dessen Hilfe sie sämtlich verbliebene Gläubiger zufrieden zu stellen gedachte. Durch die Einflussnahme von Papst Pius IX. auf den Zentralrat des „Werkes der Glaubensverbreitung" wollte sie endlich die Anerkennung ihrer Person als Stifterin erwirken, um von den Mitgliedern kleine Abgaben zur Schuldentilgung zu bekommen. Nach der irrigen Meinung des Oberhauptes der Kirche scheint das nunmehr völlig unmöglich. Da kommt ihr ein wenig später ein Glücksfall zugute. Bischof Clemens Villecourt von La Rochelle wird Kurienkardinal. Er tritt für sie in Rom ein und rät ihr danach dringend zu einer Reise nach Rom. Die scheint zunächst nicht weniger ausgeschlossen wie seinerzeit ihre erste Romfahrt.

Ein Übermaß an seelischen Bedrängnissen und Leiden hat ihre Herzkrankheit verschlimmert. Die fortschreitende Wassersucht erschwert das Gehen. Diesmal ist weder Reisewagen noch Reisegeld vorhanden. Man müsste mit der neu gebauten Eisenbahn bis nach Marseille fahren und von dort einen Frachtdampfer nach Ostia oder Civitavecchia benützen. Da trifft von Freunden ein Almosen ein. Vertrauend, dass das Armenzeugnis zur verbilligten Bahnfahrt beitragen könnte, lässt Fräulein Jaricot davon 200 Francs an eine kleine Gläubigerin auszahlen und macht sich in Begleitung von Françoise-Marie mit dem verbliebenen Rest auf ihre dritte Romreise auf.

In eine schwarze Tasche werden Dokumente, Bücher und einiger Mundvorrat an Brot, Feigen, Käse und etwas Kaffee verpackt. Ein großer Sack ersetzt den Reisekoffer. Die nötigen Kleidungsstücke, zwei Kissen und eine Decke füllen ihn. Françoise-Marie Dubouis schultert ihn und nimmt die Tasche in die Linke. Ihre rechte Hand stützt die schwer bewegliche Pauline gleichsam, wie Pfarrer Vianney es seinerzeit vorhersagte. So gehen sie gegen Abend in die Stadt hinunter und fahren dritte Klasse über Nacht, insgesamt 15 Stunden, nach Marseille. Glücklicherweise ist der Weg vom Bahnhof bis zum Hafen von dort nicht weit. Doch auf der

Schiffsreede erleben beide Reisenden eine Enttäuschung. Es läuft zur Zeit kein Frachter in Richtung Rom aus, und das Kursschiff geht erst am nächsten Tage ab. Wohl setzt man im Büro der Reederei bei Vorweisung des Armenscheines den Fahrpreis auf ein Viertel herab. Wo aber soll die Zwischenzeit verbracht werden?

Das Fräulein Jaricot erinnert sich an eine frühere Freundin in Marseille, die ihr für jede Durchreise ihr Haus anbot. Jedoch das war vor Jahren, als ihr Name noch einen guten Ruf hatte. Die damalige Freundin will jetzt nichts mehr von ihr wissen. Nach zwei Vorsprachen und stundenlangem Warten wird sie wie eine lästige Bettlerin von einem jungen Mädchen im Auftrage der Hausfrau abgewiesen. Vor dem Portal sagt dann Pauline, schmerzlich lächelnd:

„Françoise-Marie, es kommt mir vor, als sei das jetzt genug, und unser Heiland verlange nun nicht mehr von mir ..." Sie wankt mühselig dem nächsten Gasthaus zu und bittet um ein billiges Zimmer.

Nach einer nahezu schlaflos verbrachten Nacht erfährt sie nächsten Tags, dass sie im selben Haus genächtigt hat, in dem vor ungefähr drei Jahren der todkranke, erst 40 Jahre alte Professor Frederic Ozanam nach einem ergebnislosen Erholungsaufenthalt in Gegenwart seiner Frau und beider Brüder starb. Diese Mitteilung erweckt in Pauline Jaricot die lebhafte Erinnerung an ihre letzte Begegnung mit dem Gründer der „Vinzenz-Konferenzen" in Paris vor Saint Sulpice. Sie erinnert sich an seine tröstenden Worte, als er ihr erzählte, dass er selber seinerzeit in den „Annalen des Werkes der Glaubensverbreitung" sie als deren Gründerin bezeichnete. Dass er danach auch noch tatkräftig für sie eintrat, weiß sie nicht, weil sein Einsatz erfolglos blieb. Jedoch schon der Gedanke an seine Worte belebt die Hoffnung neu. Was der so früh Verstorbene für sie nicht mehr erreichen kann, wird nun ein Wunsch des Heiligen Vaters bewirken, sagt sie sich.

Dann widmet sie dem Frühvollendeten ein christliches Gedenken und geht danach am Arme von Françoise-Marie schwerfällig zum Heiligtum aller Seefahrer Notre Dame de la Garde hinauf, um sich den Reisesegen zu erbitten.

Die segnende Geste des Gotteskindes der Kolossalstatue auf dem Kreidefelsen oberhalb der Stadt begleitet sie noch bei der Abfahrt ihres

Schiffes. Dann schweift ihr Blick wehmütig zur alten Kathedrale im Hafen, zum Mastenwald der Segler, den Schloten der Dampfschiffe, und schließlich erkennt sie nur noch den Küstensaum der Heimat, ehe er im Meer verfließt.

Wenige Stunden später wird die Fahrt stürmisch. Der Dampfer schlingert stark. Sturzbäche überspülen die beiden Reisenden, die auf dem Deck verharren, notdürftig durch einige Warenballen geschützt. In Dunkelheit, Nebel und Sturm entgeht das Schiff mit knapper Not einem Zusammenstoß.

Durchnässt, vom Wind zerrauft, durch die furchtbaren Strapazen ganz entkräftet und sterbensmüde erscheint das Fräulein Jaricot vor Kardinal Villecourt. Dem krampft sich beim Anblick der verarmten Französin das Herz zusammen. Er nimmt sich der zwei Frauen, die aussehen, wie Bettlerinnen, liebevoll an. Durch seine Fürsorge gelangt Pauline in das seinerzeit von ihr bewohnte Kloster Santissima Trinità dei Monti. Dank seiner Fürsprache bewilligt ihr Papst Pius IX. eine Privataudienz im Quirinalspalast. Nun kann sie sich gegenüber den falschen Anschuldigungen verteidigen und darf ihm ihre Herzensbitte vorbringen. Der Heilige Vater verspricht, ihr Anliegen während einer Generalaudienz zu bewilligen. In der Zwischenzeit lässt er an Kardinal Bonald von Lyon und an den Generalrat vom „Werk der Glaubensverbreitung" nach Paris schreiben und seinen Willen kundtun, man möge Fräulein Jaricot durch eine großzügige Unterstützung zur Deckung ihrer Schulden helfen.

Dann steht Pauline im großen Audienzsaal des Apostolischen Palastes im Vatikan unter vielen Pilgern aus aller Welt. Das vormals reiche Fräulein Jaricot hält sich in ihrer ärmlichen Gewandung mit ihrer treuen Begleiterin bescheiden im Hintergrund. Sie zieht den schwarzen Schleier, den ihr die Schwestern von Sacre Coeur im Kloster von Trinità dei Monti schenkten, über das von Gram durchfurchte Antlitz. Da tritt inmitten eines stattlichen Gefolges der Heilige Vater ein. Die Pilger knien nieder und empfangen den im Vorüberschreiten erteilten Segen. Nachdem Pius IX. auf seinem Thronsessel Platz genommen hat, ruft der Zeremonienmeister die Signorina Paolina Maria Jaricot aus Lyon vor Seine Heiligkeit.

Sofort schauen die Pilger nach der auf diese Weise ausgezeichneten Dame aus. Zu ihrer aller Überraschung sondert sich von der Menge eine gehbehinderte, alte Frau in einem schwarzen Armenkittel ab und wankt mühsam nach vorne. Dort wird sie, nachdem sie dem Papst die Füße geküsst hat, aufgefordert, ihr Bittgesuch vorzubringen. '

Da richtet sie sich wieder auf und sagt mit heller Stimme:

„Heiligster Vater! Wenn Eure Heiligkeit es für gut und richtig befinden, erbitte ich den allergnädigsten Befehl an den Vorstand des ‚Werkes der Glaubensverbreitung', mir zu Hilfe zu kommen. Ich möchte an die Mitglieder ein Rundschreiben richten und bitten, dass sie in jedem Jahr ihrem gewöhnlichen Beitrag etwas zusetzen. Sie werden es nicht ablehnen. Davon bin ich fest überzeugt."

Pius IX. antwortet darauf huldvoll:

„Meine Tochter Pauline Jaricot! Mit Rücksicht auf Ihre Verdienste um die heilige Kirche Gottes ist es gerecht und billig, dass das ‚Werk der Glaubensverbreitung' Ihre Schulden bezahle. Aus diesem Grunde haben Wir durch Unseren Kardinal-Vikar an den Erzbischof von Lyon geschrieben, er möge alle Anordnungen treffen, um Ihr Ansuchen bestens zu unterstützen."

Danach reicht er Pauline noch den Fischerring zum Kuss.

Doch weder Briefe noch die öffentliche Ehrung durch den Heiligen Vater erreichen die als selbstverständlich angenommene Wirkung.

Der Generalrat ist trotz der päpstlichen Empfehlung gegen eine Verwendung von Missionsgeldern Bezahlung der Schulden von Pauline Jaricot. Besonders jetzt, wo es nicht mehr um die Errichtung des Arbeiter-Sozialwerkes geht, sondern bloß um die Schuldentilgung. Der gleichartige Fall von Benoit Coste führt zu dieser Entscheidung. Freilich handelt es sich beim Konkurs von Monsieur Coste um über fünf Millionen Francs, bei Fräulein Jaricot geht es nur um einige hunderttausend. Doch man fürchtet die kirchenfeindlich eingestellte Presse. „Le Constitutionel" und seinesgleichen würden die Sache zweifellos zu einer richtigen Skandal-Affäre aufbauschen. Einige viel gelesene Boulevard-Zeitungen könnten die öffentliche Meinung derart beeinflussen, dass der Mann auf der Straße an eine faktische Verschleuderung kirchlicher Gelder glauben müsste. Jeder weiß, dass es ohne Geld nicht geht. Doch die Feinde der Kirche wissen, dass sie der Kirche mit Unterstellungen in Geldangelegenheiten sehr nachhaltig schaden können. Daher erscheint es dem Generalrat weitaus klüger, sich auf einen Beschluss der frühen 1820-er-Jahre zu berufen, wonach die Namen der Gründer des „Werkes der Glaubensverbreitung" niemals genannt werden sollten. Die bankrotte Pauline Jaricot gilt ihnen als Rufschädigung für das Werk, das sie zwar gegründet hat, für das der Generalrat nun aber Verantwortung trägt.

35. Zerdrückt wie eine Ameise

Als Pauline Jaricot von diesem Entscheid des Generalrates nach ihrer Rückkehr in Lyon erfährt, begreift sie, dass ihr finanzieller und moralischer Ruin beschlossene Sache ist. Sie erkennt darin den Willen Gottes und beugt sich ihm.

Fortan versucht sie nur noch eines: Maison Lorette solange zu erhalten, bis es durch einen möglichst hohen Kaufpreis, der neben der Hypothekentilgung noch viele kleine Gläubiger befriedigen soll, losgeschlagen werden kann. Für die Erreichung dieses Zieles scheut sie keine Mühe. Da der Konkurrenz-Fußweg des Nachbarn den Wert der Liegenschaft vermindert, erhebt sie gegen den Anrainer Klage, weil er den Weg während ihrer Romreise gegen ihren Wunsch über den Parkgrund von Lorette anlegte. Damit verfeindet sie sich ungewollt mit einer neuen kirchlichen Institution. Es ist der sogenannte „Fourvière-Ausschuss", der zwecks Errichtung einer großen Wallfahrtsbasilika gegründet wurde.

Seine Mitglieder glauben nun, dass sie in eigensüchtiger Hartnäckigkeit, die man dem Altersstarrsinn zuschreibt, dem Pilgerzustrom Schwierigkeiten bereiten möchte. Die Meinung verstärkt sich noch, als man erkennt, dass sie das auf 400.000 Francs geschätzte Haus Lorette auf keinen Fall für die ihr vom „Fourvière-Ausschuss" gebotenen 100.000 Francs hergeben will. Drum werden fast bei jeder Versammlung des Ausschusses unmutige Stimmen gegen sie laut.

Bei einer Sitzung gehen die Wogen besonders hoch. Einige Laien finden voll Empörung:

„Das reiche Fräulein Jaricot verweigert aus lauter Geldgier die Abtretung von einem Bruchteil ihres Grundstückes! Sie widersetzt sich offenkundig dem Neubau der Basilika von Fourvière! Jetzt wirft sie ihre bisher getragene Maske ab und zeigt, wie sie kirchliche Institutionen in ihrem unbändigen Stolz verachtet!"

Darauf schlägt ein ganz hitziger Teilnehmer an dieser Auseinandersetzung vor: „Man muss Mademoiselle Jaricot erdrücken!" Und ein noch größerer Eiferer ruft: „Ja, ja! So ist es recht! Sie hat zu viele Torheiten begangen und durch ihre Geschäfte die Diözese Lyon vor aller Welt aufs ärgste bloßgestellt. Bankrott ist ein Skandal, ein Ärgernis, wie es nicht schlimmer sein kann. Drum muss sie untergehen. Und alles, was an sie erinnert, muss zerstört werden!"

Pauline Jaricot erstarrt zunächst, als sie von diesen harten Worten einer derart heftigen Gegnerschaft kirchlich gesinnter Kreise erfährt. Sollte etwa ihre Haltung falsch sein? Was wiegt hier schwerer? Ist es das Werk purer Gerechtigkeit, wonach sie ihre Gläubiger zufrieden stellen muss, oder die Pflicht, dem Fourvière-Ausschuss, der sich um eine würdige Wallfahrtsbasilika bemüht, ihr letztes Eigentum billig zu überlassen? Weil sie mit diesem Zwiespalt nicht ins Reine kommt, beschließt sie, noch vor Frühjahrsanfang 1859 den Rat von Pfarrer Vianney einzuholen.

36. Der letzte Segen eines Heiligen

Wieder nimmt sie Françoise-Marie mit, wie bei ihrem letzten Besuch in Ars vor 15 Jahren. Doch diesmal steht ihr weder ein Pferdewagen noch ein Diener zur Verfügung. Genau wie schon oft der Pfarrer von Ars zu Fuß nach Lyon aufbrach, so begeben sich die beiden Frauen nun auch auf den weiten Fußweg von 34 Kilometer.

Ein kalter Märzwind fährt vom Norden durch das Saône-Tal. Die beiden sind nur leicht bekleidet und zittern vor Kälte. Pauline wird das Gehen bald zur Last. Sie stützt sich schwer auf Arm und Schulter von Françoise-Marie Dubouis, dass die auch nur mühsam vorwärts kommt. So wanken sie von Dorf zu Dorf. Sooft sie einen Ort erreichen, begeben sie sich in die Kirche und halten dort eine Weile Rast. Nach solchen Pausen wandern sie wieder weiter. Zwischen den Hügeln der Dômbes geraten sie in ein spätwinterliches Flockentreiben. Der kalte Alpenwind verwandelt ihre nassen Röcke in starre Eispanzer. Sie können den zuletzt begonnenen Rosenkranz nicht mehr recht beten. Nur hie und da vernimmt man einen Stoßseufzer. So müde fühlen sich die beiden, dass sie sich trotz der Kälte am Wegrand niedersetzen möchten. Doch sind sie nicht mehr ganz allein. Auch andere gehen den gleichen Weg. Bei jeder Kreuzung kommen noch mehr Pilger dazu. Und knapp vor Ars sieht es fast so aus, als ob sich eine Prozession dem Ort zubewegte. Je mehr man sich der Kirche nähert, desto dichter füllen sich die Reihen. Obwohl der Winter noch nicht gewichen ist, sind die Menschenmassen größer als zu Sommeranfang 1844. Auf bekannten Seitenpfaden erreichen beide Frauen endlich todmüde das Pfarrhaus des Pfarrers von Ars.

Das Zimmer von Abbé Jean Vianney ist ebenso ungeheizt, wie derzeit alle Räume von Maison Lorette. Jedoch der Pfarrer empfängt seine Besucherinnen so herzlich, dass sie es nicht sogleich bemerken. Bevor Pauline ihm ihr Leid zu klagen anhebt, sagt er:

„Oh meine Schwester! Gott sollte für Sie auch das tun, was Er für mich getan hat! Ich litt einmal an großem Geldmangel in der ‚Providence‘ und wusste nicht, wie ich mir helfen sollte. Da fand ich eines Morgens hier auf diesem Tisch eine mit Goldstücken gefüllte Börse ..."

Pauline Jaricot lächelt schmerzlich und meint:

„Das reicht für mich nicht."

Sie zittert dabei derart heftig, dass es dem Pfarrer auffällt. Da möchte er einheizen, um sie ein wenig zu wärmen. Er geht hinunter und holt schnell einen Arm voll Stroh und Reisig. Doch das Holz ist feucht und schwelt nur. Alsbald verlöscht die Flamme ganz. Er will nun anderes Brennholz suchen. Aber Fräulein Jaricot hält ihn zurück und sagt seufzend:

„Ich bitte Sie, *mon Père*, bemühen Sie sich nicht mehr, unserer Kälte abzuhelfen! Ich bin daran gewöhnt. – Erwärmen Sie doch lieber meine arme Seele mit ein paar Funken Glauben und Hoffnung!" In dem Moment betreten einige Pilger das Zimmer und bitten den Pfarrer von Ars, dringend zur Beichte in die Kirche zu kommen. Da merkt Pauline, dass ihr auch der Zuspruch und Trost des heiligmäßigen Priesters versagt sein soll. An jedes Opfer längst gewohnt, nimmt sie auch dieses an und fasst den Zweck ihrer mühseligen Wallfahrt mit ein paar Worten in die Bitte:

„Mein Vater! Beten Sie für mich, damit ich in vollkommener Ergebung in den Willen Gottes unerschütert bleibe, was immer Er von mir verlangen mag!"

„Ja, ja. Das tue ich gerne", antwortet der Pfarrer von Ars mit einem liebenswürdigen Lächeln. Und er verheißt: „Sie werden es bestimmt bis an Ihr Ende bleiben."

Dann überreicht er Pauline Jaricot ein kleines Holzkreuz als ständige stumme Mahnung, segnet die beiden Frauen und verlässt sie. Während Pauline die schwankende, zerbrechliche Gestalt des Dreiundsiebzigjährigen mit einem traurigen Blick umfasst, gewinnt sie die Gewissheit, dass sie einander hier auf Erden zum letzten Mal gesehen haben.

37. Das Weizenkorn muss sterben

Nach dieser Wallfahrt entschließt sie sich, auf dem bisher beschrittenen Weg zu verharren und weiterhin die Rechte ihrer Gläubiger zu verteidigen. Aber sie rechnet nicht mehr mit einem sehr langen Kampf. Deshalb beginnt sie mit den letzten Vorbereitungen.

Sie bittet Abbé Rousselon, die Einrichtung der Bibliothek und der Kapelle anzukaufen, damit das heilige Inventar bei einer etwaigen Zwangsversteigerung dem Zugriff raffgieriger Käufer entzogen bleibt. Den Gegenwert lässt sie noch einigen kleinen Gläubigern zukommen. Der Abbé nimmt dann alle Möbel fort und gibt die Bücher als sein Eigentum in die Kapelle. Das leere Zimmer wird, mit Bett, Tisch und Stühlen geringster Güte notdürftig ausgestattet, zum neuen Schlafraum der Hausherrin. Denn ihre schweren Herzbeschwerden, die sich mit arger Atemnot verbinden, verlangen dringend einen größeren und luftigeren Raum. Nach diesen Vorbereitungen widmet sich Fräulein Jaricot Wochen und Monate hindurch der Sichtung und Ordnung ihrer Papiere.

Am 5. August ist sie mit ihrer mühevollen Arbeit endlich so weit, dass alle wichtigen Dokumente in zwei sehr hohen Stößen aufgetürmt sind. Nun zieht sie auch die Hilfe von Françoise-Marie Dubouis und Julia Maurin heran. Nachdem sie lange das erste Pack, in dem viele blaue Gerichtsbeschlüsse liegen, schmerzlich betrachtet hat, sagt sie seufzend:

„Françoise-Marie! Verbrenne schnell den ganzen elenden Kram! Es soll davon nie mehr die Rede sein ... Gerne verzeihe ich alles, vergesse alles, auf dass mir unser Heiland auch verzeihe und alle Fehler meines Lebens vergesse."

Damit von den Papieren keines abhandenkommt, muss ein korbartiger Eisenrost, der früher für die Winterheizung diente, ins Zimmer gebracht werden und die Verbrennung sich vor Paulines Augen vollziehen. Während die Flamme die Aktenstücke langsam verzehrt, wendet das Fräulein Jaricot den Blick nicht vom Kreuze ab, das ihr vor weniger als einem halben Jahr Pfarrer Vianney gab. Erst als nur mehr ein Aschenhaufen

übrig ist, atmet sie sichtlich erleichtert auf und weist auf den noch übriggebliebenen Papierstoß:

„Jetzt ist der Hochmut an der Reihe … Wir wollen auch alles verbrennen, was irgendwann die Meinung aufkommen lassen könnte, dass eine kleine Ameise im Haus Lorette in ihrem Leben etwas Gutes getan und einige Verdienste erworben hat!" Auf ihren Wink zündet Julia Maurin jene Briefwechsel aus allen Weltteilen an, in denen höchste Würdenträger der Kirche seit über 40 Jahren Pauline Marie Jaricot als Gründerin der großen kirchlichen Hilfswerke und „Mutter der Mission" priesen. Nachdem auch dieser Stoß in Asche zerfällt, ergreift Pauline gleichzeitig die Hände ihrer beiden Mitarbeiterinnen und bittet sie: „Meine lieben Töchter! Sie waren mir immer gehorsam. Nun flehe ich Sie im Namen Jesu an, mir auch noch jetzt gehorsam zu sein und mir den größten Liebeserweis zu geben!" Da beide Frauen dazu bereit sind, fährt sie beruhigt fort: „Ihr allein wisst alles, was ich gelitten habe. Versprecht mir, nie etwas zu sagen oder aufzuschreiben, was irgendwie die Nächstenliebe verletzen oder den Ruf eines Menschen antasten könnte!"

Bevor die treuen Begleiterinnen der letzten Jahre darauf ihr Jawort geben, betritt Maria Melquiond in hochgradiger Aufregung das Zimmer. Pauline Jaricot ruft sie hinzu und schließt sie ebenfalls in ihre Bitte ein. Erst als Maria zusammen mit den beiden anderen den Handschlag heiligen Schweigens geleistet hat, erkundigt sich Pauline nach dem Grund ihrer Verstörtheit.

„Es ist ganz Frankreich ein schreckliches Unglück widerfahren!" erzählt Maria Melquiond tief erschüttert und fügt hinzu: „Gestern ist in Ars der Pfarrer Vianney gestorben!"

Françoise-Marie schluchzt bei den Worten auf und starrt erschrocken Pauline Jaricot an. Die wird auf einmal purpurrot, sodass ihre Gefährtinnen einen Schlaganfall befürchten. Dann wird sie totenbleich. Ihr Herz schlägt schnell und laut wie eine große Uhr. Man kann es überdeutlich vernehmen. Und schließlich sehen alle drei Anwesenden entsetzt, wie Paulines Kleid in der Brustgegend mit Blut durchtränkt ist. Sie bringen die stark Blutende behutsam zu Bett. Dabei bemerken sie, dass sich die schon seit langem bestehende Wunde an der Brust der Herzkranken außerordentlich vergrößert und vertieft hat. Deshalb will Julia Maurin den Arzt verständigen. Jedoch Pauline Jaricot winkt ab und stöhnt mit großer Mühe:

„Es wäre schade ums Geld ... Wenn ich auch höchstwahrscheinlich die nächste bin, die Pfarrer Vianney nachfolgen wird: So schnell, wie ihr meint, kann es aber nicht gehen. Zu dem ‚Martyrium des Herzens‘, das mir seinerzeit von Abbé Wurtz verheißen wurde, gehört auch noch ein bitterschwerer Todeskampf." Ihre treuen Gefährtinnen ahnen, dass nun bald das Ende naht. Also lassen sie Pauline nicht mehr aus den Augen, sondern bleiben bis zum Schluss an ihrer Seite. Sie rufen einen Priester, der ihr die heilige Kommunion und die Krankensalbung spendet. Die Sakramente verleihen der Mutter der „Töchter Mariens" Trost im Todeskampf, der lange andauert. Am 9. Januar 1862 gegen sechs Uhr früh stirbt Pauline mit den Worten: „Maria, meine Mutter, ich bin ganz dein."

An einem Frühlingsmorgen des Jahres 1865 vollzieht sich dann der letzte Akt des Dramas, das Pauline Jaricot am Ende ihres Lebens so stark belastet hatte: Nachdem die Liegenschaft Maison Lorette bereits vom Fourvière-Ausschuss um einen niedrigen Kaufpreis erstanden wurde, versteigert man auch das armselige Inventar.

Es ist nicht viel. Einige wackelige, alte Weichholzmöbel, der unumgänglich nötige Hausrat und vielfach geflickte Kleider harren des öffentlichen Ausverkaufes. Für diese ärmlichen Habseligkeiten ohne jeden Wert sind keine ernsten Käufer mehr vorhanden. Nur ein paar Händler aus dem Trödlerviertel von Brotteaux, jenseits des Rhône-Flusses, teilen sich den letzten Rest vom Eigentum des reichen Fräuleins Jaricot. Sie steigern nicht, sondern verhandeln untereinander, was jeder möchte. Danach erstehen sie die Stücke um den lächerlichen Ausrufungspreis.

Traurig stellen Sophie Germain, Maria Melquiond, Françoise-Marie Dubouis, die letzten Bewohnerinnen von Maison Lorette, fest, dass auch dieses Verkaufsergebnis, wie alles, was mit dem Andenken von Pauline Jaricot zusammenhängt, sehr gering ist. Fassungslos betreten sie noch einmal das Sterbezimmer von Pauline, das gleich wie das ganze Haus, vollkommen ausgeplündert wurde. Kein Gedenkstück aus dem Nachlass der Verstorbenen ist mehr in ihrer Hand. Es bleiben ihnen nur noch die Tränen.

Doch draußen lacht der Himmel, lacht das Land. Vor den weitoffenen Fenstern liegt die Zweiflüssestadt Lyon im Frühlingsschmuck, als ob sie Hochzeit halten wolle. Die fernen schneebedeckten Alpengipfel bilden ihren Schleiersaum. Alle Kastanienbäume der Quai-Alleen prunken mit ihren Blütenkerzen. Auf den Terrassen im Park von Haus Lorette durchbricht die Farbenvielfalt der Fliederbüsche, des Rotdorns und der leuchtenden Magnolien das Grün der Bäume. Das Gebrumme der arbeitsreichen Seidenweberstadt dringt wie vertrautes Bienensummen zum Hügel herauf, während das Zwitschern der Vögel das Geräusch aus der Stadt übertönt.

Den Zurückgebliebenen, die um ihre spirituelle Mutter trauern, fehlt der Blick für dieses Frühlingswunder.

„Wie gut, dass von den ‚Töchtern Mariens' nur wir drei da sind! Die anderen hätten diesen schrecklichen Zusammenbruch kaum mehr ertragen", sagt Francoise-Marie Dubouis gefasst. „Wenn es der Wille Gottes ist, wird er statt unserer Gemeinschaft später einmal viele gleichartige Gemeinschaften erwecken …"

Sophie Germain schluchzt auf: „Hat das alles wirklich so kommen müssen?"

„Gewiss!" versichert Maria Melquiond. „Weil unsere Mutter sich während der Revolution von 1834 Gott ganz und vollständig, mit allem Hab und Gut, zum Opfer für unsere Vaterstadt, für Frankreich und für die Kirche angeboten hat, nahm sie der Herr beim Wort. Deshalb besteht die Hoffnung, dass die Verdienste und bitteren Leiden von Pauline Jaricot der Stadt Lyon, Frankreich und unserer Mutter Kirche zugutekommen werden."

„Dass aber auch ihr guter Ruf in dieses Opfer inbegriffen sein würde, dachte sie sicher nicht", zweifelt Sophie.

„Doch", sagt Maria Melquiond. „Sonst hätte sie nicht jenen, die alle ihre Leiden kannten, darüber ein Schweigeversprechen abgenommen."

„Dann wird die Welt also niemals erfahren, was Fräulein Jaricot geleistet und gelitten hat?" entsetzt sich Sophie Germain.

„Oh ja!" tröstet Françoise-Marie Dubouis. „Wir konnten bloß verbrennen, was sie selbst verwahrte, und nur persönlich Stillschweigen geloben. Es sind bestimmt noch da und dort genügend Dokumente erhalten: bei Advokaten, bei Gerichten, in Händen vieler Briefempfänger … Daraus wird man später klar erkennen können, dass unsere Mutter ihrer Zeit voraus war. Der Tag wird kommen, an dem die wahrhaft große Bedeutung dieser Frau bekannt wird. Wann es soweit ist, bestimmt der Herr. Aber gibt es nicht bereits heute Menschen und Vereine, die sich ihr Wirken zum Vorbild nehmen? In den vergangenen Jahren sind doch schon – ähnlich dem ‚Werk der Glaubensverbreitung‘ – mehrere Missionshilfswerke entstanden: in Österreich die Leopoldinen-Stiftung, in Bayern der ‚Ludwigs-Missionsverein‘, im Rheinland der Franz-Xaverius-Missionsverein. Und in der Schweiz errichtet der Generalvikar von Chur, Pater Theodosius Florentini, bereits Fabriken, wo die Arbeiter, neben einer anständigen Wohnung, einen ordentlichen Lohn und sogar die Möglichkeit einer Beteiligung am Gewinn des Unternehmens erhalten. Im Lauf der Zeit muss doch das Beispiel von Pauline Jaricot Schule gemacht haben. Dann hat sie also nicht umsonst gekämpft.“

Ergänzend fügt Marie Melquiond den Ausführungen hinzu: „Es kommt bestimmt noch der Zeitpunkt, wo sich das Urteil der Menschen über das Fräulein Jaricot grundlegend ändern wird. Pauline Jaricot war eine geniale Frau. Vor den Menschen wurde sie arm, aber vor Gott ist sie an Gnaden überreich gewesen. Das Fräulein Jaricot hat uns durch das Werk der Glaubensverbreitung und den ‚Lebendigen Rosenkranz‘ einen Schatz geschenkt, der die Welt verändern wird.“